QUELQUES RÉFLEXIONS

SUR LES

LOIS SOCIALES,

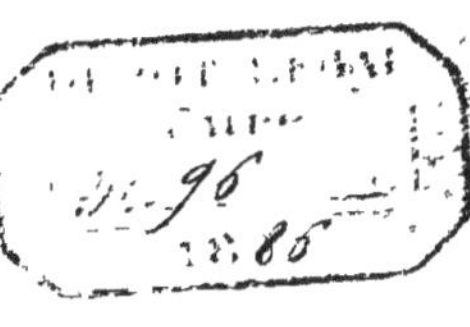

PAR

LE DUC D'HARCOURT,

ANCIEN DÉPUTÉ.

PARIS,

LIBRAIRIE DE FIRMIN-DIDOT ET CIE,

IMPRIMEURS DE L'INSTITUT, RUE JACOB, 56.

JUIN 1886.

QUELQUES RÉFLEXIONS

SUR LES

LOIS SOCIALES.

TYPOGRAPHIE FIRMIN-DIDOT. — MESNIL (EURE).

QUELQUES RÉFLEXIONS

SUR LES

LOIS SOCIALES,

PAR

LE DUC D'HARCOURT,

ANCIEN DÉPUTÉ.

PARIS,

LIBRAIRIE DE FIRMIN-DIDOT ET CIE,

IMPRIMEURS DE L'INSTITUT, RUE JACOB, 56.

JUIN 1886.

AVERTISSEMENT AU LECTEUR.

OBJET DU PRÉSENT OUVRAGE. — SON PLAN GÉNÉRAL.

Les circonstances ayant fait de moi un député pendant une dizaine d'années, le spectacle des querelles politiques dans lesquelles, bon gré, mal gré, je devais prendre parti, l'importance des discussions dans lesquelles, malgré mon inexpérience, je devais donner un avis, m'inspirèrent le désir d'étudier cette science politique qui était censée éclairer mes votes. Je ne m'en étais jamais occupé jusque-là. On me dira qu'il eût été préférable de faire cette étude auparavant, et que mon suffrage pouvant être utile ou nuisible à des millions d'êtres humains, il eût été sage et honnête de chercher au préalable à connaître leurs affaires avant d'en décider. J'en conviens; mais le lecteur, à qui la vérité m'oblige de faire l'aveu de mon ignorance, sera, j'espère, indulgent envers moi, comme le sont en général les Français envers ceux auxquels ils confient le gouvernement. Nous voyons tous les jours les électeurs accorder d'emblée à un mandataire quelconque la science de ce gouvernement, et au fond c'est équitable puisqu'ils ne se la refusent jamais à eux-mêmes.

Quoi qu'il en soit, les circonstances, je le répète, ayant mis dans mes mains en 1871 une des 750 rênes par lesquelles l'État devait être conduit, je désirai m'acquitter de ma fonction le moins mal possible. De là la pensée de rechercher à quels principes je devais obéir.

Pour que la vérité soit entière, je dois faire encore un aveu, c'est que je n'ai guère pu obéir à mon honnête inspiration tant que je suis resté député. Le temps me manquait, les affaires et les électeurs m'absorbaient; mais quand mon mandat a été terminé, j'ai pu exécuter mon projet, et le présent travail est le résultat de mes premières réflexions.

D'abord, je me suis résolu à n'accepter aucune opinion toute faite parmi celles qui divisent les hommes politiques. Au risque de paraître présomptueux en ne me réclamant de l'autorité de personne, il me fallait en agir ainsi; car, témoin quotidien de disputes acharnées entre des hommes à qui je ne voulais refuser ni l'honnêteté ni l'intelligence, dont les discours cependant semblaient dictés par des principes opposés, je devais remettre leurs principes mêmes en question pour que mon choix fût impartial.

Puis, la place étant ainsi complètement vide, je me proposai de tracer des règles de conduite; mais toute règle suppose l'existence de certaines lois avec lesquelles cette règle est en étroite relation. S'agit-il par exemple de construire? Les règles auxquelles s'assujettit l'ingénieur en ce qui regarde les dimensions des diverses parties, dérivent des lois auxquelles le monde matériel est soumis; elles dérivent notamment des lois de la physique et de la mécanique; c'est là seulement qu'elles trouvent leur raison d'être.

D'une manière générale, dans les sciences matérielles, une règle quelconque suppose l'existence des lois de la pesanteur, de la chaleur, de l'électricité... ou de quelques-unes d'entre elles.

Je me suis dit qu'il existait sans doute des lois analogues, auxquelles étaient soumises les vicissitudes de l'existence des peuples, et que, pour tracer une règle de conduite à des hommes politiques, je devais, avant tout, chercher à me rendre compte de ces lois : je leur ai donné le nom de *Lois sociales,* leur étude est l'objet de ce livre.

A la vérité, je me suis ainsi écarté du premier but de mes recherches, car j'avais eu d'abord le simple désir de me tracer des règles de conduite, et non pas la curiosité de connaître des lois sociales ; mais évidemment, ces règles étant la conséquence des lois, ne pouvaient venir qu'en second lieu, et la logique m'ordonnait de renoncer, au moins provisoirement, à m'en occuper. Elles appartiennent, en effet, à un autre ordre d'études ; aussi, de même que les traités de physique ne parlent qu'incidemment, ou pas du tout, des applications de cette science aux diverses industries, de même je ne cherche pas ici à faire l'application à la politique des conclusions auxquelles j'arrive ; si cette application se présente d'elle-même, je ne l'évite pas, mais je ne dois pas me détourner pour la chercher.

Les premiers chapitres se sont ainsi trouvés consacrés à la question de savoir s'il existait des lois sociales, et quelles elles pouvaient être. Les chapitres suivants sont consacrés à l'étude de ces lois, et à la recherche de leurs effets sur la société. Pour citer un exemple, on verra dans les premiers chapitres que l'intérêt personnel est une des causes agissant constamment sur les sociétés humaines, et un peu plus loin, que son effet, — sa loi, — est de porter partout la désorganisation.

On aurait pu sans doute présenter ces mêmes idées sous une forme plus condensée, plus nette, en énonçant tout d'abord les propositions auxquelles je suis arrivé par un chemin plus ou moins long, et en donnant ensuite la démonstration. Mais je préfère laisser les idées se succéder dans l'ordre où elles se sont présentées à mon esprit, c'est l'ordre naturel, et je le trouve plus persuasif; d'ailleurs plus je vais, plus je sens que la forme dogmatique convient moins à mon sujet qu'à tout autre. Les causes qui agissent simultanément dans les événements politiques sont si variées et si nombreuses, que le doute est presque toujours possible sur l'explication de ces événements. Ne vaut-il pas mieux, en traitant un sujet si incertain, que la forme même témoigne un peu de cette incertitude?

Cette dernière pensée est peut-être obscure, mais je sens qu'en cherchant à l'éclaircir, je serais amené à refaire mon livre; ce n'est point le but de cet avertissement, et je le termine.

PREMIÈRE PARTIE.

AVANT-PROPOS.

CHAPITRE PREMIER.

Les sociétés naissent et meurent; elles se transformment sans cesse. — Existe-t-il des lois pour les phénomènes sociaux comme pour les phénomènes physiques? Le libre arbitre n'exclut-il pas toute loi? — L'individu restant libre, sa volonté ne peut être prévue, mais celle d'une réunion de beaucoup d'individus peut l'être souvent; on peut donc dire qu'il y a des lois sociales.

Si on remonte quelques siècles dans l'histoire d'un peuple, choisi parmi ceux que nous pouvons le mieux connaître, on arrive facilement à une époque où son nom n'existe pas encore, et où d'autres races aujourd'hui disparues, au moins en tant que races distinctes, occupaient les mêmes contrées. Où trouver le peuple français il y a 2000 ans? le peuple allemand, le peuple espagnol?

Que, revenant alors sur ses pas, on entre dans l'étude de l'histoire particulière de ce peuple depuis qu'il a une existence distincte, on reconnaît non moins facilement des différences profondes, entre son état actuel et celui où il s'est trouvé à diverses époques. On peut le voir, tantôt pillard et vivant de rapines, tantôt industrieux et pacifique; tantôt dominant par son influence les nations voisines, tantôt dominé par elles; en certains siècles peuplant les pays les plus lointains du trop-plein de ses générations, en d'autres siècles devenant de moins en moins nombreux et laissant sur son sol même des places vides, que les enfants de ses voisins viennent remplir. Je n'ai pas besoin de citer d'exemples, l'histoire de notre pays offre un grand nombre de semblables vicissitudes.

Quoiqu'il soit impossible de fixer une date précise pour l'origine de l'une quelconque des sociétés actuelles, comme il est manifeste qu'à une époque très reculée elle n'existait pas, on peut dire qu'elle a eu un commencement ; et d'un autre côté, comme toutes les sociétés antiques ont successivement disparu, nous pouvons dire que les sociétés actuelles disparaîtront. Les grandes aggrégations humaines ont donc, comme les individus qui les composent, leur naissance et leur fin. Il semble, au premier abord, que, plus heureuses que ceux-ci, elles pourraient se conserver indéfiniment, car leur décadence coïncide toujours avec une certaine corruption, et il paraît certain qu'un peu plus de vertu les eût relevées ; mais il arrive toujours un moment, dans le cours des siècles, où elles perdent les qualités morales qui seraient leur sauvegarde, et par là elles rentrent dans la condition de toutes les choses terrestres, vouées fatalement à une disparition plus ou moins éloignée.

Entre leur naissance et leur fin, époques toujours confuses pour leur histoire, dans la période où leur existence est le mieux déterminée, elles ne laissent pas que de se transformer de diverses manières. En examinant ces événements successifs, comme on examinerait les phénomènes dont le monde matériel offre le spectacle, peut-on y trouver de même l'action de certaines causes constantes ? Est-il des *lois* qui les puissent expliquer ?

Admettons un instant qu'il y ait des lois, plus ou moins semblables aux lois physiques par la constance de leur action, qui puissent servir à expliquer la force ou la faiblesse des sociétés humaines, leur conservation ou leur mort ; s'il existe de telles lois, leur connaissance pourrait sans doute aider à apprécier l'histoire du passé, elle pourrait nous enseigner quel avenir nous est réservé, et surtout par quel moyen on peut y atteindre plus tôt s'il doit être heureux, s'en détourner s'il doit être malheureux. Appelons ces lois : **Les lois sociales.**

On contestera peut-être leur existence même ; on pourra dire qu'il n'y a aucune assimilation possible entre les forces qui agissent sur le monde matériel et les causes diverses qui donnent naissance aux événements historiques. « La matière, dira-t-on, « obéit dans toutes ses parties à des forces immuables, une so- « ciété, au contraire, est formée d'éléments dont chacun est libre ; « tandis que la matière, n'étant soumise ni au hasard ni à des « volontés incertaines, est régie par des lois, qu'il est raisonna- « ble de chercher, les actes des hommes dépendent de leur seule « volonté, et l'existence du libre arbitre ne permet pas de les « attribuer à l'effet d'une loi. »

Cette objection n'est pas juste ; ce n'est pas assurément que je m'associe, de près ou de loin, aux doctrines fatalistes de ceux qui voient en nous de la matière, et rien de plus : non sans doute, l'homme n'est pas asservi à son corps, nulle force physique ne peut plier ou enchaîner sa volonté, c'est un être libre ; mais cette faculté du libre arbitre nous défend seulement de prévoir ce que fera ou ne fera pas un individu, elle ne peut nous défendre de prévoir ce que fera ou ne fera pas une réunion d'individus. Nous lisons chaque jour dans les journaux le récit de quelque suicide ; un malheureux a enjambé à Paris le parapet d'un pont et s'est jeté dans la Seine ; nous ne pouvons donc dire que demain personne ne se précipitera du haut du Pont-Neuf, mais nous pouvons cependant assurer avec la plus absolue certitude que, s'il y passe un régiment, ce régiment ne se précipitera pas. Quand un sentiment bon ou mauvais est rare dans l'humanité, ce n'est pas une raison pour que nous en jugions un individu incapable, mais c'est une raison suffisante pour que nous en jugions incapable une collection très nombreuse d'individus ; ce jugement ne blesse en rien l'idée que nous devons nous faire de la liberté de l'homme. Admettons un instant que chez certain peuple on préfère généralement l'argent à la vertu ; cela ne nous donne aucun droit de dire que telle personne sacrifiera sa vertu pour de l'argent, fût-ce pour un million, mais cela nous donne évidemment le droit d'affirmer que, si on prend mille individus au hasard dans ce peuple et qu'on leur demande une décision, c'est l'intérêt et non le devoir qui l'emportera. Cette conclusion aura le genre de certitude de celles des calculs de probabilités : rien ne permet de prévoir ce qu'amènera un coup de dés, mais il est possible de prévoir à peu près, ce qu'amèneront cent coups de dés. Quoique le résultat de chaque coup pris isolément soit incertain, il est des principes mathématiques qui, pour un grand nombre de coups, conduisent à des conclusions dont il serait absurde de douter : tous les établissements de jeux, toutes les loteries, établies pour servir d'impôt dans quelques États, ont donné constamment les revenus indiqués par le calcul. Ainsi l'incertitude pour chaque coup n'exclut point la quasi-certitude pour le résultat d'un grand nombre de coups. De même dans une société composée d'un très grand nombre d'individus, le libre arbitre de chacun d'eux n'exclut point un résultat forcé pour la société dont ils font partie.

Nous pouvons donc admettre l'existence de certaines causes agissant sur les hommes en société, de telle manière que ces causes étant données, l'effet soit déterminé, sinon avec la précision des lois physiques, au moins avec la constance des lois de probabilité.

Quelle voie nous mènera à leur connaissance ?

CHAPITRE II.

Peut-on employer pour l'étude des phénomènes·sociaux les mêmes méthodes que pour l'étude des phénomènes physiques? Dans l'étude de ceux-ci, on a recours à l'expérimentation; ici, il faut se servir de l'histoire et de l'expérience. Aucune démonstration rigoureuse n'est possible.

Notre siècle est justement fier de l'étendue de ses connaissances scientifiques, quand il les compare à celles des siècles précédents et surtout à celles de l'Antiquité. Tout ce que l'Antiquité, en mille ans de civilisation, a pu connaître des lois de la nature pour nous le transmettre, est si peu de chose en égard aux découvertes récentes, que cela ne pèse presque rien dans le bagage d'un étudiant de dix-huit ans. Autour de nous, chez toutes les nations civilisées, nous voyons des savants innombrables pénétrer à l'envi dans les régions inexplorées des sciences. Ils s'avancent avec une assurance dans leur marche que n'ont eue ni un Aristote ni un Pline, et chaque année ils accumulent un plus grand nombre de notions nouvelles sur les phénomènes de la nature, que ces grands génies n'avaient su le faire par le travail de leur existence entière ; les académies suffisent à peine à les enregistrer, et tandis que les connaissances acquises par les savants de l'Antiquité étaient mêlées d'erreurs absurdes, restaient pour eux-mêmes vagues et incertaines et n'étaient communiquées qu'à de rares disciples, celles que nous donnent les méthodes d'investigation modernes ont presque la certitude des vérités mathématiques, et se répandent immédiatement dans le monde entier.

Ne pourrions-nous pas, instruits par ce grand spectacle, employer des procédés scientifiques pour pénétrer les lois qui régissent les sociétés?

Dans la plupart des phénomènes physiques, diverses causes produisent à la fois leurs effets. Il en est ainsi dans les cas les plus simples. Voilà mon encrier, il est immobile devant moi; il repose sur ma table par un effet de l'attraction qu'exerce sur lui la terre, mais cette attraction est combattue par le mouvement de rotation de notre planète, car si elle ne tournait pas, mon encrier serait beaucoup plus lourd, et si au contraire elle tournait plus vite, il s'échapperait dans l'espace comme la pierre d'une fronde, avec tous les objets qui ne seraient pas solidement retenus contre la terre. D'un autre côté, la table sur laquelle il repose n'est pas, ne peut pas être mathématiquement horizontale; elle penche assurément, si peu que ce soit, de quelque côté, cependant mon encrier ne glisse pas par la ligne de plus grande pente, cherchant à rejoindre le centre de la terre. Pourquoi? c'est que la résistance de frottement le retient en sa place. Quelle complication de causes et de lois diverses dans l'explication de ce fait si simple, à savoir, que mon encrier est immobile sur ma table!

Quand il s'agit de déterminer les lois de la physique, le savant cherche à isoler les diverses causes de manière à les étudier séparément. S'il veut, par exemple, étudier la chute des corps, savoir quelle est la loi de leur mouvement quand ils tombent, il fera naître des circonstances où la gravitation ne soit que peu ou point influencée par le frottement de l'air; par exemple, il les fera tomber dans des tubes privés d'air, et il s'assurera alors que le duvet et le plomb tombent avec une égale rapidité. Un autre jour, il fera naître des circonstances où la résistance du frottement de l'air se prêtera à une mesure.

C'est ce qu'on appelle faire des expériences, ou recourir à l'expérimentation; la physique et la chimie n'ont guère d'autre fondement, la médecine expérimente *in anima vili;* ces malheureux chiens, lapins, petits cochons d'Inde, qu'on dissèque tout vivants, pourraient en témoigner, et l'on assure même que parfois des médecins se plaisent à voir un sujet d'expériences en nos personnes. Certainement les sciences eussent fait des progrès bien lents, si les savants, n'usant pas de ce moyen, s'étaient bornés à étudier les phénomènes naturels. Combien eût-il fallu de siècles d'observations, pour qu'on pût déduire des effets de la foudre, les lois de l'électricité?

Aucune des sciences, relatives à la connaissance du monde matériel, ne peut se dispenser de recourir aux expériences, même celles qu'on appelle communément des sciences d'observation. L'observation isolée serait, sinon absolument stérile, au moins très peu féconde : la botanique, par exemple, a dû non seulement disséquer des plantes, mais les semer, les cultiver dans des conditions diverses, les soumettre à de très nombreux essais ; je ne vois pas comment elle eût pu autrement, connaître les fonctions des divers organes végétaux, et même s'assurer que les graines produisent les plantes. Un fait est surtout instructif pour un observateur, quand celui-ci connaît parfaitement, pour les avoir préparées lui-même, les circonstances qui accompagnent ce fait, c'est-à-dire quand l'observation est doublée d'une expérience.

Mais le procédé du physicien ou du naturaliste pour étudier les lois qui régissent la matière, n'est pas à la disposition du philosophe pour les lois qui régissent les sociétés humaines. Il ne peut faire aucune expérience ; il ne peut composer, même en très petit, une société où il n'y ait que des hommes d'un semblable caractère, conforme au type qu'il aurait choisi : une monarchie sans courtisans, par exemple, et une démocratie sans démagogues. Ce serait bien commode, assurément, pour apprécier les avantages inhérents à l'une et à l'autre de ces deux formes de gouvernement, et mettre fin à un débat au sujet duquel les hommes se déchirent depuis tant de siècles, mais l'humanité ne se prête pas aux expériences ; nous n'avons aucun moyen de faire naître, comme dans la physique ou dans la chimie, des faits singuliers, sur lesquels nous puissions nous appuyer, afin de porter en sécurité notre jugement.

De cette impuissance résulte pour la science sociale, la nécessité d'observer un très grand nombre de faits ; elle ne trouvera en effet que dans ce très grand nombre, la chance d'en rencontrer qui soient propres à l'éclairer.

Tel est le bénéfice des études historiques ; mais ici une autre cause d'erreur intervient : un récit, c'est un tableau fait par un historien. Si le tableau n'est pas conforme à la réalité, on sera trompé sur les faits mêmes dont on prétend tirer une conséquence, évidemment la conséquence sera erronée. Pouvons-nous nous mettre à l'abri de cette cause d'erreur ? Existe-t-il des histoires véridiques auxquelles on puisse se fier, comme on se fie à un instrument de précision dont on a contrôlé l'exactitude ?

J'ai été témoin oculaire et quelquefois acteur, — très subalterne, — dans un certain nombre des grands événements de ces trente dernières années. J'ai ainsi pu voir de très près certains faits historiques, et me rendre compte ensuite de la manière dont ils étaient saisis par les contemporains, et transformés pour l'histoire écrite.

Je me rappelle entre autres exemples, de quelle manière fut établi sous mes yeux, le rapport du maréchal de Mac-Mahon sur la bataille de Solférino. C'était le lendemain même ; nous étions encore sur le sommet du coteau où la lutte s'était terminée ; couchés ou assis au soleil dans un très petit espace, nous ne pouvions rien faire à l'insu les uns des autres. Le maréchal dit au général, son chef d'état-major, de lui soumettre un projet de rapport. Celui-ci donna l'ordre à deux de ses officiers de rédiger ce document, et ces officiers se mirent immédiatement à l'œuvre.

La chose paraissait facile. Le champ de bataille où le corps d'armée avait opéré était à nos pieds, d'un coup d'œil nous l'embrassions. Tous les officiers de l'état-major qui avaient porté les ordres étaient réunis dans l'espace de quelques mètres. On peut croire que, depuis la veille, notre conversation n'avait pas d'autre sujet, et que chacun de nous avait raconté tout ce que, par circonstance, il avait été à même de voir de particulier. Les généraux de brigade et de division avaient transmis leurs rapports. Quel renseignement pouvait manquer ?

Les officiers chargés d'écrire le rapport, le firent de leur mieux, mais quand il fut présenté au chef d'état-major, celui-ci se récria; il prétendit que les choses s'étaient passées fort différemment,... l'ennemi était alors en face et non à gauche... il avait été culbuté plutôt par tel corps que par tel autre... un mouvement, sur lequel n'insistait pas le rapport, avait décidé de la journée... Discussion respectueuse des officiers, mais conviction inébranlable de leur chef. Les rectifications furent faites à son gré, et le rapport, considérablement modifié, présenté à l'approbation du maréchal. Mais à peine celui-ci l'eut-il parcouru, qu'il le critiqua avec bien plus de vivacité encore ; à son gré, ni le chef d'état-major, ni les capitaines, n'avaient eu le souvenir exact des circonstances. — Vous vous trompez absolument! s'écriait-il, le mouvement tournant a eu lieu beaucoup plus tard, je me rappelle parfaitement les ordres que j'ai donnés, et pourquoi je les ai donnés. — Mais, disait celui à qui il s'adressait, c'est à moi que vous les avez donnés, je crois bien me les rappeler aussi. — Bref, le projet, rectifié déjà une fois, fut rectifié une seconde fois, de telle sorte qu'il ne resta presque rien du rapport primitif. Qui pourrait prétendre aujourd'hui connaître la vérité, sur des points où elle était si incertaine le lendemain même de l'événement? J'ajouterai, que pour faire un rapport général sur la bataille, il a fallu plus tard à l'état-major général de l'armée, ajouter ici, rogner là dans tous les rapports partiels, afin de les pouvoir ajuster ensemble. Ainsi pour un fait qui n'a duré que quelques heures, où tout s'est passé en plein soleil, les documents en apparence les plus véridiques, écrits sans aucun esprit de parti, par les hommes le mieux placés pour connaître la vérité, ne peuvent nous inspirer, quant aux détails, qu'une très médiocre confiance. Que sera-ce donc quand il s'agira d'événements politiques, où l'intrigue jouera son rôle, où tous les acteurs seront portés par la passion à présenter l'histoire d'une manière différente ?

Voilà ce que valent les documents le plus rapprochés des événements ; mais ce n'est pas encore l'histoire ; plus tard seulement survient l'historien, qui rassemble un certain nombre de documents et, les fondant ensemble, présente au lecteur l'ensemble d'une période historique telle qu'il la voit lui-même ; mais son récit est encore bien plus loin de la vérité, que ne l'est chacun des documents où il puise ses informations. Il a omis nécessairement bien des détails, et ceux-là peut-être qu'il nous eût été le plus utile de connaître ; puis il n'a pas tout su, peut-être enfin sa bonne foi est-elle égarée par sa passion. Ainsi s'explique que deux historiens animés d'une égale conviction, aient pu présenter sur la même époque, des récits d'où le lecteur tire des conclusions si diverses. Nous sommes bien près de la Révolution française ; chaque année il paraît sur cette époque extraordinaire de nouveaux ouvrages ; ils sont de plus en plus savants ; mais que de contradictions dans les jugements qu'ils font faire à leurs lecteurs ! Que sera-ce s'il s'agit de tirer la vérité des récits de périodes plus anciennes ! Et cependant, nier qu'il y ait un fonds de vérité dans les récits historiques, serait nier l'évidence ; mais pour dégager de l'histoire ce qui peut en être dégagé de vérité, il ne suffit pas d'une vaste mémoire et de la connaissance de volumineux documents, il faut avant tout chez le lecteur, une sagacité qui lui fasse discerner dans les divers récits ce qui porte le cachet de la vérité.

Il résulte de là que l'histoire donne à la science sociale une base peu solide, tandis que l'étude des phénomènes matériels en donne une inébranlable à d'autres sciences. Dans celles-ci, une observation peut, à la vérité, amener divers savants à des conclusions différentes, mais cette observation même, si elle a été bien faite, reste à l'état de fait positif, en dehors de la discussion. Dans l'histoire, au contraire, le fait même qui sert de fondement à un jugement n'est pas habituellement accepté par ceux dont le jugement est différent du nôtre, et l'on peut dire que la vérité absolue est au-dessus de nos efforts.

Pour une autre raison que celle de son imperfection même, l'histoire ne nous donne souvent que des enseignements erronés ou insuffisants. Je veux parler de l'ignorance de celui qui se livre à son étude. Un géologue qui n'aurait pas vu de ses yeux dans divers pays les superpositions de terrains, un botaniste qui n'aurait pas examiné des plantes, un chimiste qui n'aurait pas tenu dans ses mains les réactifs, n'auraient, chacun dans leur science, que des connaissances très superficielles, sinon de nombreux préjugés, quand même ils auraient appris dans beaucoup de livres. Sur ce point, tout le monde est d'accord; on admet sans discussion qu'il est nécessaire, pour l'étude de toutes les sciences physiques ou naturelles, de mettre, comme on dit, la main à la pâte. En peut-il être autrement pour la science historique? Est-elle de sa nature si simple et si claire, que, seule de toutes les sciences, elle puisse s'apprendre dans un livre? C'est insoutenable...

« Mais, me dira un lecteur, votre raisonnement ne tend à « rien moins qu'à prouver, que moi, votre lecteur, je ne puis bien « comprendre l'histoire. S'il faut, à votre gré, avoir pris part à « des délibérations politiques, pour savoir ce qu'est la politique; « s'il faut avoir vu des barricades, pour savoir ce qu'est une effer- « vescence populaire; s'il faut avoir couché au bivouac, pour « savoir ce qu'est la guerre, qui, dorénavant, pourra lire avec « fruit l'histoire de France? »

Ne voulant décourager personne, je me garderai de répondre à cette question, mais je puis dire qu'en faisant un retour sur moi-même, je trouve la justification des doutes que j'exprime :

je ne sais si je suis aujourd'hui à même de juger sainement de
l'histoire, mais ce que je sais bien, c'est que ma manière de comprendre, non seulement le mouvement des passions humaines
dans les événements politiques, mais la signification réelle des
mots les plus usuels du langage historique, *éloquence, influence,
intrigue, État, politique*... et de tant d'autres, s'est absolument
modifiée, à la suite de dix années de travaux politiques. Alors
seulement, ces mots ont pris pour moi une signification précise,
et cependant je ne m'étais pas fait faute, dans mes classes
comme depuis, de porter sérieusement des jugements sur toute
espèce d'événements historiques. Je ne sentais pas mon ignorance, je ne l'ai sentie qu'à quarante ans, et alors seulement j'ai
vu l'inanité de certaines idées que j'avais depuis l'âge de dix-
huit ans, époque où je croyais fermement savoir, parce qu'il m'é-
tait arrivé d'être premier en histoire. Mes changements passés
m'interdisent le droit de soutenir avec trop d'assurance mes
opinions actuelles ; mais ce que je crois pouvoir dire hardiment,
c'est que la connaissance des hommes est encore plus utile pour
comprendre l'histoire, que ne l'est l'histoire pour faire comprendre
les hommes : assurément les savants qui connaissent les hommes
uniquement par les livres, les connaissent aussi peu qu'un physicien connaîtrait la physique, s'il s'était borné dans sa vie à
lire des récits d'expériences ; bien des historiens, voire même des
professeurs d'histoire, chargés par l'État d'éclairer les autres,
sont condamnés, par leurs occupations mêmes qui les tiennent
loin des agitations du monde, à vivre jusqu'à leur trépas dans
l'ignorance la plus profonde des sujets qu'ils traitent, — faute
d'expérience.

Oui (1), l'expérience, c'est-à-dire la connaissance d'un très

---

(1) Je regrette, pour la clarté de ces réflexions, de méttre ici en opposition : *l'expérience* et : *les expériences*. Mais la langue qui donne un sens très différent au mot,
selon qu'il est au singulier ou au pluriel, ne me permet pas de faire autrement.
Faire *des expériences,* c'est recourir à l'expérimentation, chauffer des cornues ou

grand nombre de faits, tels que le cours naturel des événements les amène, connaissance acquise non par des récits ou des lectures contradictoires, mais par l'observation personnelle, sans intermédiaire, par suite la maturité de l'âge et la pratique des affaires, voilà la plus sûre voie d'investigation dans toute étude faite sur les sociétés humaines, et j'ajoute dans la plupart des études historiques.

L'expérience! qui en parle aujourd'hui? Personne n'ose dire qu'elle est indispensable pour acquérir certaines connaissances, et des plus utiles. Ce serait presque une idée nouvelle, tant elle est démodée. Nos contemporains semblent croire que toutes les sciences peuvent être écrites, puis apprises par cœur, et par suite possédées par un jeune homme comme par tout autre; et cependant aucun livre ne remplace l'expérience. C'est elle qui éclaire le mieux les actions des hommes; elle permet d'en pénétrer les mobiles bien plus sûrement que l'histoire, toujours incertaine en elle-même, toujours obscure pour l'homme qui n'a eu aucune pratique des affaires. En vain voudrait-on, pour s'en passer, copier les méthodes qui ont si bien servi les sciences physiques et naturelles; celles-ci peuvent recourir à l'expérimentation; l'expérimentation est inapplicable ici. Je crains pour notre génération, qu'en oubliant combien le jugement acquiert de rectitude par l'âge et le maniement des affaires, elle ne nous conduise à de funestes désordres. Croit-on donc pouvoir connaître l'humanité, comme on connaît l'optique, pour avoir suivi un cours et appris quelques pages d'imprimé? Serait-ce plus facile de former un homme d'État que de former un cocher? Il semble en vérité que ce soit l'opinion générale, car on demande bien plus d'expérience professionnelle à un cocher, avant de se laisser conduire

semer des pommes de terre; s'adresser à *l'expérience,* c'est consulter des souvenirs. *L'expérience* est la qualité de certains hommes qui se sont instruits par la vie. *Les expériences* ou l'expérimentation constituent un procédé d'investigation, usité dans l'étude du monde matériel, et à la portée des jeunes comme des vieux.

par lui, qu'on n'en a demandé à la plupart de nos gouvernants. Ce que je dis de nos gouvernants n'est pas une allusion à telle ou telle personne appartenant au parti qui règne aujourd'hui : quand j'aurai tourné la page, un autre parti régnera peut-être, et ma réflexion ne sera probablement pas moins vraie. Depuis une quinzaine d'années, l'instabilité du gouvernement a été telle, que, successivement, tous les partis se sont trouvés maîtres du pouvoir : tous ont agi de même, comme si l'intelligence, avec ce qu'on appelle pompeusement l'instruction, c'est-à-dire ce qui s'apprend dans les livres, suffisait à tout. En d'autres siècles, en d'autres pays, l'expérience a son prix, chez nous elle n'en a plus. On ne recherche, on n'estime que ce genre de connaissances qui brille dans un examen. Celles-ci cependant ne la peuvent remplacer partout, et ne la peuvent surtout remplacer dans les sciences philosophiques.

L'histoire et l'expérience, l'expérience plus que l'histoire, voilà donc en résumé les moyens de résoudre, si c'est possible, le problème que nous nous sommes posé. Je n'en vois pas d'autres ; assurément, de tels moyens ne nous permettront d'arriver à aucune conclusion qui ait le genre de certitude d'une démonstration mathématique, ou même d'une preuve scientifique. Ce doit être, je le crains, une cause de défaveur pour ce genre de recherches ; notre génération acquiert chaque année tant de connaissances nouvelles sur la matière, connaissances précises, utiles à mille objets et dont la justesse se démontre par des raisonnements rigoureux, qu'elle voudrait en tout des démonstrations de même nature ; elle s'indigne ou montre son dédain quand on ne les lui donne pas ; c'est oublier que certains sujets ne les comportent pas. Il en est ainsi des lois qui régissent l'homme moral, comme de celles qui régissent les sociétés ; mais l'impossibilité de démontrer ces lois par des méthodes rigoureuses n'infirme pas leur existence, ne diminue pas leur importance : elle ne prouve que notre faiblesse.

CHAPITRE III.

Digression sur la valeur du mot « société, » et sur les caractères auxquels on peut reconnaître qu'un acte émane d'une société.

Le mot *société* a été, bien des fois déjà, employé dans les pages précédentes; comme il est fort usité, il n'a certainement pas arrêté le lecteur. Il reste cependant pour moi dans un certain vague; j'ai quelques doutes sur les occasions où l'on a le droit de l'employer; aussi ce terme devant revenir sans cesse dans cet ouvrage, le scrupule me décide à m'interrompre un instant et à consacrer le présent chapitre à une courte digression sur ce sujet. Ces réflexions s'appliqueraient également à des expressions analogues, souvent équivalentes, telles que *nation, peuple,* etc.

Un souverain déclare la guerre à un autre souverain; aussitôt deux armées se mettent en mouvement, les campagnes sont ravagées, les villes sont incendiées, les hommes périssent par milliers : en est-ce assez pour pouvoir dire que deux sociétés se font la guerre? Ne devrait-on pas dire seulement que deux hommes se combattent? En quoi se résume une société? et d'abord, une société peut-elle se résumer en quelque chose? Peut-on dire que la volonté de son gouvernement est la volonté de la société, ou faut-il, au contraire, l'opinion expresse d'un grand nombre de citoyens, et de certains citoyens? Quand de grands événements doivent leur origine à la volonté d'un seul homme, l'historien met très souvent en scène, non seulement l'homme, mais la nation entière; est-il dans son droit? On nous raconte par exemple, que les Perses, cinq siècles avant Jésus-

Christ, tentèrent de conquérir la Grèce ; personne ne s'est jamais préoccupé de savoir, avant d'écrire *les Perses,* si Xerxès avait au préalable demandé l'opinion de ses sujets, et s'il avait ensuite conformé sa conduite à leur avis.

L'historien a raison ; quand des hommes, par suite de vieilles traditions, ou d'un raisonnement quelconque, ou de leur apathie, ou de leur instinct de hiérarchie, se trouvent dans un état social tel, qu'un seul homme mette tout en branle, il y a là un fait matériel, sujet sans doute à diverses appréciations, mais qui s'impose. Il faut trouver dans la langue des expressions, si on veut en parler. Or, dire dans ce cas, que le peuple a agi, est une expression raisonnable ; car si cinq cent mille hommes se lèvent, sur la parole d'un seul d'entre eux, pour aller se faire tuer, il est impossible de ne voir que l'ordre donné par un homme ; ce serait oublier un fait au moins aussi important, le consentement donné par cinq cent mille hommes au sacrifice de leur vie, consentement qu'un homme seul n'aurait pu évidemment extorquer par la force.

Du reste, il n'y a probablement point d'état d'une constitution tellement absolue, qu'un seul homme puisse substituer sa volonté à celle de tous. En Turquie, pays où les institutions et les mœurs donnent au souverain le pouvoir le plus étendu, celui-ci ne fait pas toujours ce qu'il veut chez lui ; on en trouverait la preuve assurément, dans l'histoire des derniers sultans. Dans la Russie, autre pays à constitution autocratique, l'empereur Alexandre fut, il y a peu d'années, contraint par la pression de ses sujets, à faire à la Turquie une guerre dont il ne se souciait, dit-on, nullement. Ainsi dans les pays les plus autocratiques, les volontés de la foule peuvent peser beaucoup sur les décisions du souverain, et cette considération justifie, dans une certaine mesure, ceux qui appellent actes de la nation, les actes de ce souverain.

J'ajoute que, si on prétendait séparer le peuple de son gou-

vernement et dire : « Le gouvernement, il est vrai, a fait telle
« entreprise, mais le peuple, le vrai peuple n'y était pour rien..., »
toutes les histoires seraient à refaire, et je ne sais comment;
jamais historien ne pourrait parler de ce qu'aurait fait un peuple, car jamais il ne trouverait un acte en vue duquel tous les
individus de ce peuple, hommes et femmes, auraient été dûment
consultés; puis quand même ils l'auraient été, il lui faudrait
encore prouver que l'acte accompli était exactement conforme
à leur volonté.

A défaut de l'unanimité des individus d'une société, unanimité qui constituerait évidemment la volonté de cette société,
mais qui ne peut jamais se rencontrer, on peut se rejeter sur
la majorité d'une réunion de citoyens. Cette réunion serait la
« représentation nationale. » Plus cette réunion serait nombreuse, plus on approcherait de la vérité. C'est la théorie démocratique de notre temps; ceux qui en sont les défenseurs,
veulent que des millions d'hommes soient consultés pour la solution des difficultés diverses du gouvernement. A leur dire, ce
grand nombre est nécessaire pour constituer le peuple; quand,
dans un pays, un nombre d'hommes inférieur à celui de leur
théorie, sont appelés à voter, ils disent : Le peuple n'est pas consulté. Ont-ils raison?

Je serais amené, en entrant sur ce terrain, à poser cette question fort souvent discutée : Comment se manifeste le plus sûrement la volonté nationale? Que de paroles véhémentes à ce
sujet ont ébranlé les murs du Palais Bourbon, ceux du Luxembourg et bien d'autres! Autrefois, en France, il y a deux cents
ans, c'était fort simple : le roi parlait, c'était son peuple qui
parlait par sa bouche; personne au moins n'en doutait. Aujour-
d'hui, c'est extrêmement compliqué; voyez en effet les débats
sur une loi électorale : il faut, disent les uns, interroger les citoyens groupés par département, voilà la vérité. — Nullement,
répliquent les autres, c'est le mensonge! Il faut les interroger

groupés par arrondissement... — Il est indubitable que la France partagée en morceaux carrés, n'aurait pas la même volonté que partagée en morceaux triangulaires. Laquelle de ces deux volontés est la bonne?

J'avoue que je n'en sais rien ; mais pour sortir de ces difficultés, — car il faut bien donner aux mots dont nous nous servons une signification déterminée, — une société sera personnifiée pour nous dans ceux qui la font agir, nombreux ou peu nombreux. Je ne vois pas d'autre issue.

Ce qui précède suppose l'accord, au moins l'absence de désaccord, entre la foule et ses chefs ; mais l'embarras s'accroît quand dans la société il y a tiraillement; quand les gouvernants veulent une chose, mais que les gouvernés n'obéissent pas. Pour être conséquent, je me décide à appeler « volonté de la société » la volonté des plus forts. Par suite, quand, une insurrection éclatant, la police aura eu le dernier mot, je devrai dire que la société, un instant ébranlée, s'est raffermie; quand, au contraire, l'émeute aura chassé les hommes chargés du gouvernement, que la police aura été battue, je devrai dire que la société s'est débarrassée d'une institution qui la gênait dans sa transformation.

Je n'ignore pas que cette manière de parler est assez peu philosophique, mais comment faire mieux ? Comment distinguer, autrement que par le succès, où est la volonté véritablement nationale? D'ailleurs, c'est conforme au langage universellement admis et au style historique.

Le langage est de sa nature un instrument imparfait; il faut cependant s'en servir tel qu'il est, mais, en prenant les mots dans leur acception usuelle, ne point perdre de vue que les idées dont ils sont la traduction sont souvent elles-mêmes extrêmement vagues et confuses.

CHAPITRE IV.

**Où chercher les causes des événements sociaux? —
Au dehors, puis au dedans de l'humanité. Au dehors : Modifications dans la volonté de la Providence, modifications du monde organique et du
monde inorganique; — renonçons à cette étude.
Au dedans : Modifications imposées à une société
par une société voisine. — La conquête n'est plus
dans nos mœurs, au moins entre nations européennes : la conquête, brutale ou pacifique, est
toujours précédée par une désorganisation du
peuple envahi; abandonnons encore cette étude,
pour nous restreindre aux modifications qui sont
le résultat du travail intérieur des sociétés.**

Je reviens à mon sujet : les lois qui régissent les sociétés. De
quel côté porter d'abord nos regards, et dans quel ordre de faits
irons-nous chercher les causes des transformations diverses dont
l'histoire des peuples nous déroule le tableau ?

La Logique nous dit : « Cherchez au dehors, puis au dedans
de l'humanité ; tout sera compris dans cette division. » — Soit !
suivons cet ordre.

En dehors de l'humanité ?... On peut, en effet, se demander si
les mouvements des sociétés peuvent être attribués à des causes
étrangères aux hommes. Le Créateur qui nous a faits, ne change-
t-il point ses dispositions à notre égard ? Puis les phénomènes
naturels, géologiques ou autres, qui se passent sur la terre,
n'ont-ils pas une influence sur ses habitants ?

A ces deux questions, l'homme n'a guère à répondre. Pour

parler de l'avenir que nous destine la Providence, il faudrait connaître ses secrets ; or, quand la matière même, exposée partout à nos regards, est pour nous un immense mystère, comment prétendrions-nous pénétrer Celui qui lui a donné ses lois? Bien près de nous est la région inaccessible à notre désir de savoir! Mille phénomènes frappent chaque jour nos regards sans que nous puissions leur donner une autre explication que de dire : Dieu le veut ainsi. Voudra-t-il toujours de même? Question insondable, assurément, pour l'intelligence humaine réduite à ses seules ressources ; mais comme les forces qui régissent l'univers nous apparaissent comme le reflet d'un être immuable, et que d'ailleurs sa volonté même est, dans son essence, infiniment au-dessus de notre intelligence, la raison nous ordonne, en dehors de tout enseignement religieux, de nous incliner d'abord humblement devant lui, et de le regarder comme absolument constant dans ses mystérieux desseins.

Quant à l'action sur les sociétés humaines, du monde matériel, vivant ou inanimé, au milieu duquel elles vivent, il est impossible de la mettre en doute : si haut que nous puissions nous élever par l'imagination, notre corps reste matériellement enchaîné à la terre ; nous vivons de ce qu'elle nous donne à chaque seconde de notre existence, notre sort est lié aux phénomènes dont elle est le théâtre, comment ne nous entraînerait-elle pas dans ses transformations successives? Cependant, le peu de temps sur lequel portent nos observations, l'ignorance profonde où nous sommes de ce qui s'est passé à quelques milliers d'années de nous, nous permet seulement de vagues réflexions sur ce sujet.

Nous avons vu le phylloxera, dans ces dernières années, envahir certaines régions et en ruiner les habitants ; peut-être un jour des animaux, doués des mêmes propriétés destructrices, s'attaqueront-ils au blé ou en général aux plantes qui nous servent d'alimentation, et verra-t-on changer les conditions d'existence de certains peuples. Si certaines épidémies sont, comme on l'assure, le développement d'organismes microscopiques, peut-être quelque peste détruira-t-elle un jour des nations ; mais les phénomènes de ce genre que nous connaissons, ne paraissent pas avoir eu plus d'influence jusqu'ici sur les sociétés humaines, que tant d'autres maux inhérents à l'humanité même, comme les maladies ordinaires, par exemple, avec lesquelles ils pourraient être rangés ; de plus, il me semble impossible de prévoir les accidents analogues que l'avenir nous destine. Je renonce donc à entrer dans cet ordre de considérations.

On peut aussi se demander si, par suite des transformations de la planète qui nous porte, les conditions d'existence des sociétés ne se modifient pas en même temps. Les transformations de la terre sont si lentes, que les périodes appelées par nous avec solennité des siècles, et servant de mesure à la durée des sociétés, sont pour l'histoire de la terre des instants à peine perceptibles ; aussi nos observations sont-elles de peu de valeur, pour tirer de cette histoire des conclusions relatives à un avenir extrêmement lointain pour nous. Il n'en est pas moins certain que les transformations de la nature doivent agir sur les peuples de la terre. Si, comme certains savants l'assurent, la terre a toujours été jusqu'à nous en se refroidissant, elle continuera sans doute après nous ; et quand elle sera vers les tropiques à la température actuelle de la Laponie, il est bien probable que les hommes vivront dans un état social fort différent du nôtre. Sera-ce celui des Lapons et des Esquimaux d'aujourd'hui ? Je l'ignore, il est vraisemblable cependant qu'on ne parlera plus du tout du régime parlementaire.

Mais je n'ai pas la prétention de porter mes regards si loin. En égard à ma faible durée, je considère le monde qui m'entoure, le sol qui me porte comme immuables, et je renonce à chercher comment leurs lentes modifications influent sur les peuples de la terre.

J'abandonne donc, en définitive, toutes les causes de transformation des sociétés qui pourraient être cherchées en dehors de l'humanité, et j'arrive à la recherche de celles qui sont inhérentes à l'humanité.

Il convient de faire ici deux parts comme tout à l'heure, et d'envisager successivement, parmi les causes qui peuvent agir sur une société, celles qui viennent du dehors, c'est-à-dire des sociétés voisines, et celles qui viennent du dedans, c'est-à-dire de la société elle-même.

L'influence des sociétés voisines est constante et souvent très brutale. L'histoire nous montre dans chaque siècle, des conquêtes violentes par lesquelles l'organisation d'un peuple est détruite ; tous les liens sociaux sont rompus, et remplacés par d'autres qu'impose le conquérant. Dans l'antiquité, ces événements sont extrêmement communs ; de notre temps, au moins chez les peuples de l'Occident, ils sont plus rares. Les guerres ne sont peut-être pas moins violentes, mais le but des combattants est différent. Dans l'antiquité, le vainqueur ne connaît pas de meilleur moyen de profiter de sa force et d'acquérir des richesses, que d'asservir la population. Il enlève les femmes, ramène enchaînés les hommes qui le serviront dans sa maison, condamne ceux qui restent à travailler pour lui sous la verge de ses soldats. Le combattant moderne serait très mal reçu à son retour en ses foyers, s'il y ramenait le genre de butin dont se targuaient les héros d'Homère ; l'esclavage est impossible, mais, tout bien pesé, le moderne a plus de profit. Jamais le conquérant romain des Gaules eût-il pu tirer de ses esclaves le gain qu'ont retiré les Prussiens de la dernière guerre, sous forme d'une indemnité de cinq millards ? Quinze ans se sont passés, et les 36 millions de Français travaillent tous les jours pour pouvoir en payer la rente, sans que leurs vainqueurs en aient le moindre embarras. Nos propres fonctionnaires recueillent l'argent ; nous appelons « témoignage de notre puissante vitalité » ce qui eût été autrefois un tribut odieux, et nous le versons sans la moindre répugnance, que dis-je! avec un orgueil patriotique, aux mains de rentiers inconnus qui se sont interposés. Combien ce spectacle fait ressortir l'impuissance de cette barbare époque, où César brûlait les villes, et coupait les poings des Gaulois, s'il ne les pouvait vendre à l'encan!

Il ne serait pas juste cependant, d'attribuer la rareté en notre siècle des guerres de conquête, à l'habileté seule, née de la civilisation. On doit reconnaître que les mœurs tendent constamment à s'adoucir en Europe, et l'existence des peuples, comme l'existence des individus, trouve de jour en jour plus de respect dans l'opinion publique. En tout temps, on avait bien vu des conquérants mettre en avant des raisons de droit, pour s'emparer d'une province, mais en ce siècle, on a été plus loin : nous avons vu plusieurs fois, consulter ou prétendre consulter des populations, avant de les incorporer; personne n'y aurait pensé il y a seulement un siècle. Quelle que soit la valeur intrinsèque de cette opération, elle reste un hommage public à ce principe, qu'il est contraire à la justice de dépouiller une nation de son existence propre, et ce principe est une sauvegarde contre l'esprit de conquête.

La conquête est donc de moins en moins dans nos mœurs en Europe. Le conquérant le plus avide, après une guerre heureuse qui met un pays entier en sa puissance, borne ses exigences à un territoire restreint; mais si restreinte que soit la violence, elle heurte toujours les idées de notre siècle; elle fait naître des haines que l'Europe excuse, vivaces comme le sont les haines nationales, et bien des sages politiques ont vu dans de semblables agrandissements, un affaiblissement pour le peuple qui cédait à sa convoitise (1).

____

(1) Voir, sur les difficultés de l'assimilation des Polonais par la monarchie prussienne, le discours prononcé à la Chambre des députés par le prince de Bismarck, le 28 janvier 1886, — plus d'un siècle après la conquête!

« La lutte pour l'existence entre la Prusse et la Pologne continue... Ce n'est pas,

Les races d'une civilisation très différente restent cependant exposées, et destinées peut-être, à être conquises et absorbées par les Européens. Les Français en Algérie, les Anglais dans l'Inde, ont agi en véritables conquérants : au pied de l'Atlas, comme sur les rives du Gange, une volonté étrangère, des lois nouvelles ont été imposées aux vaincus.

Il ne faut attribuer l'extension des conquêtes en ces deux cas, ni au mépris que nous aurions pour des peuples barbares, ni à la facilité avec laquelle nous croirions pouvoir les dominer. Elle a pour cause l'impossibilité où sont les peuples civilisés, de vivre en paix à côté de peuples non civilisés. La France a pour voisins les Espagnols, les Italiens, les Suisses, les Allemands, les Belges ; tous ces peuples nous ressemblent par la religion, les mœurs, le langage, les institutions ; aux yeux d'un sauvage, ou même d'un Chinois, ils ne doivent former avec nous qu'une seule et même nation. Grâce à ces analogies, les contacts ne sont pas douloureux, mais nous avons essayé quelque temps en Algérie, de vivre à côté d'Arabes laissés indépendants. Malgré la persévérance mise pendant plusieurs années à appliquer ce système, qu'on appelait « le système de l'occupation restreinte, » il a fallu y renoncer. Notre frontière, en quelque lieu qu'elle fût, était toujours un champ de bataille. La paix a pu être obtenue seulement, quand nos colonnes sont arrivées victorieuses au désert. Les Anglais dans l'Inde se sont trouvés, paraît-il, en présence de difficultés semblables. Ils se sont peu à peu étendus jusqu'à l'Himalaya, un peu par esprit de conquête, beaucoup

« comme on le croit souvent à l'étranger, le germanisme qui gagne du terrain, tout
« au contraire... Si les Polonais avaient l'occasion aujourd'hui, et la force suffisante
« pour se détacher de nous, ils ne nous donneraient pas 24 heures... Quand un
« Allemand a vécu quelque temps en Pologne, il polonise son nom... Nous voulons
« nous débarrasser des Polonais étrangers, parce que nous avons assez des nôtres...
« Je me demande s'il ne serait pas opportun de sacrifier cent millions de thalers
« pour exproprier la noblesse polonaise, nous serions sûrs d'avoir enfin la tran-
« quillité sur notre frontière de l'Est... Quand je jette un coup d'œil sur l'avenir,
« je ne suis pas sans quelque préoccupation... »

par nécessité, pour assurer leur défense. Leurs difficultés actuelles les poussent encore à s'agrandir, partout où leur trop vaste empire n'est point séparé, par une barrière naturelle suffisante, du peuple barbare son voisin.

En Europe et dans les temps modernes, ce n'est ni l'insuffisance du nombre des soldats, ni la rareté des forteresses, qui font courir aux nationalités les plus grands dangers, c'est la désorganisation sociale. Le triste exemple d'une nationalité bien distincte disparaissant par la conquête, ne nous est donné, depuis cent ans, que par la Pologne. Ce malheureux pays, dont la puissance militaire avait défendu l'Europe contre l'invasion musulmane, est devenu, quand les factions l'ont déchiré, une proie facile pour ses voisins. D'autres peuples, bien moins pourvus de combattants, comme la Hollande et la Suisse, ayant eux aussi de puissants voisins, et incapables de leur résister à eux seuls, après avoir été submergés sous des flots de soldats, ont retrouvé leur nationalité quand la tourmente a été passée. Ils avaient toujours continué, quels qu'eussent été les événements, à former une société compacte, ayant ses idées, ses mœurs et son unité. Ainsi les qualités morales d'un peuple, son esprit d'ordre et de hiérarchie, son respect pour ses traditions et pour ses chefs naturels, lui donnent une cohésion qui le préserve bien plus sûrement de la conquête que la puissance de son armement.

Cette considération me détermine (le sujet que j'ai entrepris de parcourir s'étendant d'ailleurs à l'infini) à laisser de côté dans ce travail, l'influence des sociétés les unes sur les autres. Le sujet que j'abandonne ainsi, serait, il est vrai, intéressant : on pourrait envisager les différentes manières par lesquelles un peuple se répand au dehors, tantôt l'envahissement brutal par des soldats, tantôt l'envahissement pacifique par les mœurs, les idées, le langage, à travers toutes les douanes, et souvent malgré la haine, du peuple ainsi envahi. Mais il faut se borner ; d'ailleurs cet abandon est plus apparent que réel : en effet, cette invasion de l'étranger, quel que soit son caractère, pénètre surtout chez les nations où une désorganisation intérieure affaiblit la puissance de la vie sociale. Elle est un témoignage de faiblesse chez un des deux peuples, aussi sûrement au moins qu'un témoignage de force chez l'autre. Or, je me propose dans ce travail, d'étudier les causes de désorganisation intérieure des sociétés ; nous devons donc trouver dans la suite, sans les chercher expressément, les circonstances qui facilitent l'envahissement par l'étranger.

J'arrive ainsi à une partie de mon sujet, à laquelle je voudrais donner quelque développement, c'est à savoir aux phénomènes qui sont le résultat du travail intérieur des sociétés. Les individus qui les composent s'agitent selon leurs désirs, leurs haines, leurs passions ; chacun d'eux, par l'impulsion qu'il donne, contribue au mouvement général, tantôt dans une direction, tantôt dans une autre. Nous commencerons par examiner quelles forces agissent sur les individus, et nous chercherons ensuite à découvrir quel est l'effet général produit sur la société par la multitude des actions individuelles.

CHAPITRE V.

Travail intérieur des sociétés. — Causes qui agissent sur les individus et par suite sur les sociétés. — 1° L'intérêt personnel, — étudié exclusivement par certains économistes. Insuffisance de l'économie politique, par suite de sa séparation d'avec la morale. — 2° Religion et vertus. — Leurs contraires, les vices. — 3° Affections naturelles. — 4° Entraînement par l'exemple. — Champ d'études : pour le présent, ce qu'a pu voir un Français du XIX° siècle ; — pour le passé, l'instruction d'un homme qui a fait ses humanités.

La première cause, le premier mobile des actions humaines paraît être l'*intérêt personnel*. Je ne m'arrêterai pas à montrer son caractère d'universalité, je suppose que l'évidence frappe tous les yeux ; mais constitue-t-il une cause unique, ou qui comprenne toutes les autres ?

Certains économistes paraissent le croire. Je citerai Bastiat, l'un des plus éminents écrivains français de cette école. « L'in- « térêt personnel,... principe même d'action des hommes, » dit-il « au début de ses *Harmonies économiques* (chap. 1)... c'est de là, « j'en conviens, que naissent *tous* les maux sociaux : la guerre, « l'esclavage, le monopole, le privilège ; mais c'est de là aussi que « viennent *tous* les biens, puisque la satisfaction des besoins et « la répugnance pour la douleur sont *les* mobiles de l'homme. »

Plus loin, il est vrai (chap. 2), l'auteur associe à l'intérêt personnel « le principe sympathique, » mais en insistant si peu, qu'il diminue à peine le rôle de l'intérêt personnel ; voici du reste tout le passage, je le veux citer en entier, parce qu'il contient en peu de lignes, toute la théorie soutenue par Bastiat dans son principal ouvrage :

« Prenant l'homme tel qu'il a plu à Dieu de le faire, sus-« ceptible de prévoyance et d'expérience, perfectible, s'aimant « lui-même, c'est incontestable, mais d'une affection tempérée « par le principe sympathique et en tout cas contenue, équilibrée « par la rencontre d'un sentiment analogue universellement ré-« pandu dans le milieu où elle agit, je me demande quel ordre « social doit nécessairement résulter de la combinaison et des « libres tendances de ces éléments.

« Si nous trouvons que ce résultat n'est autre chose qu'une « marche progressive vers le bien-être, le perfectionnement et « l'égalité ; une approximation soutenue de toutes les classes « vers un même niveau physique, intellectuel et moral, en même « temps qu'une constante élévation de ce niveau, l'œuvre de « Dieu sera justifiée... »

Et quelques pages plus loin : « Nous ne pouvons donc pas « douter que l'intérêt personnel ne soit le grand ressort de l'hu-« manité ; il doit être bien entendu que ce mot est ici l'expres-« sion d'un fait universel, incontestable, résultant de l'organi-« sation de l'homme, et non point un jugement critique comme « serait le mot *égoïsme*. »

L'intérêt personnel tempéré par « le principe sympathique, » expression qui, soit dit en passant, me paraît bien vague, voilà donc ce qui, selon Bastiat, est à l'origine de toutes les actions humaines, ce qui conduit les nations « par une marche progressive... à un niveau physique intellectuel et moral de plus en plus élevé. »

Entendons-nous d'abord sur les mots : si on prend l'expression « Intérêt personnel » dans un sens extrêmement large, à savoir, le désir d'une satisfaction pour le corps ou pour l'âme, pour la personne matérielle ou pour la personne morale, elle sera tellement générale qu'elle ne déterminera rien : l'affection du père pour ses enfants, la charité envers le prochain, le sacrifice des biens, de la réputation et de la vie, pour l'avantage d'autrui, pourront s'appeler la recherche de l'intérêt personnel, car l'accomplissement d'un acte de vertu donne à la conscience une satisfaction incontestable ; mais alors, je me demande en vain ce qui n'est pas intérêt personnel. Dans ce qui va suivre, j'appellerai recherche de l'intérêt personnel, la recherche des satisfactions pour la personne matérielle ; j'y comprends la recherche des richesses et des grandeurs, qui sont les principaux moyens de se procurer ces satisfactions. J'y comprends également la recherche des jouissances de pure vanité, de coquetterie par exemple, qui sont l'accompagnement ordinaire du désir des plaisirs sensuels (1).

Du reste, je crois que beaucoup d'économistes accepteraient cette définition. Si tous donnent une place considérable dans leur estime à la richesse, c'est que de la richesse découlent le bien-être, les aises et les jouissances de la vie, et qu'elle est par cela même, à leurs yeux, la source du bonheur de l'humanité.

Ceci posé, je ne puis admettre que les actions humaines puissent être attribuées à cette cause unique de l'intérêt personnel, et le mouvement des sociétés actuelles, comme celui des sociétés passées, me paraît présenter des anomalies inexplicables, si on ne fait pas intervenir l'influence de certaines idées et de certains sentiments, indépendamment de toute recherche de satisfaction matérielle.

---

(1) D'après cette définition, l'ambition d'être célèbre, estimé, si elle était dégagée de tout désir de richesse ou de jouissance matérielle, ne serait plus un sentiment d'intérêt personnel. Sans doute, certaines ambitions seront difficiles à classer d'après cette distinction, mais c'est un défaut de toutes les classifications, de laisser indécise la place des choses qui ont un double caractère. Il faut se résigner à cet inconvénient plutôt que de tomber dans un pire, et d'être amené à considérer le dévouement comme un mode particulier de l'égoïsme, sous prétexte qu'on en retire la satisfaction intérieure du devoir accompli.

Sans aller chercher dans l'histoire des premiers chrétiens les mille exemples qu'on y rencontrerait, de cruels supplices volontairement affrontés, exemples qui ont puissamment contribué au triomphe du christianisme, nous trouverons dans l'histoire moderne quantité de faits à l'appui de ce que j'avance. Citons-en un dont l'économie politique s'est souvent occupé. Quand Louis XIV révoqua l'édit de Nantes, que demandait-il aux protestants ? Bien peu de chose ! Rien que d'aller à la messe le dimanche, et de ne pas aller au prêche, encore n'eût-il pas été bien sévère sur le premier de ces deux points ; mais en revanche de quels maux ne les menaçait-il pas, s'ils lui résistaient ! il fallait s'attendre à sa colère, c'est-à-dire à l'exil, à l'emprisonnement, à la perte des biens. Le choix dicté par l'intérêt personnel était évident : peut-on en effet mettre en balance, l'ennui de ne pouvoir se réunir de temps en temps entre personnes de même opinion, et la cruelle nécessité de s'expatrier ? Cependant nous savons que des milliers de personnes, de tout âge et de tout sexe, quittèrent la France. Ainsi des causes non seulement étrangères, mais opposées à l'intérêt personnel, peuvent agir énergiquement sur les individus ; et quand même on ne saurait pas quelles furent, pour diverses industries françaises, les conséquences de la révocation de l'édit de Nantes, on ne pourrait douter que des causes assez puissantes pour déterminer tant d'individus à de pénibles sacrifices, ne doivent exercer une grande influence sur une société, en ne considérant même que les résultats matériels.

Je vais plus loin : non seulement je me refuse à voir dans l'intérêt personnel le mobile unique des actions humaines, mais encore je le crois étranger à la plupart d'entre elles. Chaque jour, dans son affection pour ses enfants, la mère de famille s'oublie elle-même, elle leur sacrifie sa vie sans marchander, et ce qui exige bien plus de désintéressement, son bien-être et sa tranquillité. Où est l'intérêt personnel ? La jeunesse ne pense-t-elle donc qu'à l'intérêt, qu'au profit, quand nous la voyons se lancer avec tant d'ardeur pour atteindre un idéal qui lui paraît noble, grand, généreux? On a dit que c'était une folie passagère, due à la fougue de l'âge; folie peut-être, si l'on regarde certains objets de cet amour passionné, mais folie noble dans son essence, parce qu'elle prend son origine dans cette tendance vers le mieux, sinon vers le parfait, qui est la dignité de l'homme. Ce n'est pas d'ailleurs, grâce à Dieu, une illusion passagère, comme le prétendent les sceptiques. L'homme que n'a point flétri le vice, que n'ont point desséché certaines théories, ne renonce pas, en avançant dans la vie, à poursuivre un idéal qui brille toujours au loin devant ses yeux. Ses aspirations, il est vrai, ne sont plus celles de sa jeunesse; il s'enflamme moins pour la liberté, pour les sciences, pour les arts, mais son ardeur, plus renfermée, n'en est que plus vive pour son Dieu, sa famille, sa patrie. L'âge ne la glacera point en lui; elle est d'autant plus noble, qu'elle se poursuit en un temps où les hommes, objets de son affection, n'ont plus rien à lui donner, et lui montrent trop souvent des exemples d'ingratitude.

Les bons sentiments ne sont pas les seuls dont l'influence fasse oublier l'intérêt personnel; il est très souvent sacrifié à des vices ou à des défauts, à l'orgueil, à la haine ou à la frivolité. Le meurtrier risque sa liberté et sa vie pour assouvir sa vengeance : ne voyons-nous pas des hommes, parmi les plus intelligents, céder à la tentation de lancer une épigramme, pour le simple plaisir de placer un bon mot, quand il peut leur porter à eux-mêmes un véritable préjudice? Ne voyons-nous point partout autour de nous, sacrifier à la mode du jour les aises ou les agréments de la vie? Scrutons, en nous-mêmes, les motifs de tous nos faits et gestes : vingt fois par jour nous prenons une décision sans avoir égard à ce qu'elle nous rapportera, avec la certitude même, si nous prenions la peine d'y réfléchir, qu'elle ne nous rapportera rien.

Refusons-nous donc à voir, avec Bastiat, dans l'intérêt personnel, « le grand ressort de l'humanité. » Nous valons mieux, et, grâce à Dieu, l'homme peut écouter d'autres voix que celle de l'égoïsme ; les sentiments et les idées tiennent une large place parmi les motifs qui déterminent ses actes.

Au premier rang nous placerons les idées religieuses. Que ces idées aient eu, il y a quelques siècles, assez d'influence pour entraîner les peuples dans les plus grandes entreprises dont la connaissance soit parvenue jusqu'à nous, c'est incontestable pour quiconque a lu un peu d'histoire, et ce point ne mérite pas la discussion. Mais ceux qui ne voient dans les invasions musulmanes et les croisades, par exemple, que des accidents, des faits bizarres et anormaux ; ceux qui attribuent aux hommes de cette époque une exaltation passagère et maladive, et non l'ardeur d'un sentiment commun à tous les temps et à tous les pays ; ceux-là se refuseront peut-être à faire figurer la religion, au dix-neuvième siècle, parmi les causes permanentes des vicissitudes des sociétés. Selon l'opinion de certains hommes, occupant un rang élevé dans notre pays, la religion, réduite aujourd'hui à un nombre de sectateurs sans cesse décroissant, a perdu toute influence sur les nations scientifiques du dix-neuvième siècle. Nous examinerons plus loin s'il est juste d'opposer le grand nombre d'autrefois au petit nombre d'aujourd'hui, et de mesurer le sentiment religieux par le nombre de ceux qui fréquentent les églises ; nous verrons, qu'à toutes les époques, les hommes véritablement imbus de sentiments évangéliques ont formé une très petite minorité. Mais d'ailleurs, peu nous importe ici. La religion a été la cause de grands événements historiques, cela est incontestable, et cela suffit pour que nous ne puissions nous dispenser de la placer ici parmi les causes possibles des phénomènes sociaux.

Dans le sentiment religieux, je comprends les vertus qu'il commande : amour du prochain, respect de la vérité, etc... vertus dont, selon moi, la religion est l'origine. Cette filiation est fortement contestée par l'école irréligieuse de notre époque, je le sais, et pour cette école la morale est indépendante de toute religion ; je ne me propose pas de **défendre** en ce moment mon opinion, je me borne à indiquer un ordre pour les idées : les sentiments vertueux doivent être comptés parmi ceux qui agissent sur les individus, et par suite sur la société; l'étude de leurs effets entre donc dans le cadre de cet ouvrage ; je placerais cette étude à côté de celle relative aux sentiments religieux proprement dits. Je n'en séparerais pas, pour la facilité de la discussion, les tendances vers le vice.

Après l'intérêt personnel qui nous fait travailler pour la satisfaction de notre corps, après les mobiles qui se rattachent à nos croyances, et qui nous font agir pour la satisfaction de notre âme et de notre conscience, je rencontre d'autres mobiles, où le corps et l'esprit confondent tellement leur action, qu'il est fort difficile de distinguer ce qui revient à chacun d'eux. Je veux parler des affections naturelles. Rien n'est plus admirable que l'amour maternel, mais il s'y trouve autre chose que de la charité religieuse ou du raisonnement humain, car les animaux nous donnent d'innombrables exemples de ces sortes d'affections. Puis, que n'a-t-on pas dit, et mille fois avec raison, de la folie qui peut se manifester dans l'amour entre sexes différents? L'intelligence n'est donc pas seule à y parler; le principe de ces affections diverses existe en nous à l'état d'instinct, comme chez beaucoup d'animaux. Cependant il serait injuste d'y voir seulement un instinct animal, car notre intelligence et notre cœur y peuvent mettre leur empreinte, et ennoblir cet instinct, le transformer, de manière à en faire un honneur pour notre humanité.

Les causes de nos actions se rattacheraient donc jusqu'ici, à l'intérêt personnel, aux sentiments religieux et moraux, aux affections naturelles. Cette triple division peut-elle nous suffire ? Comprend-elle toutes les forces qui sollicitent l'homme, et déterminent sa volonté tantôt dans un sens, tantôt dans un autre?

Non, sans doute. Celles de nos actions qui procèdent de ces divers ordres de motifs sont raisonnées, ou peuvent l'être, tandis qu'il en est beaucoup d'autres purement instinctives.

Je viens de dire que nos actions étaient raisonnées quand elles étaient l'effet des motifs précédents. Si, en effet, je travaille pour pouvoir bien manger, par exemple, ma conduite pourra se justifier par un raisonnement : bien manger est une jouissance, or il est conforme à la raison que je fasse des efforts pour me procurer une jouissance. Je ne dis pas que le raisonnement soit parfaitement juste, et qu'on ne puisse discuter si toute jouissance doit être recherchée par moi ; on peut même soutenir que le raisonnement est faux, mais enfin c'est un raisonnement ; une infinité de gens s'en contentent, nous le savons tous, et ne font point en cela mentir la définition connue de notre espèce : l'homme est un animal raisonnable. J'éprouve un plaisir autre, mais non moins réel, à voir mes enfants heureux, même quand je n'en dois recueillir aucun avantage matériel ; mes efforts seront donc parfaitement raisonnables, s'ils tendent à les rendre heureux, car je me donnerai ainsi un plaisir : il consistera dans une jouissance morale.

Mais l'homme ne se meut-il jamais que dans un sens où il soit raisonnable qu'il se meuve ? Quand il marche, est-ce toujours qu'il a devant les yeux un but déterminé qu'il désire atteindre ? Ses efforts sont-ils raisonnés en vue d'atteindre ce but ?

Pour répondre, jetons les yeux sur une armée : lorsqu'on songe à l'âpreté avec laquelle les hommes, en général, poursuivent l'amélioration matérielle de leur sort, et d'un autre côté à la facilité avec laquelle ces mêmes hommes, une fois enrégimentés, vont jusqu'à risquer dans une guerre leur santé et leur vie, on a bien le droit de douter que, dans l'un et l'autre cas, ils obéissent pareillement à la voix de leur raison. Quand les hommes sont ainsi réunis en grand nombre, on les voit renoncer très fréquemment à avoir une volonté individuelle. Il semble que leur contact réciproque leur fasse perdre une partie de leur faculté de raisonner. Prenez un paysan, sermonnez-le tant qu'il vous plaira sur l'utilité qu'il y aurait pour lui, trente-six-millionième de la France, d'aller soutenir de sa personne le drapeau de la patrie, en face des nations musulmanes du littoral méditerranéen ; vous n'obtiendrez pas de lui qu'il se dérange une minute de sa charrue. Vous le prenez de force, lui mettez un pantalon rouge, vous lui donnez des camarades, arrachés comme lui à leurs champs et à leurs affections, il marche gaiement, il se fait tuer avec intrépidité. Qu'est-ce qui le soutient? Sans doute le devoir, la vanité, la crainte, la résignation, un mélange plus ou moins confus de sentiments raisonnables, je le veux bien, mais tout cela eût été vain sans le pantalon rouge et le camarade.

Des phénomènes analogues s'observent dans des réunions de toute espèce : dans les assemblées politiques composées d'hommes instruits, comme dans les rassemblements tumultueux de la populace ; dans les réunions qui délibèrent, comme dans les troupes qui combattent.

Il y a donc une véritable force d'entraînement dans l'exemple ; elle échappe facilement à l'analyse, car elle n'agit presque jamais seule, mais son existence à côté de celle des motifs raisonnables ou raisonnés, peut servir à expliquer des actes qui, autrement, seraient incompréhensibles ; nous reviendrons du reste sur ce point.

En résumé, je trouve, au début de cette étude, les mobiles suivants aux actions humaines : 1° l'intérêt personnel, 2° les sentiments religieux et moraux — ou immoraux, 3° les affections naturelles, 4° enfin, l'entraînement par l'exemple.

On peut philosophiquement distinguer les uns des autres les différents mobiles qui mènent l'homme. Dans le fait, il est rare qu'ils n'agissent pas simultanément. Je me porte à faire une bonne action, l'idée du devoir m'y pousse, pourrais-je cependant affirmer que l'orgueil ou la vanité n'y sont pour rien? C'est ainsi que la plupart des actions humaines, selon le côté par où on les regarde, peuvent être louées ou blâmées, et en fait, trouvent parmi les contemporains de bonne foi, des détracteurs ou des admirateurs.

Il est bien plus commode, au milieu de cette confusion, de trancher la difficulté, en rattachant toutes les actions humaines à une seule cause. Ainsi a fait Bastiat, on vient de le voir, en posant comme principe, à la première page de son livre, qu'elles dérivaient de la recherche de l'intérêt personnel. Une pareille simplification permet d'édifier une doctrine dont l'aspect satisfait peut-être les regards, mais quel usage en pourra-t-on faire, si elle repose sur des fondements aussi peu solides?

Est-il possible de ne point se perdre dans l'étude des phénomènes sociaux, alors que, dans cette étude, on trouve à chaque instant des causes diverses et compliquées? Je n'ose le dire, car je ne me dissimule pas cette difficulté; mais si aucun chemin tracé ne mène à notre but, il faut bien prendre à travers champs et broussailles pour y arriver.

Comme il a été dit en commençant, le but de cet ouvrage serait de rechercher quelles lois dirigent les sociétés humaines. Mais s'il est des hommes à qui leur science permette de voir avec clarté l'humanité, dans le temps et dans l'espace, l'humanité d'il y a vingt siècles et celle d'aujourd'hui, la société thibétaine et la société française, j'envie cette science sans y prétendre. Mon ambition, grande déjà, serait de considérer l'humanité dans le cercle fort restreint où peuvent porter mes regards. J'ai passé la cinquantaine; les conditions diverses où je me suis trouvé, tantôt officier, tantôt propriétaire rural, tantôt homme politique, m'ont mis en relation avec des hommes occupant les plus hautes positions comme les plus infimes, avec des étrangers comme avec des Français; je ne suis pas juge sur le fait de savoir si j'ai bien vu, mais les circonstances ont voulu que j'aie eu plus d'occasions que la plupart des hommes, de voir la société sous divers aspects. Ainsi se sont formées mes connaissances sur la très petite partie de l'humanité que peut connaître un homme par lui-même. Quant au passé, j'ai eu par mes études, par mes lectures, quelques échappées de vue sur l'histoire de France, sur les sociétés latine et grecque. Tel est l'étroit terrain où je suis confiné, et où je voudrais trouver la connaissance de tout le reste. C'est bien peu de chose, je l'avoue, si on songe surtout, en ce qui regarde les connaissances dues à l'expérience personnelle, combien les idées changent entre vingt et quarante ans, et combien elles se modifient encore chaque jour. Mais si je m'abstiens de porter un jugement parce que je ne me trouve pas assez instruit encore par l'expérience, de beaucoup plus jeunes s'abstiendront-ils? Et qui de nous peut se flatter de vivre assez pour arriver à un âge où, la raison étant entièrement formée, la vue de l'humanité soit claire et les jugements qu'on en porte assurés?

Autre chose que de l'expérience me manque. Je ne suis docte en aucune science, et je le sens à chacun de mes pas. J'ignore des choses que savent d'autres personnes, et que j'aurais intérêt à savoir. Je voudrais connaître les Romains comme M. Duruy, les Grecs comme M. Wallon; j'aurais besoin de connaître l'histoire, la statistique, les langues vivantes... de tous côtés mon horizon est borné. Je crois cependant avoir le droit de me dire, que si j'avais eu la vie d'un érudit, je n'eusse pas vu de près la guerre comme on la voit quand on y a pris part. Mais le bivouac exclut l'étude. Que d'autres occupations ne l'excluent pas moins! Eussé-je pu, si j'avais voulu me consacrer à l'érudition, diriger des ouvriers sans intermédiaire comme je l'ai fait pendant plusieurs années, et les voir ainsi de très près? Qui peut connaître dans son existence, tout ce qu'il lui serait utile de connaître pour se bien diriger dans la vie, et donner aux autres de bons conseils?

Je sens bien que le genre de savoir dû à l'expérience de la vie, n'est guère prisé de nos jours. Toute l'estime est réservée pour ceux qui ont été au plus profond d'une science. Quelqu'un connaît-il dix mille plantes, ou la structure de l'œil des animaux du hanneton jusqu'à la baleine, ou le nombre des hectolitres de blé, des têtes de bétail, des magistrats, des professeurs... que possèdent les divers peuples de l'Europe, ou la généalogie de Sésostris, cela suffit : il est digne de porter, de nos jours, le nom de savant. On lui accorde de prendre place officiellement à côté de ceux qui, à cette sèche connaissance d'un grand nombre de faits, joignent des vues personnelles, des idées philosophiques nées de leurs connaissances mêmes. Hélas ! quant à moi, si j'avais à passer un examen, je sens avec regret qu'il n'en est d'aucune espèce où je ne pusse être convaincu d'ignorance grossière ; mais je me dis, pour consoler mon amour-propre, qu'il n'est pas d'examinateur que je ne me ferais fort de convaincre d'une égale ignorance, si, les rôles étant changés, je pouvais faire des questions, au mathématicien sur les usages de la guerre, au chimiste sur les mœurs des Grecs, à l'historien sur l'agriculture. Dans l'ordre d'études que j'entreprends, il faudrait posséder des connaissances sur des sujets très divers ; je cherche à me persuader qu'il devient alors impossible d'en avoir d'approfondies sur rien, et, enhardi par cette réflexion, je me hasarde dans la carrière.

Je ne veux pourtant pas m'engager à la parcourir tout entière dans les très larges limites que j'ai indiquées ci-dessus. Mes prétentions seraient satisfaites, si j'avais pu dans ce volume montrer l'influence qu'exercent sur la société

    1° L'intérêt personnel,

    2° Le sentiment religieux,

    3° L'instinct d'imitation.

Encore ce programme me paraît-il trop lourd pour mes forces ; je laisse à d'autres à en étudier méthodiquement toutes les parties ; je me propose seulement de hasarder quelques réflexions sur les points où mes opinions diffèrent de celles qui ont cours généralement.

DEUXIÈME PARTIE.

L'INTÉRÊT PERSONNEL.

CHAPITRE PREMIER.

De l'intérêt personnel chez les sauvages et chez les barbares. — Erreur de Bastiat, qui a attribué à l'intérêt personnel des effets dus en réalité à une autre cause, et particuliers aux peuples chrétiens.

Je me propose maintenant d'examiner l'action sur la société, des divers mobiles qui entraînent les individus. Je commence par l'intérêt personnel.

Comment la tendance qu'ont les membres d'une société à poursuivre leur intérêt personnel, agit-elle sur cette société?

Tenons-nous d'abord pour assurés que nous ne trouverons jamais d'occasion où nous puissions constater, sur une société, l'effet produit par l'intérêt personnel agissant seul. En effet, aucune des causes qui agissent sur un individu, n'agit seule; dans chacune de ses démarches, divers motifs dont il aurait peine lui-même à démêler l'influence respective, contribuent en même temps à former sa volonté; le même enchevêtrement de causes diverses doit se rencontrer dans les phénomènes sociaux. Mais si l'intérêt personnel est toujours associé à d'autres causes, il est vraisemblable cependant qu'en certaines occasions son action sera prépondérante; son effet par suite sera manifeste. Nous commencerons par chercher quelles seront ces occasions.

Les causes diverses qui, en se mêlant à l'intérêt personnel, peuvent modifier son effet ou le masquer, sont, comme nous l'avons vu au chapitre précédent, les idées résultant des croyances, et l'entraînement résultant de l'exemple. Nous trouverons donc vraisemblablement des sociétés où l'action de l'intérêt personnel sera prépondérante, là où les idées sont le moins développées, et où l'individu vit le plus isolé. Sur cette indication, je vais droit chez les sauvages. C'est là que je rencontrerai, s'il se rencontre quelque part sur terre, l'homme des économistes, cet homme qui n'est mu que par l'intérêt. Il ne sera distrait ni par les théories d'une civilisation raffinée, contraires à l'ordre naturel, ni par les idées de convention, qui, dans les pays où la tradition s'appuie sur des livres, se perpétuent indéfiniment par l'éducation. L'espace est devant lui : plus de voisins gênants comme dans notre vieille Europe, où l'encombrement est déjà séculaire, partant plus de guerres, mais « une marche progressive vers le « bien-être, le perfectionnement et l'égalité, une approximation « soutenue de toutes les classes vers un même niveau physique, « intellectuel et moral, en même temps qu'une constante éléva- « tion de ce niveau... »

Que vois-je? Les voyageurs nous trompent-ils? Ils nous assurent au contraire que l'état de guerre est l'état normal des sauvages ; que le progrès est chose absolument étrangère à leurs aspirations, que le spectacle même de notre supériorité, due évidemment à notre civilisation, ne peut les déterminer à nous imiter ; que rien ne peut vaincre leur paresse, hors le moment où la faim les presse, qu'ils se refusent à se donner une peine quelconque pour assurer leur nourriture, non pas de l'année suivante, mais du lendemain même. Ainsi pour eux le bonheur consisterait dans l'oisiveté absolue. Ils n'en sortiraient que sous la contrainte de la faim, pour chasser, pêcher, errer dans les bois à la recherche de quelque fruit spontané ou de quelque racine. Telle est en effet la vie de peuples nombreux qui sont répandus, ou qui l'étaient naguère, sur d'immenses espaces.

Peut-être me dira-t-on que ces peuples sont abrutis par d'absurdes coutumes et de sottes superstitions. Je l'accorde sans peine ; mais ces coutumes sont nées de leurs aspirations à un bonheur qui réside pour eux dans le manger et le dormir ; elles répondent à un état social qui n'a pas d'autre fin, comme notre code répond aux besoins raffinés de la civilisation au dix-neuvième siècle, et si leur idéal de prospérité sociale se transformait, les coutumes se transformeraient en même temps. Une réflexion analogue peut s'appliquer à leur culte : il se modifierait d'autant plus facilement, que ses traditions ne sont liées à l'existence d'aucun édifice durable, que nul écrit ne les conserve, et que les souvenirs dont leur mémoire seule est dépositaire sont, comme tous les voyageurs l'assurent, très courts et extrêmement vagues. Aussi nulle part n'existent des circonstances, où l'homme soit moins dérangé par des préoccupations diverses de la recherche de son intérêt ; nulle part ce sentiment ne doit agir aussi énergiquement, et j'en conclus qu'il faut voir dans les sociétés sauvages la meilleure manifestation de ce qu'il produit à lui seul : il produit la paresse, la misère et la guerre.

D'autres peuples aussi peu cultivés ont vécu autrefois dans l'Europe même, et y ont formé un grand nombre de petites sociétés. Je veux parler des barbares de l'Europe centrale, tels qu'ils étaient jusqu'aux premiers siècles de notre ère ; nos connaissances sur leurs mœurs, sur les ressorts de leur activité, sont sans doute plus incomplètes encore que nos connaissances sur les sauvages de l'Amérique. Nous sommes séparés d'eux par un intervalle de bien des siècles, et les historiens leurs contemporains, nous ont laissé peu de détails sur leurs usages et leur manière de vivre. Je ne crois donc pas que nous puissions nous flatter de nous faire une idée juste et précise sur les conditions d'existence des sociétés barbares. Cependant il me paraît très vraisemblable que les moyens d'assurer leur existence matérielle étaient chez elles, comme ils le sont chez les sauvages, la préoccupation incessante ; que les idées religieuses, que les usages tendaient au même but ; que ces migrations immenses, répétées pendant presque toute la durée de l'histoire romaine, étaient provoquées par le besoin de manger, par la convoitise de toutes les facilités de l'existence ; qu'ils étaient attirés par les richesses de l'Italie et de la Provence, dont le beau climat et la fécondité leur étaient vaguement connus ; en un mot, que les sociétés barbares étaient mues, comme les tribus indiennes, principalement par l'intérêt matériel. Quels furent leurs progrès pendant les huit ou dix siècles qui précédèrent leur établissement sur le sol de la civilisation romaine ? Bien des récits sans doute, traversant leurs forêts, leur ont parlé des exploits d'un peuple peu éloigné, puissant et prospère. Marchaient-elles cependant plus que les Peaux Rouges vers ce que Bastiat appelle « un niveau supérieur ? » Nous n'avons aucune raison de le croire ; je ne trouve donc rien ici qui infirme la conclusion ci-dessus énoncée : L'intérêt personnel produit dans les sociétés non civilisées la misère et la guerre.

Mais je ne veux pas insister sur l'étude des sociétés barbares plus que sur celle des sociétés sauvages, ne les connaissant guère mieux les unes que les autres. Comment cependant ne pas faire une remarque sur la destinée si différente des unes et des autres ! Tandis que les sauvages de l'Amérique nous sont dépeints comme absolument indifférents à tout progrès, comme incapables de rien prendre dans les exemples de la société dont ils éprouvent chaque jour la puissance, comme devant fatalement disparaître à côté des Américains fils de l'Europe, les barbares au contraire, à peine établis dans l'Empire, se sont constamment transformés : ils ont fait de larges emprunts aux peuples de la domination romaine, et sont arrivés à un degré de civilisation dont nous, les rejetons de leur race, nous nous enorgueillissons à juste titre. D'où peut venir cette prodigieuse différence ? Voici deux hommes : l'un habitait, il y a 2,000 ans, les rives du Mississipi, l'autre celles du Rhin ou du Danube ; l'un et l'autre faisaient de la chasse et de la pêche leur presque unique occupation ; l'arc et la flèche, l'épieu et la lance étaient les seules armes de tous deux. L'un reste de génération en génération identiquement le même ; tel il fut, tel il est. Le temps pour lui n'existe pas, il ne compte même pas les années de sa vie ; l'autre, après avoir passé des siècles dans le même engourdissement intellectuel, se réveille, s'ingénie, et, par des modifications successives, devient Alfred de Musset ou de Humboldt. Comment expliquer cette différence ?

Tout le monde admettra qu'elle n'existerait pas si l'homme réel était l'être des économistes, cet être raisonnant et agissant en vue de son intérêt. Il faut bien reconnaître une disposition intellectuelle différente, des idées différentes, dans les deux races d'hommes dont nous venons de parler.

Si, au lieu de chercher très loin de l'Europe ou du dix-neuvième siècle chez les peuples sauvages ou chez les barbares, des points de comparaison, nous passons seulement la Méditerranée pour aller chez les peuples arabes, chercher ce que leur inspire l'amour du bien-être personnel, nous trouvons un spectacle bien fait encore pour nous prouver combien est fausse la théorie de Bastiat, du progrès par la recherche de l'intérêt. Assurément, le mahométan n'est pas encore cet homme fictif de l'école économiste, dont toutes les actions sont conçues en vue de l'intérêt ; chez lui les idées religieuses, la vénération du Prophète, la déférence à ses préceptes, tiennent une place considérable ; mais ces préceptes, sévères en ce qui regarde le boire et le manger, s'accordent parfaitement avec la recherche d'autres jouissances sensuelles ; or ce sont celles qui, précisément, conviennent le mieux au tempérament de ces races et aux climats qu'elles habitent. Le mahométan est fort jaloux de ses plaisirs, personne ne l'ignore ; ce n'est pas pour se sacrifier qu'il a plusieurs femmes, et la nature particulière des joies promises au Paradis doit l'encourager à chercher, dès ici-bas, ce que le Prophète annonce comme devant être le couronnement de la vertu. On peut dire que la religion mahométane, tout en réclamant le désintéressement et le renoncement personnel, dans les circonstances solennelles où l'Islam est en péril, encourage pour l'habitude de la vie, la recherche de la jouissance matérielle que ses fidèles prisent le plus. Or, les plaisirs du harem réclament la richesse autant au moins que ceux de la table. La religion qui les glorifie vient donc fortifier les désirs de richesse innés chez l'homme, et le progrès, d'après la théorie de Bastiat, devrait par suite être plus rapide là qu'ailleurs ; or, précisément, le contraire arrive : plus ces peuples recherchent la satisfaction de leurs désirs matériels, plus ils se dégradent et plus la civilisation recule.

C'est que Bastiat, avec bien d'autres, a commis une erreur fort répandue en notre temps, et que j'appellerai l'erreur des spécialistes. Ils prétendent résoudre tous les problèmes au moyen de la science unique à laquelle ils s'adonnent. Les uns se font une conviction sur la nature de l'âme en s'en rapportant à l'anatomie, d'autres résolvent toutes les difficultés de l'agriculture par la chimie. Des économistes qui avaient étudié avec le plus grand succès les conditions de la production et de l'échange des marchandises, mais qui avaient laissé de côté l'étude des lois religieuses et morales, ont voulu tirer de leurs observations les principes de la richesse des nations et de leur prospérité matérielle. Personne ne pourrait leur reprocher d'avoir restreint le champ de leurs investigations, si, en agissant ainsi, ils avaient dû être plus maîtres de leur sujet ; mais ils n'ont pas eu ce profit, car les qualités morales de l'homme sont pour une si grande part dans le succès de ses entreprises, qu'en négligeant de s'en occuper, on arrive nécessairement à des conclusions douteuses et sans valeur. Les économistes, en ne cherchant la cause des faits matériels que dans le monde de la matière, se sont donné une tâche qui ne pouvait être accomplie, quelle que fût leur sagacité. Je ne médis pas des spécialistes ; c'est fort bien fait à un auteur de concentrer ses études sur un point déterminé, s'il veut arriver à connaître certaines vérités plus complètement, avec plus de

détails ; les spécialistes découvrent chaque jour dans les différentes sciences, certaines vérités nouvelles ; ils expliquent certains faits mieux qu'on ne pourrait le faire en cherchant uniquement à connaître les sciences par leurs grands traits ; ils
servent l'intérêt public, en amassant des matériaux sans lesquels
les idées générales ne pourraient se soutenir ; mais leurs déduc-
tions sont d'autant moins justes, leurs conclusions sont d'autant
moins susceptibles de généralisation, que leurs travaux ont été
plus spéciaux, c'est-à-dire qu'ils ont considéré un ordre de faits
plus étroitement limité. Ainsi Bastiat voit un homme parmi ses
contemporains, uniquement préoccupé du lucre, dont l'âme toute
entière n'est remplie que du désir d'amasser la richesse en vue
de ses jouissances. Il voit cet homme s'ingéniant sans cesse
pour trouver mieux, perfectionnant ses procédés de fabrication,
faisant des découvertes dont il profite quelquefois, mais dont
ses contemporains profitent bien plus sûrement ; et, à la vue de
ce spectacle, il s'écrie avec enthousiasme : « Vive l'intérêt per-
« sonnel et l'amour du lucre ! Arrière les docteurs moroses qui
« en ont médit ! Ils avaient bien tort... c'est lui qui mène les
« peuples à des civilisations de plus en plus perfectionnées, qui
« rend les sociétés prospères... » La conclusion ainsi généralisée
est fausse. La recherche de l'intérêt personnel ne produit un
pareil effet qu'en des circonstances déterminées, que dans une
société où chacun, littérateur ou artiste, philosophe ou médecin,
cherche à faire mieux aujourd'hui qu'hier. C'est ce qui se passe
dans les sociétés européennes où le besoin de faire mieux est un
besoin inné, qui se traduit de cent manières diverses. Là, l'intérêt personnel pousse les hommes à l'activité, à la découverte de
perfectionnements nouveaux ; mais ailleurs ce même intérêt
personnel, non moins raisonnable peut-être, pousse les hommes
à jouir du présent sans souci de l'avenir, leur inspire la paresse
et l'amour du far niente.

Quel est donc ce principe, distinct de l'intérêt personnel, qui, chez certaines nations, comme chez la nôtre, pousse toujours au progrès? qui, agissant dans les circonstances les plus diverses, apparaît chez ces nations, aussi bien dans les raffinements de la sensualité que dans l'ardeur de la dévotion, ou dans la curiosité insatiable des lois de la nature? Qui, altéré, mais reconnaissable cependant, veut un changement incessant dans toute chose, dans les choses mêmes, comme l'habillement, où le progrès ne semble plus désirable? Quel est, dis-je, ce principe si actif dans notre Europe occidentale, qu'on trouve au nord de la Méditerranée, qu'on ne trouve plus au sud, qu'on trouve de l'autre côté de l'Atlantique chez les Européens qui s'y sont implantés, mais point chez les vieux peuples de l'extrême Orient, malgré leurs siècles de civilisation? Quel est ce principe? — Mais ne suffit-il pas de jeter un coup d'œil sur la carte pour qu'il apparaisse avec évidence? Nous verrons les peuples chrétiens, sous toutes les latitudes, tendre au progrès; on ne retrouvera ce besoin ni chez les disciples de Confucius, ni chez les adorateurs de Brahma, les sectateurs de Mahomet comme les idolâtres dans leurs innombrables variétés de croyance, seront absolument étrangers à ce sentiment, et on aurait besoin d'autre preuve pour dire qu'il a son origine dans la religion? Quel fait dans l'ordre matériel, quelle loi, parmi les mieux établies dans la physique ou dans la botanique, s'appuie sur une observation plus constante et plus universelle?

Nous reviendrons plus loin sur ce sujet; il restera seulement bien établi, j'espère, dans le présent chapitre, que l'intérêt personnel n'a pas à lui seul la vertu d'améliorer la condition matérielle des sociétés, et que dans les sociétés sauvages, où ce sentiment est certainement très puissant, loin d'assurer leur progrès, il engendre leur misère et les maintient dans leur dégradation.

CHAPITRE II.

**L'intérêt personnel dans une société civilisée, la
France prise pour exemple. — Distinction entre
ses effets sur les gouvernants et sur les gouvernés.
Les lois ne sont autre chose aujourd'hui en France
que la volonté des gouvernants. — Qui sont ces
gouvernants? — Au premier titre, les électeurs.
L'influence de l'électeur pénètre partout, sans
qu'on puisse dire que sa volonté prévaut : tout tyran est l'esclave de ceux qui sont ses instruments.
— Il convient d'examiner les effets de l'intérêt personnel, 1° sur l'électeur, 2° sur l'élu, 3° sur les fonctionnaires non élus qui ne dépendent que très indirectement des électeurs.**

Je laisse de côté, après cette rapide excursion, les sociétés
sauvages ou barbares, et j'en reviens persuadé que l'intérêt personnel n'a pas toutes les vertus, qu'il ne suffit pas, loin de là,
à faire naître la prospérité d'une société ; il reste donc à déterminer sa véritable action. Prenons pour cette étude la société
qui nous est le mieux connue, la nôtre, et commençons par examiner comment nous dirigerons nos recherches.

Dans toute société civilisée, on peut placer les individus dans
deux groupes ; ceux qui font partie du premier, s'occupent de
leurs propres affaires et de celles de leur famille ; ils travaillent
pour assurer leur existence, augmenter leurs richesses, établir
leurs enfants : ce sont les particuliers. Le second groupe, au con-

traire, est composé de personnes qui ont pour mandat de s'occuper des affaires de la communauté : je les appellerai, par opposition avec les particuliers, les personnes publiques. Celles-ci entretiennent le mouvement de cette machine, de plus en plus compliquée, qu'on nomme le gouvernement : le bon ordre est maintenu par la police, les voies de communication sont entretenues par les ingénieurs ; d'autres individus assurent la sécurité de la société contre une violence qui viendrait du dehors, ce sont les militaires ; d'autres répandent l'instruction religieuse, ce sont les membres du clergé ; on pourrait prolonger à l'infini l'énumération des circonstances, où des individus ont mandat de travailler pour l'avantage de la société entière.

Cette classification en hommes publics et particuliers n'est pas sans prêter à la critique, car une même personne peut appartenir, selon le point de vue d'où on la regarde, à l'une ou à l'autre de ces deux catégories. Ainsi le fonctionnaire agit comme particulier dans l'administration de ses biens, le plus simple particulier agit comme homme public quand il est conseiller municipal dans son village. Cependant je crois que cette distinction peut être utilement employée ici, malgré ses imperfections, car la conduite des individus, leurs décisions, exercent une influence bien différente sur la société, selon qu'ils agissent au nom de l'État, avec l'autorité donnée par des fonctions publiques, ou que, simples particuliers, ils agissent pour eux-mêmes.

Je voudrais donc envisager successivement l'action de l'intérêt personnel sur les gouvernants et en général sur les personnes publiques, puis l'action de ce même sentiment sur les particuliers.

De l'intérêt personnel sur les personnes publiques. — Il serait impossible d'examiner successivement l'action de l'intérêt personnel sur toutes les catégories de personnes employées au service du public. Force est donc de faire un choix ; mais nous pouvons espérer qu'en le faisant convenablement nous arriverons aux mêmes conclusions que si l'étude avait pu être complète. Trouvons donc quels sont les hommes qui, par leurs fonctions, exercent une influence prépondérante dans le gouvernement de la société, nous nous occuperons spécialement d'eux.

La forme la mieux caractérisée de l'influence, c'est l'exercice du commandement. Par suite, ceux qui détiennent l'autorité, qui ordonnent dans une société, y possèdent l'influence prépondérante.

Mais, dira-t-on peut-être, c'est commencer par une hérésie, et dans une société bien organisée, un gouvernement perfectionné, comme le nôtre par exemple, l'autorité ne réside plus dans des personnes. — Oui, j'entends d'ici bien des phrases rebattues! je sais le nombre de tyrans que nous avons détrônés, de bastilles que nous avons rasées, de libertés que nous avons conquises! Le citoyen, nous est-il affirmé, n'obéit plus à des personnes, mais à des lois. Ce discours me touche peu; qu'est-ce aujourd'hui que les lois, sinon l'expression de la volonté de certains hommes, hommes d'État, gouvernants de bien des catégories? Ce n'est pas la définition classique, j'en conviens; la volonté des hommes, bonne ou mauvaise, est appelée communément par nous *l'arbitraire,* et nous avons fait, de ces quelques syllabes fort inoffensives, un vilain mot, qui, devant un auditoire d'hommes politiques, est une véritable flétrissure. Les lois, dit-on, c'est tout autre chose, c'est impersonnel, c'est quelque chose qui plane au-dessus des volontés humaines, qui commande par là une religieuse obéissance.

J'aurais certainement un sentiment particulier de déférence pour une loi appliquée depuis cinq cents ans dans mon pays. Si quelque jour elle me gênait, je sentirais néanmoins qu'elle fait partie du patrimoine national; ses auteurs, connus ou inconnus, étant depuis des siècles dans la tombe, et des millions de Français s'étant avant moi courbés docilement devant elle, il me serait impossible d'y soupçonner même une intention de me tracasser ou de m'exploiter. Je pourrais critiquer, mais la voix qui m'ordonnerait d'obéir aurait une sorte de caractère sacré que n'aurait celle d'aucun de mes contemporains. Nous ne pouvons en vérité, Français du dix-neuvième siècle, éprouver une impression analogue vis-à-vis de nos lois en général. C'est à côté de nous, dans deux grandes usines magnifiquement montées, que 8 à 900 de nos concitoyens les produisent chaque année par centaines; ils abolissent les anciennes, qu'ils disent ne plus rien valoir, et ce sont celles précisément qui étaient recommandées par d'autres à nos respects et à notre admiration quelques jours auparavant. Comment ne verrions-nous pas la main des ouvriers? Ne sommes-nous pas d'ailleurs témoins de la cohue de nos semblables qui se pressent pour entrer, quand la porte des assemblées s'ouvre tous les quatre ou cinq ans, impatients d'avoir à leur tour la satisfaction de faire des lois, c'est-à-dire de nous commander. Je me croirais le dernier des imbéciles, si j'attribuais à ces produits une origine surhumaine, si j'en arrivais à penser qu'ils émanent d'un être mystérieux, innommé, et si j'avais pour eux une autre mesure de considération que celle dont j'use pour leurs auteurs. — « Voilà, me direz-vous, une « théorie subversive! Vous prêchez le mépris des lois et la dé- « sobéissance. » Nullement! je prétends seulement que les lois ne sont autre chose aujourd'hui que la volonté de certains de nos contemporains, mais j'ajoute : Elles ont droit à notre obéissance, tant qu'elles ne sont point en contradiction avec nos devoirs, parce qu'elles sont la volonté de nos maîtres, et que le précepte nous dit : *Subditi estote dominis, non tantum bonis, sed etiam dyscolis.*

Dans toute société il faut des gouvernants qui donnent des ordres, et plus une société est civilisée, plus le besoin de la direction est impérieux. La France ne pourrait donc s'en passer; mais il peut être utile que le mécanisme de cette direction, au lieu d'être apparent, soit plus ou moins dissimulé par les institutions. Il l'est parfaitement chez nous, et une foule de Français paraissent ne pas se douter que derrière nos lois il y a toujours des hommes.

Quand les citoyens répugnent à l'obéissance, que les gouvernants n'ont pas d'autorité personnelle, il faut bien qu'ils déguisent leur volonté sous la forme de la loi, pour la faire accepter. L'expérience de notre nation prouve l'efficacité de ce procédé. Un peuple intelligent peut avoir une véritable aversion pour des hommes du mérite et de l'honnêteté les mieux établis, leur refuser toute obéissance et même toute déférence, et en même temps se soumettre sans murmure à des prescriptions dont il ignore les auteurs, ou qui sont édictées par des sots qu'il méprise, pourvu que ces prescriptions aient été faites dans la forme dite légale.

Aussi les lois sont les moyens dont les maîtres de notre pays se servent avec succès, pour faire prévaloir leur volonté. Autrefois on eût employé la force des armes, des épées ou des canons; les lois ne sont en réalité aujourd'hui que des armes d'un maniement particulier : elles ont l'avantage de n'exposer à aucun péril ceux qui s'en servent, et l'avantage est très digne d'être apprécié.

Il nous importe donc de connaître les véritables auteurs des lois qui nous régissent. C'est, nous dit-on, la nation elle-même ; je le veux bien, mais par quel mécanisme ?

Les électeurs représentent la nation, dont ils ne sont pas le tiers ; les votants représentent les électeurs, dont ils ne sont quelquefois pas la moitié ; la majorité des votants représente les votants ; les députés représentent la majorité des votants ; la majorité des députés représente la Chambre des députés ; une commission nommée par la Chambre représente la Chambre ; la majorité de cette commission représente la commission... et ainsi arrive-t-on à cette conclusion mathématique, que la volonté de trois ou quatre députés, dont la Chambre a accepté le projet de loi sans y regarder, — fait très ordinaire, — est l'expression même de la volonté nationale.

Chacune de ces propositions est d'une fausseté évidente, mais leur ensemble étant ce que nous avons jusqu'ici trouvé de mieux pour assurer la stabilité de notre état politique, il ne faut marchander ni notre admiration ni notre respect; nous dirons solennellement : C'est le gouvernement du Pays par le Pays. Usons cependant des droits de libre examen, revendiqués aujourd'hui par chacun, et alors la loi nous apparaîtra bien clairement comme étant uniquement la volonté de quelques hommes qui l'ont faite. Ainsi s'expliquera qu'elle ne s'impose jamais durement à eux ni à leurs amis, et que, d'autre part, les partis vaincus lui reprochent constamment d'être un instrument de haine et d'oppression.

Donc certains hommes, au moyen de formules qu'ils font imprimer sous le nom de lois, imposent leur volonté; cherchons quels sont ces hommes, pour voir comment agit sur eux l'intérêt personnel.

Ceux qui prennent la part la plus directe à la confection des lois sont les députés et les sénateurs. Il ne serait cependant pas juste de dire qu'ils en sont les seuls auteurs, car dans une république démocratique comme la nôtre, où il n'existe aucune autorité héréditaire, ni même viagère, où la richesse n'a aucun privilège légal, tout semble dépendre du suffrage des simples citoyens. Ceux-ci élisent des hommes qui en choisissent d'autres. Comme tout l'organisme politique actuel est contenu dans cette phrase, le simple citoyen peut se considérer comme électeur au premier degré des ministres et des autres fonctionnaires. C'est lui, — en théorie, — dont la volonté doit finir par triompher partout. Le député devrait n'être que son instrument.

Les choses se passent autrement : il y a partage d'influence. La volonté de la multitude des citoyens obscurs ne compte souvent pour rien, même en des sujets où on peut leur supposer une volonté bien déterminée ; mais d'un autre côté, leurs sentiments, leurs goûts, prévalent de plus en plus dans nos institutions, même dans celles dont ils ignorent jusqu'à l'existence. Prenons pour double exemple l'impôt et les études classiques. Manifestement, si l'homme du peuple peut avoir sur quelque sujet une opinion, c'est sur le poids de l'impôt, et sa volonté doit être de le diminuer pour avoir le vin, le tabac et en général tout ce qu'il achète, à meilleur marché. Il est non moins évident qu'il se soucie fort peu des programmes de la classe de rhétorique, mais que son instinct le porterait à n'attacher aucune importance au grec et au latin. Eh bien, sur le premier point, celui de l'impôt, ses mandataires ne lui accordent aucune satisfaction ; les impôts ont augmenté, personne ne l'ignore, à mesure que l'État est devenu plus démocratique ; mais sur le second point il triomphe : son goût pénètre de jour en jour notre enseignement classique, et il est curieux de voir comment les idées répandues dans les puissantes couches inférieures du suffrage universel, s'infiltrent peu à peu, et pénètrent dans les parties de l'édifice social qui paraissent le plus loin de leurs atteintes. Comment le jugement qu'on doit porter de Virgile ou d'Homère, l'estime où l'on doit tenir ces grands écrivains, peut-il dépendre de l'ouvrier, honnête homme sans doute, mais grossier et ignorant, qui mène le tombereau dans la rue ? Son influence cependant se fait sentir : Virgile et Homère sont d'autant plus délaissés que les élections politiques sont plus démocratiques. Voici la succession des causes et des effets. L'élégance et la finesse échappent en général aux regards de la foule, et risquent de lui déplaire quand elle les reconnaît, il est donc fort naturel que ses élus ne brillent point par ces qualités et ne les estiment guère ; de là chez ceux-ci un certain dédain pour l'étude des lettres, dont un des principaux mérites est d'aiguiser l'esprit, de donner de la distinction aux idées et aux sentiments. De proche en proche, le dédain s'étend ; le ministre de l'instruction publique se laisse des premiers entraîner au courant. Ses circulaires vantent les bienfaits des sciences, rappellent leurs applications pratiques; il augmente le temps qui leur est consacré. Les langues mortes en pâtissent, bientôt les fonctionnaires de l'enseignement reconnaissent que le mépris pour les vieilles méthodes est un moyen de plaire en haut lieu et d'avancer; on peut entendre, — je l'ai entendu de mes oreilles, — le plus important fonctionnaire d'un grand lycée de l'État, un homme qui devrait parler latin à sa cuisinière, un censeur des études, me dire d'un ton convaincu : « Qui est-ce qui lit Virgile! » Ce serait le cas d'ajouter : *Horresco referens*. Je laisse à penser si de pareils sentiments trouvent un terrain favorable à leur développement parmi les lycéens! Ainsi l'idée de nos pères, que le temps de l'éducation doit être consacré à former l'intelligence et à développer le goût, idée raffinée, j'en conviens, a été remplacée par une idée beaucoup plus simple, celle du menuisier et du laboureur, à savoir que pour ne pas perdre son temps dans la jeunesse, il faut apprendre des choses utiles dans la vie, et que le latin n'est utile qu'aux curés et aux avocats. L'opinion de ceux qui peuvent avoir une opinion sur un pareil sujet a-t-elle changé? Nullement! mais les menuisiers, les laboureurs et ceux qui leur ressemblent sont extrêmement nombreux ; au contraire, ceux qui partagent mon sentiment ne peuvent jamais être dans la nation qu'une imperceptible minorité. Par suite, l'opinion que les lettres sont nécessaires dans l'éducation perd du terrain au ministère de l'instruction publique, Virgile se voit de plus en plus délaissé, on le remplace par de la botanique ou de la chimie.

Je ne discuterai pas la question de savoir si c'est le menuisier qui a raison ou si c'est moi; s'il faut faire porter les études des jeunes gens sur les lettres ou sur les sciences, c'est en dehors de mon sujet; je tiens uniquement à constater que le discrédit où tombent les grands écrivains de l'antiquité est le résultat des tendances bonnes ou mauvaises de l'électeur ignorant, et cette considération donne le droit de penser, que si la volonté de l'électeur prévaut rarement, ses goûts, ses préférences exercent cependant une action dans toutes les parties de l'organisme social.

Faut-il s'étonner de ce que, dans cette répartition de l'influence entre l'électeur et l'élu, ce dernier garde pour lui une si grosse part? L'électeur est le maître, sans doute; ses droits sont absolus, c'est vrai; mais le sort habituel des despotes est d'être exploités par ceux qui servent d'instruments à leur tyrannie. Comment le peuple, le plus despote de tous les souverains, ferait-il exception, lui dont la volonté est toujours douteuse, l'intelligence toujours inculte? Personne parmi ses mandataires ne lui résiste ouvertement, on s'empresse autour de lui, on le flatte, on s'humilie, mais c'est pour mieux le diriger; chacun cherche à tirer de lui son bénéfice, et la volonté de ses prétendus serviteurs est habituellement la seule qui triomphe, sous le nom pompeux de volonté du peuple.

Il résulte des pages précédentes, que l'autorité dans notre société appartient en droit à l'électeur, mais qu'en fait elle est presque toute aux mains de ses élus. Dans notre recherche des effets de l'intérêt personnel sur les gouvernants, nous nous occuperons d'abord de l'électeur, ensuite de l'élu; nous jetterons ensuite un coup d'œil sur une troisième catégorie de personnes, sur les fonctionnaires des diverses administrations. Dans une démocratie, leur sort est lié plus ou moins étroitement à celui des fonctionnaires élus. Cependant, comme ils ne doivent pas leur position au suffrage, il convient de leur donner une place distincte.

CHAPITRE III.

L'intérêt personnel chez l'électeur. — Ce sentiment agit peu sur l'électeur des campagnes, qui n'attend rien de la société et de ceux qui la dirigent. — Il a grande influence sur l'électeur des villes, qui, au contraire, attend tout des hommes.

Dirigeons-nous, un jour d'élection législative, vers la mairie de quelqu'une de ces modestes communes rurales, qui couvrent la surface de la France et renferment plus des deux tiers de ses habitants. Des cultivateurs, des journaliers à la démarche appesantie par le travail, arrivent par petits groupes à de longs intervalles, et déposent, d'un air embarrassé, un petit carré de papier entre les mains du maire ; deux ou trois fois seulement, dans ces dix longues heures, c'est un monsieur qui a un vêtement de drap, et auquel le maire et ses assesseurs accordent la faveur d'un salut et de quelques mots de politesse ; à 6 heures du soir, tout est terminé ; le télégraphe joue toute la nuit, et le lendemain les journaux annoncent à la France et à l'Europe ce qu'a voulu le peuple français.

Quels sentiments ont animé tous ces hommes, si étrangers aux questions politiques dont la réponse leur a été demandée, ou plutôt quel rôle l'intérêt personnel, — car cela seul nous importe en ce moment, — joue-t-il dans leur détermination ? Espèrent-ils pour eux-mêmes quelque chose, de l'homme dont le nom est écrit sur leur bulletin, c'est-à-dire, agissent-ils en vue de leur intérêt, et, cela étant, leur intérêt les guide-t-il bien ou mal ?

Si, au lieu de me demander : Qu'espèrent les électeurs? on me disait : Que peuvent-ils espérer? Certes la réponse ne serait pas difficile! Les députés ne forment-ils pas le principal ressort de notre gouvernement? Or, tous les précieux avantages dont jouit une société bien organisée, dépendent d'un bon gouvernement; par lui et par lui seul, l'ordre est maintenu partout et les citoyens sont protégés à tous les moments de leur existence; grâce à lui, tout homme peut recueillir en paix le fruit de son travail; la justice lui assure protection contre d'avides voisins, l'administration emploie ses contributions pour le bien public, entretient les routes, paye les fonctionnaires, l'armée le protège contre toute entreprise violente... il n'est pas de hameau si reculé où le plus humble de ses habitants ne profite abondamment de tous ces biens. Si donc le député représente le pouvoir souverain, si le gouvernement proprement dit reçoit de lui son impulsion, et que tous ces biens dépendent du gouvernement, de quelle conséquence n'est-il pas pour chaque électeur de choisir un bon député? Eh bien, je ne crois pas qu'il y ait un électeur rural sur 100, et peut-être sur 500, qui fasse ce raisonnement dans mon pays; le Normand ne passe cependant pas pour moins intelligent, et surtout pour moins intéressé qu'un autre. Je le dis avec toute conviction : cent fois j'ai eu l'occasion de causer avec de braves campagnards; je n'en ai jamais vu un seul préoccupé des intérêts généraux de la société.

Le paysan comprend nettement qu'il a des intérêts propres dans une association appelée « la commune; » il sait aussi qu'il appartient à un « département. » Ses idées sur sa commune et sur son département s'encadrent dans les connaissances qu'il a des personnes ou des localités. Sa commune lui est connue, territoire et habitants, depuis son enfance. Son département est pour lui un ensemble de villes et de bourgades dont il entend parler à tous les marchés; à chacune d'elles se rattache pour lui le nom de quelque personnage étranger à sa commune, et qu'il rencontre de temps en temps en faisant ses affaires. Voilà pourquoi les mots de commune et de département parlent à son intelligence, mais il ne va pas au delà.

J'ai été bien frappé en 1870, au début de la guerre, de l'indifférence de ceux au milieu desquels je vivais, pour les événements dont notre frontière était déjà le théâtre. J'occupais alors
un certain nombre d'ouvriers ruraux, et ma journée se passait
presque entière sur le chantier où ils travaillaient. Comme j'étais
fort anxieux des conséquences d'une guerre sur notre propre territoire, je me figurais que mes ouvriers ne devaient pas l'être
moins que moi. J'avais fait afficher sur un mur, à côté d'eux,
une grande carte des bords du Rhin ; j'y marquais les lieux où
étaient nos troupes, je leur en parlais sans cesse : c'était peine
absolument perdue ; on leur eût parlé d'une guerre en Bessarabie, leur indifférence n'aurait pas été plus grande. Après la
guerre, à mon retour en Normandie, j'appris que deux d'entre
eux, deux jeunes et robustes terrassiers, appelés à l'armée de la
Loire, avaient déserté dès le second jour pour revenir au pays,
qu'ils s'étaient cachés dans les bois pour échapper aux gendarmes. Je crus bien faire de refuser de les reprendre, mais cette
résolution ne parut pas moins étrange à leurs camarades qu'à
eux-mêmes ; ils vinrent tous deux me trouver et me demandèrent très simplement, s'il était vrai que je ne voulusse plus les
faire travailler parce qu'ils avaient cru devoir revenir de l'armée. Sur ma réponse affirmative, ils me parurent beaucoup plus
étonnés que honteux, et me quittèrent en me demandant si je
ne pourrais pas, comme député, leur faire obtenir une petite
place dans une administration de l'État ! C'étaient cependant
de très honnêtes gens, très instruits pour leur condition, car
non seulement ils savaient parfaitement lire et écrire, mais encore ils faisaient fort lestement les calculs qui se présentaient
dans l'évaluation des travaux de terrassement. L'un d'eux a été
depuis cette époque élu conseiller municipal dans sa commune.

J'ajouterai, pour ceux qui attribuent aux idées républicaines la propriété de rendre les citoyens patriotes, que les jeunes gens dont je parle étaient les seuls de mes ouvriers qui, dès l'Empire, fussent nettement hostiles aux institutions monarchiques. Ils ne cachaient pas dès lors leurs idées révolutionnaires.

Ces souvenirs me font singulièrement douter que, par les leçons données à l'école primaire ou par la vertu des idées républicaines, on fasse mieux comprendre aux citoyens le mérite de notre organisation sociale, et l'intérêt que nous avons tous à la soutenir.

Il en est de l'organisation de la société comme de celle de notre corps : nous en jouissons si constamment, que nous n'avons, — lorsque nous sommes en bonne santé, — aucune raison d'y penser. A chaque minute, à chaque seconde de notre existence, le sang circulant dans une infinité de vaisseaux, va régénérer nos tissus et entretenir le mécanisme de notre corps dans cet admirable état de perfection où nos membres et nos organes sont les serviteurs de notre volonté. Peu de nous, sans doute, y pensent souvent ! Eh bien, de même, le pacifique laboureur, en suivant lentement son sillon, ne réfléchit pas que, si la société n'était point armée pour le défendre contre toute violence, il ne récolterait probablement point la moisson ; l'ouvrier ne songe pas que la matière de sa blouse vient de par delà l'Atlantique ; il ne se remémore pas à quelles conditions il a pu s'en revêtir : les mers protégées contre les pirates, les ports creusés et entretenus, les agents diplomatiques envoyés dans le monde entier. On peut bien dire que les véritables bienfaits de l'organisation politique échappent absolument au plus grand nombre des hommes, et que des préoccupations d'un ordre aussi élevé ne hantent jamais le cerveau du cultivateur. On a pu, dans son enfance, lui faire des dictées d'orthographe sur ce sujet, l'instituteur lui a peut-être fait apprendre par cœur quatre leçons, mais qu'importe ? Les résolutions de l'homme ne sont pas, la plupart du temps, dues aux grandes causes, mais à celles dont l'action est répétée. Voilà

un homme dont les yeux sont constamment fixés sur ses terres
et sur ses animaux, qui se demande vingt-cinq fois par jour,
pourquoi son beurre a été vendu au dernier marché un sou par
livre meilleur marché que celui de son voisin ; qui, le reste de
son temps, suppute l'argent nécessaire pour acheter un porc,
qui s'inquiète des fleurs de ses pommiers, de la levée de son
avoine, et vous croiriez qu'au-dessus de ces préoccupations qui
l'obsèdent, il y aurait place dans sa tête pour des réflexions sur
les lois de l'humanité ou l'excellence du gouvernement! mais
nous-mêmes, hommes qui avons le loisir de réfléchir, échappons-
nous toujours à l'action des petites causes? Parmi les hommes
religieux, croyant fermement que la justice de Dieu les récom-
pensera ou les punira, après la mort, selon leur mérite en cette
vie, combien sont plus préoccupés des mille riens qui remplissent nos journées, que de ces grandes et terribles pensées d'a-
venir! Il ne faut donc pas s'étonner si le paysan, eût-on jamais
travaillé à lui inculquer à l'école des idées générales sur le mécanisme social, n'en conserve aucune impression au bout de
vingt années, quand chaque heure de cette longue période a été
remplie de préoccupations pour le pain quotidien de lui et des
siens.

Les électeurs ruraux, pour l'immense majorité, n'ont donc pas
le moindre sentiment en déposant leur bulletin, que leur intérêt
est subordonné à l'intérêt de la société française, et que celui-ci
est entre les mains de leur député.

Un autre genre de préoccupations leur est plus habituel : l'é-
lecteur n'est pas seulement un Français, c'est un habitant d'une
commune où l'on voudrait une cloche pour l'église, un chemin
direct pour aller à la ville, une mairie au centre du village, une
fontaine, un curé, des gendarmes, que sais-je! L'électeur en
jouira comme habitant de la commune, il a donc intérêt personnel à ce que le député soit favorable à la commune.

C'est bien là, théoriquement, de l'intérêt personnel. Je dis, théoriquement, car en fait, l'ardeur des désirs me paraît dans ces sortes d'affaires si peu en rapport avec leur objet, qu'il y a peut-être autant d'entraînement que de volonté personnelle. Un village ne désire pas moins ardemment une façade monumentale à sa mairie qu'une route ; or, quel intérêt personnel peuvent bien avoir les habitants, à posséder en commun un fronton de style grec, en dessous duquel on lira sur le marbre : Hôtel de ville ? Si je m'en rapporte à mon peu d'expérience personnelle, les habitants d'un village s'échauffent facilement pour des objets inutiles, comme pour des objets utiles ; d'où la conclusion qu'il n'est pas certain, quand ils veulent un objet utile, qu'ils soient déterminés par cette utilité.

Cette réserve faite, je veux bien admettre cependant, que certains électeurs voient l'intérêt de leur village dans le choix de tel ou tel député ; qu'ils savent reconnaître leur intérêt propre dans celui de leur village, qu'ainsi, dans l'élection, l'intérêt personnel joue un rôle. C'est peu de chose, je crois, mais je passe, pour ne point chicaner.

Enfin l'électeur croit-il pouvoir gagner, pour ses intérêts exclusifs, à ce que le député soit tel des candidats et non pas tel autre ? Beaucoup de gens de la campagne sont intimement persuadés qu'un député pourrait faire rendre un jugement en leur faveur, s'ils avaient un procès ; qu'il pourrait « causer » au conseil de révision, pour faire exempter leur fils ; qu'il pourrait leur éviter la prison, s'ils avaient encouru quelque condamnation. Cependant ce genre de préoccupations ne doit pas agir beaucoup sur leur choix, car d'ordinaire ils ne connaissent personnellement aucun des candidats, et ils n'ont guère plus de chance de succès en demandant à l'un qu'en demandant à l'autre, des faveurs, difficiles d'ailleurs à obtenir. Toutefois, l'intérêt personnel sous cette forme, agit sur un certain nombre d'électeurs ; ils préfèrent un député qui habite dans leur voisinage, qui ait, comme on dit, le bras long, qui ait la réputation d'être serviable.

Parlerai-je de l'électeur acheté par une bouteille de vin ou une pièce de quarante sous? J'ai entendu dire que dans certains départements cette corruption était fréquente. Il me paraît difficile de croire que l'intérêt personnel, sous cette forme, entraîne une proportion considérable des électeurs, d'abord parce que le nombre des électeurs est immense, ensuite que le vote est secret, enfin que dans les pays où ces tristes usages sont répandus, les candidats sont des deux côtés condamnés à semblable dépense. Je crois donc que nous pouvons ne pas tenir compte des exemples de basse corruption qui se peuvent citer.

Nous venons de passer en revue les différentes sortes de préoccupations d'intérêt personnel qui peuvent agir sur l'électeur rural : quand cet intérêt est lié à celui du pays, il lui échappe complètement ; quand il est lié à celui de son village ou quand il lui est exclusif, il agit quelque peu, mais il est si faible qu'il a en vérité bien peu de force. — A tout prendre, l'influence de l'intérêt personnel agit très peu sur l'électeur rural.

Mais, me direz-vous, qu'est-ce qui agit? — D'abord on peut voir, par le nombre énorme des abstentions, qu'en beaucoup de pays, rien n'agit sur une partie des électeurs ; mais dans ceux où l'électeur rural a l'habitude de se présenter au scrutin, il est sous l'influence des sentiments les plus divers. Chez moi il s'occupe beaucoup plus du candidat que de lui-même ; il cherche à être agréable à l'un, désagréable à l'autre ; il croit rendre un grand service au député qu'il choisit, et ne manque pas d'en réclamer le prix à l'occasion ; puis il vote pour se conformer à l'usage, pour faire comme les autres, pour user d'une prérogative que n'a pas sa femme, etc....

Cette sorte d'indifférence des ruraux se maintiendra-t-elle toujours? Je ne le crois pas ; avec la diffusion des journaux, les électeurs des campagnes finiront probablement par sentir qu'ils peuvent attendre quelque chose dans leur propre intérêt, des lois votées à Paris. Ils se rendront compte par exemple, que leurs

enfants partent pour le service militaire, en exécution d'une loi
faite par des députés, et qu'une autre loi abrogeant la précédente,
pourrait faire rester les jeunes gens au pays. Bien vraisemblablement, quand nous en arriverons là, l'immense majorité des
cultivateurs voudront des candidats adversaires déclarés de
toute espèce d'armées. Jusqu'ici, dans ma contrée, les habitants
ne me paraissent pas sentir quelle relation peut exister entre eux
et la Chambre des députés. C'est affaire de temps, et je crois
voir les marques d'un changement profond qui se prépare.

Je n'ai qu'une connaissance très superficielle des mœurs et
des idées des habitants des grandes villes. J'ai entendu discourir
mon tailleur et mon concierge, j'ai lu des comptes rendus de
réunions publiques, enfin j'ai vu les résultats d'une foule d'élections. C'est peu de chose, pour apprécier les sentiments intimes
des milliers d'électeurs qui choisissent de si singuliers représentants. Je crois cependant pouvoir dire, que les réflexions présentées ci-dessus à propos des électeurs ruraux ne peuvent s'appliquer à ceux des grandes villes.

Ceux-ci ne cherchent ni un député qui leur puisse rendre des
services particuliers, ni un député qui défende des intérêts de
clocher ; mais s'ils croient, — et c'est très fréquent, — que des
lois nouvelles leur apporteraient un bonheur inconnu jusqu'ici,
ils voient un intérêt de premier ordre pour eux à envoyer au
Parlement un partisan de ces lois ; ils s'en préoccupent avec une
extrême ardeur, et le sentiment d'intérêt personnel a par là une
grande influence sur leur vote. Si le paysan perdu dans la campagne n'a jamais l'occasion de voir et de toucher du doigt le
mécanisme social, s'il oublie par suite quelle utilité il retire chaque jour de ce mécanisme, l'ouvrier urbain au contraire, vit dans
un milieu où des idées politiques doivent naturellement germer
dans sa tête. D'abord, il ne reçoit rien directement de la nature,
et vit exclusivement de ce que lui donnent d'autres hommes
sous forme de salaire ; puis il passe chaque jour devant de magni-

fiques édifices où demeurent une multitude de fonctionnaires, il entend parler d'eux sans cesse ; il assiste à toutes les manifestations extérieures de la puissance publique ; il se persuade donc très volontiers que ces fonctionnaires, ces palais, toute cette organisation, sont là pour lui, qu'il faut voir en l'État le dispensateur de la richesse. L'électeur dont je parle, ne se trouvant pas suffisamment heureux, croit que la société est mal constituée. C'est à des imperfections, dans sa pensée faciles à réparer, qu'il attribue la gêne où il se trouve, sa pauvreté, l'inégalité du sort qui a fait des riches oisifs à côté de lui. Il ne doute donc pas que des députés portés pour ses intérêts, pourraient, s'ils le voulaient, remettre toute chose en place, et répartir entre les ouvriers les richesses injustement détenues par une caste de privilégiés. Ne nous étonnons pas qu'une pareille idée, entretenue par la presse, réchauffée chaque jour par d'ambitieux meneurs, ne lui donne au jour d'une élection de vives préoccupations et ne lui dicte son vote. Nous trouverons donc chez lui l'influence de l'intérêt personnel à un très haut degré.

Je me résume : l'intérêt personnel agit un peu sur l'électeur rural, beaucoup sur l'électeur urbain ; il me reste à chercher quel est le résultat de ce sentiment ; ce sera l'objet du chapitre prochain.

Peut-être le lecteur, ne pouvant reconnaître son portrait dans le tableau qui précède, se plaindra-t-il que je l'aie oublié, et s'étonnera-t-il de me voir parler seulement des hommes bornés ou peu instruits. C'est que l'homme intelligent, connaissant la politique, sachant ce qu'il fait quand il dépose son bulletin dans l'urne, est et sera toujours noyé dans la foule, pour peu qu'elle soit nombreuse. Avec l'institution du suffrage universel actuel, son pouvoir comme électeur est nul ; c'est ce qu'on nomme en mathématiques un infiniment petit : je crois donc avoir le droit de ne pas m'en occuper.

CHAPITRE IV.

**L'intérêt personnel chez l'électeur (suite). — L'élec-
teur qui demande au député de se vouer aux affaires locales, comme celui qui cherche à faire prévaloir dans le gouvernement ses propres idées,
nécessairement fausses, exercent une influence
funeste sur la société.**

Comme on le voit dans le chapitre précédent, les électeurs
qui, en se rendant à la salle du vote, sont mus par l'intérêt personnel, peuvent, pour l'immense majorité, se classer dans deux
catégories. Les uns désirent un député qui s'occupe de leurs affaires locales et même de leurs affaires particulières, les autres
désirent un député qui s'occupe des grandes questions sociales et
politiques, étant bien entendu que son opinion sur ces questions
sera la leur. Les premiers se rencontrent surtout dans les campagnes et les petites villes de province, les seconds se rencontrent dans les grandes villes. Les uns comme les autres poursuivent leur intérêt personnel. Est-ce un profit ou un dommage
pour la société ?

Occupons-nous d'abord de la première catégorie. Il peut se
faire que l'élu réponde à ce que l'on attend de lui. En ce cas, le
député passera son temps à solliciter dans les ministères des
subventions pour les communes ; à harceler les chefs d'administrations, pour obtenir de l'avancement ou des places en faveur
des enfants du pays ; à écrire des lettres à ses commettants ou
à transmettre les leurs. Il est bien vrai que l'intérêt public est

une somme d'intérêts privés, mais il ne l'est pas moins que l'intérêt public est constamment en opposition avec certains intérêts privés. Aussi les députés ayant particulièrement à cœur les affaires de leur commune ou de leurs clients, sont-ils forcés de mettre très loin au second plan le soin des intérêts publics. Prenons le cas le plus fréquent, celui d'une demande d'argent. Assurément la commune en faveur de laquelle un député obtient une subvention pour une école, une route, un canal, reçoit un bienfait, mais à quel prix? Comment le député a-t-il obtenu la faveur du ministre et ses petites entrées? C'est habituellement en soutenant les projets et les demandes de ce même ministre, surtout quand celui-ci sollicite du Parlement de larges crédits; or, comme l'électeur les paye, en définitive le député qui obtient le plus de faveur pour les siens, est celui qui coûte le plus cher au pays. Ses électeurs ont, il est vrai, une consolation : l'argent reçu par eux du budget, est tout entier pour eux, tandis que l'impôt d'où vient cet argent, étant levé sur la France entière, n'est pour eux qu'une charge insignifiante. Je n'en disconviens pas ; mais si, dans toutes les régions, des députés agissent de même, le bénéfice n'existe pour personne, et ces prétendues faveurs particulières, semées en réalité dans toutes les parties de la France, ont pour effet d'augmenter constamment les impôts auxquels personne n'échappe. Ajoutez que le mandataire voué à cette carrière de solliciteur, perd non seulement son indépendance, mais encore la faculté de consacrer son intelligence et son travail aux grands intérêts du pays. Nous reviendrons sur ce sujet à propos des députés ; les réflexions précédentes suffisent toutefois à montrer, que le sentiment d'intérêt auquel obéissent certains électeurs, en choisissant des députés pour faire, avant tout, les affaires locales, a pour conséquence directe, un dommage certain pour le pays.

Parlons maintenant des électeurs des grandes villes. Beaucoup de ceux-ci, avons-nous dit, attendent la richesse d'un perfectionnement de l'organisation politique, et croient avoir un grand intérêt, à ce que les députés partagent et soutiennent leur opinion. Eh bien, en suivant ainsi ce qu'ils croient être leur intérêt, eux aussi nuisent au pays. En effet, si ces électeurs, après s'être rendu compte, avec justesse je le reconnais, que leur intérêt propre est lié à celui de la société, avaient des idées justes sur les institutions qui lui conviennent, si de plus ils étaient capables de choisir un député honnête et intelligent, pour appuyer leurs idées, tout serait pour le mieux : les électeurs voudraient des choses raisonnables, et ils choisiraient des mandataires, dignes de les demander en leur nom ; mais ni l'une ni l'autre de ces deux hypothèses ne se réalise. D'une part, ils ignorent ce qui convient à la société dont ils font partie ; d'autre part, ils ignorent ce que valent les hommes qu'ils choisissent. Pour ces deux raisons, leur intervention raisonnée est nécessairement préjudiciable à la société.

Comme ces idées sont en opposition manifeste avec celles qui triomphent en ce moment, je crois utile d'entrer dans certains détails pour chercher à en démontrer la vérité.

Tout d'abord, est-il possible que les paysans, les ouvriers, en un mot les hommes sans instruction, qui forment l'immense majorité des électeurs, aient sur la politique et ses difficultés, des idées justes ? Il serait vraiment bien extraordinaire qu'il en fût ainsi ! Un homme d'État a étudié l'histoire de diverses sociétés, il a lu les écrits des plus grands penseurs de l'antiquité et des temps modernes ; un long travail intellectuel, fortifié par l'expérience des fonctions publiques, par des voyages à l'étranger, a servi à former ses idées, et le premier venu des casseurs de pierre, en aurait d'aussi justes sur ces problèmes, dont beaucoup restent un objet de controverse parmi les hommes les plus instruits ? La politique serait en vérité une singulière science, si le travail y était stérile à ce point, que le premier venu valût l'homme d'étude ! ce serait fort décourageant pour ceux qui s'occupent du gouvernement des hommes ! mais, est-il besoin de montrer l'absurdité de cette assertion ?

Cependant bien des gens vantent l'intelligence du suffrage universel, en dehors même de ses serviteurs-nés ; sur quoi se fondent-ils donc ?

Les uns disent : « Personne n'a plus d'esprit que tout le monde, » et forts de cet aphorisme, ils ont pour le suffrage d'une foule nombreuse une déférence qu'ils n'ont pas pour l'avis de l'homme le plus intelligent. La vue d'un gros chiffre exerce sur les contemporains je ne sais quelle fascination. — « Cent mille personnes sont d'un même avis, et vous iriez y contredire ? » — Assurément leur avis doit être le bon, si chacune de ces personnes, ou au moins un très grand nombre d'entre elles, sont dignes de confiance ; mais si aucune ne l'est, qu'importent dix mille ou cent mille ? Certains hommes croient vraiment, qu'avec un grand nombre d'avis les erreurs se compensent, comme si la moyenne de beaucoup d'erreurs se rapprochait nécessairement de la vérité ! S'il en était ainsi, pourquoi n'appliquerait-on pas à d'autres sciences le système du grand nombre ? Faites donc voter dix mille électeurs, pour savoir s'il y a des habitants dans la lune : croyez-vous qu'une majorité de deux mille ou de trois mille suffrages, vous donnera plus de chance de connaître la vérité que l'avis d'un seul astronome ? Si aujourd'hui, en 1886, nous pouvions convoquer à un vote vraiment universel tous les habitants de la terre, et que nous les interrogions sur le mouvement de notre planète, on trouverait certainement une de ces majorités dites écrasantes, pour décider qu'elle ne tourne pas, malgré les vains efforts de ceux qui prétendraient, comme vous et moi, le contraire. Qu'il s'agisse d'idées abstraites ou de faits matériels, le grand nombre des avis ne peut donner aucun poids à une opinion, si chacun de ces avis n'en a pas lui-même quelque peu, et c'est la première chose dont il faille s'assurer avant de les compter.

D'autres personnes, sans nier l'ignorance du plus grand nombre des électeurs, prétendent qu'elle n'a pas, dans un vote politique, de conséquences fâcheuses, parce que, disent-ils, les hommes de bon sens sont capables de donner un bon avis sur les questions simples, qui leur sont alors soumises. Le jour du vote, disent-ils, les électeurs n'en ont pas d'autres à examiner; ils éliminent les détails, et réduisent toutes les questions à leur plus simple expression. — Examinez, je vous prie, la valeur de cette théorie, en l'appliquant aux faits dont nous sommes les témoins. Quelles parties de notre législation ont été depuis quinze ans, l'objet des discussions les plus nombreuses? On a beaucoup parlé des rapports de l'Église et de l'État, de l'intervention de l'État dans l'instruction publique, de l'organisation de l'armée, des relations commerciales avec l'étranger. Osera-t-on dire que n'importe laquelle de ces questions puisse être simplifiée suffisamment, sans être dénaturée, pour être comprise d'un homme sans grande instruction? L'accord de la religion avec le pouvoir civil, est le plus difficile des problèmes de la politique. Il n'est pas un homme d'État qui, en réfléchissant sur ce sujet, ne trouve d'innombrables difficultés à rédiger une formule conciliant les droits indiscutables de l'État, et les droits non moins indiscutables de la conscience des individus. Ces difficultés ont-elles empêché, dans tous les collèges électoraux où les électeurs discutent, de poser la question dite « cléricale. » L'électeur, il est vrai, simplifie le problème; il dit par exemple : *Plus de prêtres!* et cette formule fort brève a, par sa brièveté même, des chances de trouver un grand nombre d'adhérents, mais franchement, peut-on voir là une solution? De semblables propositions, odieuses à la fois et irréalisables, prouvent seulement l'ignorance de ceux qu'elles peuvent satisfaire.

Des lois religieuses, passons aux lois militaires. La nécessité pour un grand pays de posséder une armée nombreuse, de se préparer en temps de paix des soldats capables de le défendre, en même temps, l'impossibilité de soustraire à l'industrie, au commerce, à la science, toute la jeunesse valide, constituent un problème d'une extrême complication. **Qui sera pris par le recrutement ? qui sera exempté ? Combien de temps durera le service ?** Grosses questions, d'où peut dépendre l'existence même de notre pays. Comment voulez-vous que le grand nombre des électeurs puisse y répondre sagement, sans préparation, sans étude, sans expérience ? Cependant leur ignorance n'a jamais été une raison pour qu'on ne leur demandât point leur avis, je m'en rapporte à cet égard aux affiches placardées sur tous les murs de Paris un jour d'élection. Seulement à cette sorte d'électeurs, on propose la *suppression des armées permanentes ;* il faut une formule simple comme celle-là, pour qu'un homme grossier comprenne, ou puisse au moins se figurer qu'il comprend.

En définitive, les matières soumises aux décisions des assemblées législatives sont de leur nature extrêmement complexes, nécessitent de ceux qui les veulent connaître, de longues études, et par suite échappent absolument à l'intelligence de la foule. Si elle a la prétention de donner un avis, elle le donnera au hasard, elle ne peut faire autrement.

J'ai entendu dire à des défenseurs convaincus du suffrage populaire : « Oui, tous ces inconvénients existent, mais ils se ré-
« sument en un mot : l'ignorance ! Or cette ignorance est un
« mal guérissable ; elle tient aux abus du passé, un bon gouver-
« nement en peu d'années l'aura fait disparaître. » C'est une pure illusion ! L'ignorance est, — par définition même, — la condition de la foule. Elle ne consiste pas dans l'absence de dix, quinze, vingt notions, elle consiste dans une infériorité, par rapport aux hommes qui savent. L'homme du peuple, le manœuvre qui manie la pioche, peut connaître beaucoup de choses inconnues à un savant d'il y a deux mille ans, mais il n'en est pas moins un ignorant, parce que d'autres, n'ayant jamais manié la pioche, mais ayant passé leur vie à étudier, en savent davantage. Ima-

ginez, si cela vous plaît, un progrès tel, que les ouvriers de l'a-
venir soient instruits communément, comme l'est aujourd'hui
un professeur de la Sorbonne, vous serez bien obligé d'imaginer en même temps, que les professeurs de la Sorbonne de
cet avenir très lointain, se seront perfectionnés de même. Par
cela seul que ces derniers auront toute leur vie fait travailler
leur cerveau, tandis que leurs voisins faisaient travailler leurs
bras, leurs facultés intellectuelles auront chez eux une plus
grande puissance; d'ailleurs, plus la science agrandit son domaine, plus elle demande de temps à ceux qui en veulent connaître les dernières limites ; non seulement les artisans absorbés
par leurs travaux manuels, ne peuvent aujourd'hui atteindre
ces limites, mais les hommes mêmes dont la vie entière est consacrée à l'étude, deviennent de jour en jour plus incapables de
suivre les savants dans toutes les directions où les sciences font
des progrès.

Se figurer que les progrès des sciences auront pour effet de
les faire arriver plus uniformément à toutes les intelligences,
c'est faire un songe creux. En le soutenant dans des assemblées
électorales on les flattera, mais le contraire est précisément la
vérité, telle qu'elle ressort de l'histoire de tous les temps. Le
progrès élargit de plus en plus la distance qui, dans une nation,
sépare les premiers rangs des derniers. Cela est vrai pour la
science comme pour la richesse. Si vous voulez voir des hommes
égaux en instruction, allez chez des nations primitives ; vous
ne trouverez pas l'égalité absolue, mais vous trouverez des différences s'atténuant toujours, à mesure que la civilisation sera
plus imparfaite.

Peut-on au moins se consoler de l'inégalité d'instruction, en espérant qu'un jour arrivera, où les moins instruits sauront ce qui
convient pour la prospérité du pays ? Certainement un grand nombre de sciences sont inutiles pour la connaissance des affaires
publiques, mais jamais la constitution politique et sociale d'un

grand pays civilisé ne sera tellement simple, qu'avec les leçons de l'école primaire on en puisse connaître les ressorts. Plus un État est grand et la civilisation avancée, plus le mécanisme se perfectionnant, les rouages deviennent délicats. L'incapacité de la foule à connaître les affaires politiques s'accusera de plus en plus avec les progrès de la nation.

Qu'ai-je voulu prouver par ce qui précède? Que les électeurs étaient incapables de distinguer la bonne politique de la mauvaise, que leur ignorance dépendait, non de tel ou tel fait historique, mais de la nature des choses, qu'elle était sans remède; mais à son ignorance des choses politiques, l'électeur ajoute d'ordinaire un autre mal, c'est l'indifférence à l'égard de la moralité du personnage qu'il va choisir pour le représenter : si ce personnage cherche son propre intérêt plus que celui de ses commettants, si la convoitise remplace chez lui le patriotisme, on ne peut évidemment pas espérer de son intervention un bien quelconque pour la société ; or les électeurs dont je parle, se croyant aptes à diriger l'État, demandent exclusivement à leurs candidats une profession de foi. Ils n'ont cure des qualités de l'homme privé, de son honnêteté, de son désintéressement, de sa fermeté. En agissant ainsi, ils demandent précisément ce qu'il est facile de simuler, et négligent ce qui les garantirait contre toute dissimulation. Ils se placent donc eux-mêmes dans des conditions telles, que vraisemblablement leur choix doit tomber sur des hommes sans conviction et sans caractère.

Ainsi leur présomption les entraîne d'abord à vouloir ce qui leur sera préjudiciable, ensuite à choisir pour les aider des hommes qui les abusent. Il serait vraiment bien surprenant que de cette double erreur naquît leur prospérité !

Si ces considérations sont justes, lorsque les électeurs profitent de leur pouvoir légal pour réclamer dans leur intérêt certaines lois, ils se trompent presque à coup sûr, et désorganisent fatalement ; d'où cette conclusion, qu'en écoutant la voix de l'intérêt, ils portent un grand dommage à la société dont ils font partie.

Cette conclusion permet-elle de nier qu'il puisse jamais sortir quelque bien du vote des électeurs? Ce serait aller trop loin. Si l'ignorance politique existe chez eux et doit exister toujours, elle ne constitue pas nécessairement un malheur pour la société. Le malheur, c'est qu'elle ne soit pas reconnue. On pourrait s'imaginer des électeurs renonçant à demander à leurs mandataires leurs opinions politiques, mais exigeant d'eux la notoriété d'une vie irréprochable et d'une conduite intelligente ; si l'intervention populaire tendait ainsi sans cesse à faire arriver au pouvoir des hommes honnêtes et intelligents, elle assurerait très vraisemblablement la prospérité commune. Que faudrait-il donc supposer aux électeurs? uniquement du bon sens et l'amour de la vertu. Ces qualités seront peut-être générales un jour ; nous en aurons un premier symptôme, quand nous verrons la foule, dans une réunion électorale, siffler impitoyablement tout orateur venant lui dire qu'elle est sage et éclairée. Elle méritera alors notre confiance. En attendant, tant que nous verrons les électeurs, comme nous les voyons aujourd'hui dans toutes les grandes villes, chercher à faire prévaloir dans le gouvernement leurs propres idées, nous devrons voir dans leur intervention un fléau pour la société.

CHAPITRE V.

L'intérêt personnel chez le député. — Le député est d'abord candidat, or le candidat se présente par intérêt; nous pouvons donc présumer que l'intérêt, quand il sera député, aura prise sur lui. — Le député est nommé. — Ses devoirs s'accordent-ils avec son intérêt qui est de rester populaire? Non! car s'il les remplit consciencieusement, ses électeurs le perdent de vue, et quand même ils le verraient, ils ne pourraient ni le comprendre ni l'apprécier. — Les moyens les moins incertains de capter la faveur populaire sont, à la Chambre, de faire parler de soi; dans le collège électoral, de soutenir quelques meneurs, et de payer la presse.

Les élus commencent par être des candidats ; est-ce un sentiment désintéressé qui pousse un homme à sortir de la foule, et à monter sur l'estrade pour solliciter les suffrages de ses concitoyens ? Généralement, les auteurs des professions de foi nous l'assurent. « Messieurs et chers concitoyens ! cédant aux instan-« ces réitérées d'un grand nombre d'entre vous, je viens me pré-« senter à vos suffrages... je crois remplir un devoir... » Ces phrases se lisent partout sur les murs à certaines époques, mais à ces mêmes époques, il n'est pas difficile de découvrir, dans les actes et dans les démarches du candidat, l'indice d'un désir très personnel. Assurément, beaucoup de candidats voient dans la députation, par exemple, un moyen d'améliorer leur situation. Le bénéfice du traitement, la facilité de lier des relations avec des hommes puissants, l'espérance de jouir soi-même dans son pays de tous les avantages, matériels et autres, attachés à une haute position : voilà des motifs que la profession de foi n'avoue jamais, mais qu'il serait vraiment injuste de reprocher trop sévèrement au candidat. C'est la pudeur et non la conscience qui lui défend d'en parler ; aussi peut-on, sans faire injure à l'humanité, les lui attribuer la plupart du temps.

Il faut donc faire une grande part au principe égoïste, dans les sentiments qui poussent un homme à se présenter aux électeurs. Cependant, loin de moi l'intention de nier, que de bons et généreux sentiments ne puissent être et ne soient mêlés aux sentiments égoïstes, en proportion plus ou moins grande. Chez certains candidats, les sentiments désintéressés dominent tous les autres ; il y a des hommes enflammés du désir d'être utile, non pas seulement à cent ou mille personnes autour d'eux, mais, s'ils sont Français, à trente-six millions. Ils étudient avec persévérance les sciences qui peuvent instruire dans l'art du gouvernement ; ils seraient heureux de consacrer à leurs concitoyens, leur temps et quelquefois leur fortune ; ils espèrent, si on les écoute, contribuer à la prospérité et à la grandeur de leur patrie, et en demandent ouvertement les moyens. Ce type d'ambitieux patriote devient rare, car d'un côté, ses qualités réelles ne plaisent point à la foule ; elle n'aime ni la véritable science ni le véritable talent, et préfère les images d'Épinal à tout dessin de Michel-Ange ; d'un autre côté, l'homme laborieux et intelligent se dégoûte d'un métier de jour en jour plus pénible ; aussi le nombre de ceux qui, en le choisissant, ont pour motif déterminant le désir de rendre service aux autres, diminue-t-il d'élection en élection. Consacrer à autrui sa peine et son temps, est déjà un acte de vertu et des moins fréquents ; on trouve cependant des gens qui se dévouent, et qui s'estiment suffisamment payés quand leurs concitoyens leur accordent de la considération et du respect. Mais s'il faut recevoir des quolibets et des injures, voir souvent

outrager l'honneur de sa famille, faire des démarches véritablement humbles auprès de cent inconnus, se reconnaître publiquement l'obligé et l'admirateur des incapables à qui on voudrait être
utile, oh! c'est trop demander à la nature humaine! à de telles
conditions, les gens désintéressés s'éloignent, et si ces mœurs
électorales se perpétuent, ce sera une profession d'être député,
comme d'être employé de bureau ou directeur d'une societé, ce
sera une bonne place de 9000 fr. de fixe.

Il est des circonstances singulières, où les choses se passent
différemment. Quand, en 1871, l'Assemblée Nationale fut élue,
il était impossible matériellement, en beaucoup de points du
territoire, à cause du désordre général, de préparer les élections
par des démarches personnelles, ou même par des écrits. Un
grand nombre de députés ont été élus sans avoir fait imprimer
une ligne. La notoriété acquise depuis des années, seule parlait
pour eux. Mais il a fallu, on en conviendra, des circonstances
bien exceptionnelles et, grâce à Dieu bien rares, pour qu'il en
fût ainsi. Il en a été autrement l'année précédente, il en a été
autrement six mois après, et des élections semblables sont un
fait absolument anormal. Dans la règle, le candidat demande
hautement la faveur populaire, et des démarches très actives de
sa part sont indispensables à son succès.

Si, comme il résulte de toutes les considérations précédentes,
c'est l'intérêt personnel qui fait rechercher la plupart du temps
le mandat de député, les députés doivent être, pour le plus grand
nombre, des hommes sur lesquels l'intérêt personnel a beaucoup
de prise.

Voilà le député nommé, et même validé, seconde élection qui
semble s'introduire dans nos mœurs parlementaires. Il siège, il
a quatre ans devant lui; va-t-il oublier ses intérêts, pour se
consacrer au service de ses concitoyens ? — Oui, disent les uns,
car le premier de ses intérêts, est de conserver la confiance de
ses électeurs, et pour la mériter, de se dévouer aux soins de leurs

affaires. — Non, disent les autres, car son intérêt n'est pas de servir ses concitoyens, mais de leur faire croire qu'il les sert, ce qui est tout autre chose. — Examinons le sujet de ce différend.

D'abord, quels services peut rendre un député ? Son premier devoir pour être utile à son pays, est de chercher à émettre les votes les plus conformes à l'intérêt général. Si on veut bien jeter les yeux sur les intitulés des propositions soumises au Parlement, à un moment quelconque dans une des dernières années, on verra facilement combien ce devoir a imposé d'obligations (1). Les questions les plus difficiles, les problèmes les plus complexes ont été soumis en prodigieuse quantité, aux législateurs. Aujourd'hui, c'est une loi sur la marine marchande ; les hommes les plus spéciaux, les plus compétents, se combattent avec acharnement, déclarant, dans un des camps comme dans l'autre, avec la chaleur d'une ardente conviction, que notre industrie et notre commerce périront si l'on n'adopte pas leur avis. Je le demande de bonne foi : Est-ce trop à un homme intelligent, de *tout* son temps, de *toute* sa peine, et d'une étude poursuivie pendant plusieurs années, pour se faire une opinion éclairée sur les conséquences d'une loi qui peut modifier de fond en comble les conditions de notre commerce maritime ? A peine le vote est-il émis, qu'arrive une loi générale sur l'instruction publique ; à celle-là succède un vaste projet de travaux publics ; quarante amendements se disputent le passage de nouveaux chemins de fer, en se fondant sur les besoins industriels, les ressources agricoles, la configuration du sol dans les contrées où ces travaux

_(1) Il ne sera peut-être pas superflu de rappeler au lecteur qu'en parlant des députés et des circonstances au milieu desquelles ils vivent, je parle uniquement pour ces quinze dernières années. Certaines circonstances peuvent être particulières à une époque, et ne pas être inhérentes aux institutions parlementaires. Je n'écris ici ni pour louer ni pour blamer ces institutions. Leurs inconvénients, s'il m'arrive d'en parler, peuvent être le résultat d'abus faciles à corriger ou même être compensés par des avantages plus grands, mais il n'entre pas dans mes intentions de l'examiner.

doivent être exécutés. Puis vient la réorganisation de l'armée : système administratif, force des régiments et leur composition, attributions de l'état-major, avancement ; les problèmes les plus ardus doivent recevoir une solution. — Ajoutez, chaque année, le contrôle d'une dépense de trois milliards. Je mets en fait, et personne je crois ne me démentira, que lire simplement les documents législatifs distribués aux députés, est déjà un travail considérable. Or, ces documents ne sont eux-mêmes que des résumés, pouvant faire connaître, d'une manière générale, le sujet des discussions. Il est de toute impossibilité à un député, d'étudier, même superficiellement, les affaires soumises au jugement de la Chambre. Tout ce qu'il peut faire, s'il est très consciencieux, c'est de parcourir la totalité des documents législatifs, de choisir un certain ordre de sujets, et en s'y cantonnant, de se faire une opinion raisonnée sur une minime partie des projets de loi. Pour le reste, il commencera par voter à peu près au hasard, et seulement au bout de quelques années d'expérience, il saura reconnaître parmi ses collègues ceux dont l'avis est le plus vraisemblablement désintéressé, — c'est le premier point, — et éclairé. Il s'y ralliera les yeux fermés. En s'imposant à lui-même une semblable règle de conduite, il doit déjà se condamner à avoir sa journée entièrement occupée par ses devoirs législatifs. S'il veut, après avoir lu ce qu'il doit lire, répondre à toutes ses lettres, assister régulièrement aux réunions des bureaux, des commissions et de la Chambre, ses vingt-quatre heures seront si bien remplies, qu'il ne lui restera aucun loisir pour s'occuper même de sa famille, ou de ses intérêts privés. Tel est le député modèle ; ses électeurs n'entendent jamais parler de lui. Il les a quittés, quand il a été élu ; depuis, on l'a vu à peine de loin en loin, sur l'estrade d'un comice agricole. Revient-il dans ses foyers, exténué de la vie laborieuse et épuisante qu'il mène pendant les sessions, il aspire à un repos assurément bien mérité par les services rendus au pays ; s'il y en a beaucoup comme lui, la France ne risquera pas de subir des lois mal étudiées, inspirées par la passion, ou par quelque intérêt de coterie ; les ministres n'étant harcelés ni par des sollicitations ni par des interpellations, pourront s'occuper de l'administration du pays, étudier ses besoins, préparer d'utiles réformes ; ils pourront penser au lendemain..... Mais quelle sera la récompense de ce député ? Comment les électeurs sauraient-ils quelque gré à leur mandataire, de ce qu'il peut faire, s'ils n'entendent jamais parler de lui ? Les services obscurs rendus par un député consciencieux, si utiles au pays qu'ils puissent être, sont toujours inconnus du public votant, et le sont nécessairement. Celui que l'ambition seule pousserait à travailler ainsi sans faire de bruit, pour le bien public, serait, s'il existait quelque part, un niais. Supposez un député doué par la Providence, non seulement d'intelligence et de jugement, mais du don si rare de la parole ; supposez-le de plus consacrant ses facultés à l'étude et à la discussion des lois d'un intérêt général. Ce sera un député remarquable ; quand il montera à la tribune, il obtiendra le silence, chose bien rare, quand il s'agit d'affaires ; son avis fera autorité, et dans les bureaux ses collègues l'écouteront avec déférence ; il passera, parmi eux, pour un homme de la plus grande valeur.... Hélas ! cherchez de tout l'éclat de cette gloire parlementaire, combien peu de rayons arriveront jusqu'aux électeurs ruraux ! Un seul d'entre eux lira-t-il le compte rendu in extenso ? Le nombre des abonnés au *Journal officiel* dirait si je me trompe.

Je vais plus loin ; non seulement le paysan, mais l'homme très lettré, très intelligent, à moins de vivre dans l'atmosphère parlementaire, n'a aucun moyen de distinguer, par la simple lecture du journal, l'orateur qui parle en homme compétent d'un sujet à lui connu, et celui qui en parle en homme disert, sans y rien connaître. Que de fois j'ai entendu dans les assemblées, des hommes dont l'incompétence était notoire, parler, avec la faconde la plus nourrie, des sujets les plus spéciaux ! J'ai eu longtemps

une grande estime pour un député, dont le talent et le sérieux
me plaisaient fort. Son opinion était pour moi, comme pour
beaucoup d'autres, d'un grand poids ; mais un jour, un incident
de la vie parlementaire, le détermina à prononcer un grand discours sur la question chevaline. Je fus singulièrement étonné,
de retrouver dans ses paroles, cette gravité, cette fermeté de
conviction, par lesquelles j'avais été séduit en lui entendant
exprimer son jugement sur des sujets tout autres. J'étais bien
certain qu'il ne connaissait absolument rien aux questions che-
valines. Ni ses études, c'était un homme de lettres, ni sa vie, ne
lui avaient donné l'occasion de s'en occuper jamais ; il n'en était
pas moins précis dans les détails, moins véhément dans ses
conclusions. Je me suis dit alors seulement, que s'il pouvait parler des étalons et des jumenteries, avec tant d'autorité, et faire
miroiter à mes yeux une science hippique si brillante, assurément
il avait pu auparavant, user de la même éloquence sans qu'il y
eût une plus grande estime à en faire ; il devint évident pour
moi que pendant des années, je n'avais pas su distinguer la
science d'avec la faconde. Cela m'arrivera peut-être encore, mais
j'ai conservé de cet incident, la plus grande défiance de moi-
même, et des orateurs.

Or si, pour un député même, c'est une tâche où l'expérience
n'est pas de trop, que de distinguer les orateurs méritant quelque créance, de ceux n'en méritant aucune, comment fera l'électeur, sans lire le discours, sans connaître ni voir l'orateur ?

Si, comme je crois l'avoir prouvé, les électeurs ne peuvent
voir le travail d'un député consciencieux, et si d'ailleurs ils
sont hors d'état d'apprécier son mérite et les services réels
rendus par lui à la chose publique, on conviendra, je pense,
qu'il serait insensé à un député de bon sens, de chercher à gagner la reconnaissance des citoyens par le strict accomplissement de ses devoirs professionnels. Et cependant il dépend
d'eux ; s'il est ambitieux, il doit chercher à les satisfaire, et à

maintenir ainsi sa situation dans son collège électoral. Quels moyens doivent se présenter à son esprit? que lui suggérera l'intérêt, et le désir de rester populaire?

Remarquons d'abord qu'un homme n'est pas populaire, comme il serait blond ou brun, sage ou imbécile. Il l'est une année ou deux, parfois beaucoup moins, puis sans raison apparente, la popularité disparaît, souvent pour faire place à l'aversion. On doit donc présumer qu'elle n'a pas pour fondement des qualités réelles et durables. Cependant, si on s'en rapporte à l'expérience, avec le hasard pour soi, on peut par l'adresse, le savoir-faire, la connaissance des hommes, la faire naître et jusqu'à un certain point la faire durer. Elle exige d'abord la notoriété, qui à elle seule est parfois une cause de succès. Il en a été ainsi de tout temps, témoin Alcibiade et son chien. Si notre député sait parler, et j'entends par ce mot, tenir longtemps la tribune, ce sera un des moyens les plus certains d'acquérir de la notoriété. L'électeur ne devant pas lire le discours, et étant d'ailleurs absolument incapable de juger du mérite intrinsèque des arguments, peu importe que le député ait étudié longuement son sujet. Il vaudra mieux, beaucoup mieux, pour lui, présenter des idées très simples, fussent-elles d'ailleurs très imparfaites; le peu qui en arrivera jusqu'aux électeurs sera mieux compris. La marche à suivre est classique : attaquer les institutions, leur trouver mille défauts, sans s'occuper le moins du monde de les remplacer, demander des dépenses et le lendemain des suppressions d'impôts, voilà le moyen de plaire au plus grand nombre. Faut-il de la science? elle ne serait pas comprise; de la délicatesse? elle paraîtrait fadeur; de la courtoisie pour les personnes? elle donnerait les apparences de l'indécision ou même de la trahison. Condamner énergiquement ce qui est, demander des réformes, est un procédé dont l'efficacité n'est pas douteuse : la faconde d'un avocat de troisième ordre, l'habitude de la parole y suffisent. Quant à la connaissance du sujet, elle est superflue. Ainsi peut-on obtenir une réputation d'orateur éloquent et patriote, parmi les électeurs grossiers, quand ils s'occupent de politique.

Voilà donc un premier moyen de popularité : parler, et en général faire du bruit à la chambre.

Il ne faut pas négliger absolument de rendre service aux électeurs qui sollicitent, mais si le député cherche uniquement son propre intérêt, sa conduite sera fort simple. Sans s'occuper des affaires du solliciteur, il lui répondra par une lettre ; c'est l'essentiel. La Chambre fournit un papier et des enveloppes qui trahissent très suffisamment, au moins à la campagne, l'origine parlementaire. Le facteur, les voisins, tout le village, sait que le député a écrit ; quant à la lettre même, elle est banale, cela importe peu. La requête du postulant va au panier, à moins qu'il ne soit très facile de lui donner satisfaction, et l'électeur n'en reste pas moins enchaîné au char de son député. Les électeurs, au moins beaucoup de ceux que j'ai eu occasion de connaître, ne voient pas de différence entre une lettre banale et une lettre sérieuse ; d'ailleurs, la sentiraient-ils, cela n'a guère d'importance. On ne gagne pas plus, en effet, à rendre des services personnels à un grand nombre de personnes, qu'à rendre des services au pays. Je pourrais citer des députés qui ont été d'une sollicitude inimaginable pour leurs clients, qui passaient leur vie dans les corridors et les bureaux des ministères, qui ont obtenu par douzaines des places de percepteurs, de greffiers, de surveillants, d'expéditionnaires, et qui, au jour de la réélection, n'en ont pas moins succombé dans l'oubli. La masse des électeurs ne leur avait pas gardé la moindre reconnaissance de leurs efforts.

Mais si l'électeur vulgaire peut être négligé sans danger, il en est tout autrement de l'agent électoral : celui-ci mérite une constante sollicitude, car il faut à tout prix conserver son appui. Des places, des décorations, placées avec adresse, peuvent être fort utiles dans ce but.

Tel serait donc le second moyen d'influence : rendre des services aux gens dont l'activité peut être utilisée un jour d'élection.

Enfin, il est un troisième moyen d'influence, de nos jours le plus puissant, je veux parler de la presse. Comment l'électeur, s'il lit un journal, résisterait-il à l'influence toujours agissante de cette voix, la seule qu'il entende en dehors du cercle restreint de ses relations? Aujourd'hui, c'est une louange discrète de la conduite du député à la Chambre, demain, la nouvelle d'un événement local où il aura figuré, un autre jour, l'annonce d'une faveur ministérielle obtenue par son influence ; sans cesse enfin l'écrivain trouve l'occasion de graver son nom dans la mémoire des électeurs. Le journal peut n'être qu'une feuille éphémère, l'écrivain à gages, un mauvais saute-ruisseau, dont le notaire ne veut pas pour clerc, et dont le cultivateur ne voudrait pas davantage pour valet ; mais qu'importe! la puissance de l'imprimé est magique, et plus l'électeur se croit intelligent et fort sur la politique, plus il est facile à prendre.

En définitive, un député occupé de lui-même doit, à la Chambre, user de la grosse caisse et négliger complètement les travaux législatifs ; — voilà pour les services au pays. Quant aux services à rendre aux personnes, ceux-là seuls sont profitables qui sont rendus à des hommes influents, soit à des agents d'élection sous forme de places rétribuées, de décorations, d'honneurs, soit à des journalistes sous forme sonnante.

Au demeurant, ces moyens d'influence sont de très petits moyens et ils ont une fort courte portée ; ils s'usent très vite, mais si défectueux qu'ils puissent être, s'il n'y en a pas de meilleurs, les députés désirant ardemment être réélus, doivent être tentés de les employer. Il suffit donc de leur supposer de la logique, pour dire, les yeux fermés, que beaucoup d'entre eux les mettent en usage. Fatalement, ils s'occupent d'autant moins des affaires du pays, que les électeurs s'occupent davantage d'eux et de la politique en général.

Voyons maintenant si les faits s'accordent avec toute cette théorie. Je ne crois pas pouvoir mieux le montrer, qu'en racontant avec certains détails précis, les péripéties d'une loi élaborée dans une des dernières Chambres des députés ; péripéties dont j'ai pu suivre la succession pendant les quatre années de cette législature. Les faits auxquels je me propose de consacrer ainsi tout le chapitre suivant, sont, je l'avoue, insignifiants en eux-mêmes, mais de leur ensemble on pourra, je pense, tirer un enseignement. Si de ces faits insignifiants, il est permis de conclure que les députés une fois élus, peuvent sans rien risquer de leur popularité, laisser de côté leur véritable besogne ; s'il est prouvé que les usages parlementaires peuvent masquer au vulgaire la paresse ou l'incapacité des élus, aussi complètement que l'étiquette d'une cour monarchique masque la paresse ou l'incapacité du monarque, l'intérêt personnel ne poussera pas un député ambitieux à travailler pour le bien public. Je borne à ce point la démonstration par les faits, tirée de l'histoire contemporaine. On pourrait aller plus loin, on pourrait chercher dans cette histoire, s'il est des exemples de députés qui auraient parfaitement réussi en sacrifiant l'intérêt général à l'intérêt électoral. Cette recherche satisferait peut-être certains lecteurs, mais il ne me convient de rien dire où l'on puisse trouver une attaque contre des personnes déterminées. Je n'entrerai point dans cette voie et laisse chacun décider, d'après son seul jugement, par les faits parvenus à sa connaissance, si je suis ou non pessimiste.

CHAPITRE VI.

Historique de l'élaboration d'une loi dans la Chambre des députés de 1877. — Comme quoi les électeurs sont absolument indifférents à la manière plus ou moins régulière dont les députés s'acquittent de leurs devoirs parlementaires, et par suite les députés plus indifférents encore à l'accomplissement de ces devoirs.

La loi sur l'administration de l'armée que les Chambres ont votée au commencement de 1882, et dont je me propose de retracer ici l'historique de 1877 à 1881, a été mise en élaboration dès 1873. Préparée alors au ministère de la guerre par une grande commission, soumise la même année à l'Assemblée Nationale, elle allait être discutée par cette assemblée en 1875, elle figurait à son ordre du jour, quand diverses influences firent écarter la discussion. L'Assemblée Nationale se sépara à la fin de 1875, et ainsi rien ne resta plus, légalement parlant, des longs travaux auxquels le projet avait déjà donné lieu.

Cependant, quand les nouvelles assemblées élues en conformité de la constitution de 1875, Sénat et Chambre des députés, furent installées, le ministre de la guerre reprit, au nom du gouvernement, la rédaction qu'avait proposée la commission de l'Assemblée Nationale, et s'adressant d'abord au Sénat, il lui demanda de la discuter. Le Sénat, où se trouvaient un grand nombre d'hommes connaissant parfaitement le sujet, s'y mit avec ardeur. Il changea la forme, mais laissa subsister le fonds presque en entier; il vota le projet *à l'unanimité*, et le ministre de la guerre, qui n'avait fait aucune objection à cette nouvelle rédaction, la présenta à la sanction de la Chambre des députés.

On était alors dans cette crise politique qui se termina par les événements du 16 mai. Toute l'attention des députés était absorbée par les péripéties de la lutte entre les deux partis qui se disputaient le pouvoir. La Chambre ne nomma pas moins, en suivant toutes les règles de la procédure parlementaire, une commission, mais naturellement celle-ci ne fit rien, et quand la Chambre fut dissoute, le projet de loi, pour la deuxième, fois retomba dans le néant.

Une autre Chambre des députés arriva après les élections d'octobre 1877. Le gouvernement, pour la troisième fois, reprit la loi et la soumit à la nouvelle assemblée, telle qu'elle était sortie du dernier vote du Sénat.

Voilà donc en 1877 une loi présentée à la Chambre après quatre années d'élaboration, après que trois commissions l'ont minutieusement examinée. Des généraux, des administrateurs, des hommes politiques, dont personne ne conteste la capacité, se sont accordés sur tous les points importants de la loi. Aucune question politique n'est en jeu; la loi a été votée à l'unanimité par la Chambre haute. Que va faire la seconde Chambre, recevant un projet après un pareil luxe d'élaboration? L'accepter les yeux fermés? ce serait évidemment le parti le plus raisonnable, mais les choses ne peuvent se passer ainsi. Il faut au moins que les députés aient l'air d'avoir consciencieusement travaillé, qu'ils le puissent dire et imprimer; pour cela il est nécessaire que la procédure parlementaire fonctionne.

La Chambre se réunit donc dans ses bureaux pour discuter le projet. Tel est le premier acte de la procédure, et il renferme une garantie de la plus haute importance. Le règlement veut en effet que les députés, par groupes de 40 à 50, se livrent à une première discussion de toutes les lois. C'est une discussion instructive, elle est sans apparat, sans public. Tout le monde y peut dire son mot sans faire un discours ; le bon sens y pèse autant que la rhétorique ; on n'est point assujetti à cette réserve qui s'impose dans une séance publique ; après cette première discussion, chaque bureau, c'est-à-dire chacun de ces groupes formés par le sort, choisit celui qui s'est montré le plus capable : il est nommé commissaire.

Le règlement a été, pour cette première épreuve, ponctuellement suivi ; le public a pu un certain jour, lire dans le *Journal officiel*, que la Chambre serait appelée le lendemain à 1 heure, à discuter cette grave question dans les bureaux. Les députés ont été prévenus verbalement en séance publique, et par une feuille imprimée spéciale. Les salles de réunion ont été chauffées, tous les journaux ont répété le lendemain que les bureaux s'étaient réunis et avaient discuté... Quoi de plus historique? de plus certain? Allons cependant en sceptique au fond des choses. Dans mon bureau, sur 45 membres, à peine un tiers ou un quart était présent. Pas un seul d'entre eux, probablement, qui eût lu la loi et en connût un traître mot, sinon un républicain, ancien officier, qui avait fait partie de la commission dans la Chambre de 1876, et n'avait aucun désir de faire partie de la nouvelle commission. Il dit : « Je crois qu'il conviendrait de nommer « M. d'Harcourt ; il s'est beaucoup occupé de ces matières-là. » Aucun républicain ne m'enviait cette fonction, je fus élu à l'unanimité, sans le plus léger simulacre de discussion.

Je ne puis parler, en témoin, que de ce qui s'est passé dans mon bureau, mais j'ai vu assez de ces prétendues élaborations dans les bureaux pour pouvoir dire, presque à coup sûr, que dans la plupart des autres, cette première épreuve n'a pas été beaucoup plus sérieuse. Voici comment d'ordinaire les choses se passent quand il s'agit de lois spéciales à l'armée, ou en général de lois où la politique n'est pas en jeu. Dix à quinze députés (retenez bien : sur 45) se rendent dans une salle au milieu de laquelle est une vaste table recouverte d'un tapis vert ; trois ou quatre viennent s'y asseoir et se mettent à écrire à leurs électeurs ; deux ou trois fument silencieusement dans un coin, les autres causent dans les embrasures des fenêtres. Le président, assis dans son fauteuil, devant une urne en zinc à forme antique, seul prend son rôle au sérieux. La convocation étant pour 1 heure, à 1 heure et demie, il regarde la pendule et dit d'une voix solennelle : « Mes- « sieurs, je crains que nous ne soyons guère plus nombreux; « l'heure s'avance, ne croyez-vous pas que nous ferions bien de « commencer la délibération ? » — Muet assentiment ; les plumes continuent de glisser sur le papier, les bouffées de tabac de s'é- lever. « Eh bien, Messieurs, puisqu'il n'y a pas d'opposition, « nous allons commencer; je déclare la séance ouverte... Nous « avons d'abord à discuter une loi très importante sur l'adminis- « tration de l'armée; quelqu'un demande-t-il la parole ? » Parfois, en effet, quelqu'un la demande. Certains députés ne sont pas sans un vague désir de savoir ce qui peut se dire dans une com- mission, sur certains sujets absolument nouveaux pour eux. Être commissaire n'engage à rien; si la commission est ennuyeuse, on en est quitte pour n'y pas mettre les pieds. Quand un député éprouve cette curiosité, il se met en avant, en prononçant devant le bureau un bref discours qui est censé témoigner de sa com- pétence. Sans doute ce discours est forcément très banal, si l'orateur ignore le premier mot du sujet; mais on y est bien habitué, et d'ailleurs c'est un jeu pour un parlementaire, de déguiser la banalité des idées par l'apparence de conviction, par le sérieux avec lequel on les exprime : « Messieurs, je n'entre- « tiendrai pas le bureau de l'immense intérêt qu'a pour le pays « une bonne loi sur l'administration de l'armée. Tous nous avons « tristement présents à la pensée les désordres... les désastres... « amenés par la corruption de l'Empire : Nos soldats sans pain, « nos fusils sans cartouches, nos canons sans munition !... Au- « jourd'hui la République est appelée à mettre l'ordre là, comme « partout... Vous me permettrez, Messieurs, de ne pas entrer

« dans le détail des 299 articles du projet de loi ; je crois que ce
« serait abuser de vos moments. Je dirai un seul mot : Il me
« paraît indispensable que les généraux de la République, jus-
« qu'ici trop étrangers au bien-être de leurs troupes, sachent que
« dorénavant, dans une armée républicaine, au sein d'une dé-
« mocratie, ce doit être la première de leurs patriotiques préoc-
« cupations. C'est dans cet esprit, Messieurs, si j'avais l'honneur
« d'être votre commissaire, que je voudrais aborder l'étude du
« projet de loi en discussion. » Il n'y a pas besoin d'en dire davantage pour recueillir l'unanimité des sept ou huit votants, —
sur 45, — avec un murmure approbateur.

Très fréquemment, ce candidat par curiosité n'existe même
pas, et personne ne prend la parole. « Messieurs, répète en vain
« le président, je vous prie de choisir parmi vous un commis-
« saire. » — Un membre avise alors quelque collègue républicain, qui fume à l'autre bout de la salle, et dit à haute voix :
Nous devrions nommer M. X... — Mais, — répond l'interpellé,
— je ne connais pas du tout la question, tout autre ferait
mieux que moi. — Vous l'étudierez, reprend-on à côté de lui,
vous êtes trop modeste, acceptez donc... — Messieurs, dit solennellement le président, hâtons-nous, car nous avons encore trois
lois à délibérer après celle-ci... — Eh bien, nous vous nommons,
crie-t-on de toutes parts à M. X, et ceux qui écrivent autour de
la table leur correspondance, s'interrompent un instant pour
tracer sur un chiffon de papier le nom de M. X. Ils le repassent
plié en quatre au président, et celui-ci, toujours sérieux, le glisse
discrètement dans l'urne. Quand chacun en a fait autant, il la
renverse, compte les bulletins, les ouvre, les lit successivement
et proclame M. X. commissaire du bureau. Puis il continue :
« Nous avons maintenant, Messieurs, à nous occuper d'un pro-
« jet de loi très important sur le code rural... Quelqu'un de-
« mande-t-il la parole ?... » Et la même cérémonie se reproduit
identiquement. Voilà comment les lois, pour les neuf dixièmes

d'entre elles, traversent cette première épreuve de la discussion dans les bureaux.

Tous les bureaux ont donc « choisi » un commissaire pour élaborer une loi sur l'administration de l'armée, et la commission est formée ; comme on peut s'y attendre, la moitié au moins n'a aucune opinion sur la matière, aucune connaissance du sujet, et se soucie fort peu d'en avoir une. Il se trouve parmi nous un général, M. de C..., à qui échoit tout naturellement la présidence. Ce choix a eu des conséquences importantes ; car notre président, un excellent homme et d'une courtoisie parfaite, était absolument hostile à la loi que nous avions à discuter, et cette prédisposition devait singulièrement gêner son impartialité.

Nous nous réunissions régulièrement une fois par semaine ; à chaque convocation, il venait, sur 11 que nous devions être, 4, 5 ou 6 d'entre nous, tantôt les uns, tantôt les autres ; on causait très amiablement, et il faut le dire à l'honneur de la commission, c'était généralement sur la loi. Au bout d'une demi-heure, quelqu'un faisait une observation sur notre petit nombre : il vaudrait mieux, disait-il, pour prendre une décision de principe, attendre la réunion suivante ; on approuvait, et on s'ajournait à huitaine. De temps à autre on s'affligeait de ne pas voir la commission plus nombreuse, et on discutait si, « pour mettre fin à cet état de choses regrettable, » il ne serait pas à propos que M. le président fît envoyer une convocation spéciale dans laquelle il voudrait bien prier nommément, chacun des commissaires, de venir, sans faute. Cette résolution importante étant votée, on se séparait encore pour huit jours. Cette fois, tout le monde étant instamment exhorté à l'exactitude, on se trouvait 8 ou 9 réunis, et la discussion générale s'engageait. Au bout d'une demi-heure, l'un d'entre nous s'excusait de ne pouvoir rester plus longtemps : il était appelé en même temps à présider une autre commission, précisément à deux heures, ou bien il avait à faire une rectification au début de la séance publique, ou encore il faisait partie de quelque sous-commission chargée d'un dossier d'élection. Bref, il s'en allait, suivi souvent d'un ou de deux autres, et on voyait entrer un de ceux qui n'étaient pas au début de notre séance. Celui-ci s'excusait d'arriver ainsi en retard, mais il avait toujours les meilleures raisons : c'était un bureau qui s'était réuni à la même heure, une autre commission, une sous-commission, toujours le soin de la chose publique. Il témoignait au moins de sa bonne volonté, en faisant quelques questions, et reprenant un sujet épuisé un quart d'heure auparavant, faisait perdre une demi-heure à la commission. Bien entendu, on finissait par se séparer sans avoir rien décidé, à la suite de cette conversation décousue, qui, en style parlementaire, s'appelle une discussion générale.

Telle était la physionomie ordinaire de nos séances. Le président ne fut pas sans se rendre compte dès nos premières réunions, que ses idées sur la loi répugnaient profondément à la plupart de ses collègues; aussi, loin de pousser à la roue pour nous faire avancer, je soupçonne qu'il fut bien aise de nous voir rester toujours au même point. Comme je l'ai dit tout à l'heure, l'ignorance absolue d'un certain nombre d'entre nous, notre peu de zèle, les émotions politiques qui nous agitaient, tout le servait à souhait. Il espérait sans doute que le temps nous ramènerait à ses sentiments, et ne manquait jamais une occasion de chercher à nous convaincre. Ses efforts ne réussirent pas à nous faire partager ses vues; il obtint cependant quelque chose par sa persévérance, il est vrai que c'était bien plus facile, ce fut de nous faire condamner en bloc les opinions de tous nos prédécesseurs. Nous décidâmes un jour que le projet reçu par nous du Sénat était inacceptable, et que nous en ferions un nouveau pour servir de base à nos discussions. Notre président nous fit aussi prendre au mois de janvier 1878, une résolution, dont il espérait, je crois, beaucoup pour le triomphe de ses idées, celle de faire une enquête. Elle fut acceptée d'enthousiasme. Le simple bon sens indiquait, qu'après une élaboration de tant d'années, toutes les enquêtes possibles avaient dû être faites, qu'il fallait s'y référer ; mais c'est très flatteur pour une commission de faire une enquête. Cette commission devient une sorte de tribunal devant lequel viennent comparaître des personnages du rang le plus élevé. Un avocat inconnu, du barreau d'une petite ville de province, se trouve en droit de les interroger, il les discute en se drapant pour poser devant eux, dans la majesté du parlement. Dans notre état d'esprit, nous devions trouver excellente la proposition de notre président, car outre qu'elle nous donnait un certain rôle, elle éloignait beaucoup le moment où il faudrait s'occuper sérieusement de la loi, labeur qui ne nous souriait guère. Elle nous dispensait de lire les volumes des enquêtes déjà faites, elle flattait ainsi notre amour-propre et satisfaisait notre paresse. Le président reçut la mission de choisir les personnes qui comparaîtraient devant nous, de les voir, de demander au ministre l'autorisation de les citer, enfin de prendre date avec elles et de nous convoquer seulement alors.

Nous entendîmes successivement huit hauts personnages de l'armée, et cela suffit à nous occuper pendant la session ordinaire de 1878. Je ne crois pas d'ailleurs que ces dépositions aient modifié sensiblement les idées des divers membres de la commission : à peine la moitié des membres y assistait-elle. Quoi qu'il en soit, à la suite de cette enquête notre président demanda et obtint avec facilité de nous, la mission de la résumer dans un travail d'ensemble. Ce travail nous fut distribué en manuscrit au mois de janvier 1879 ; c'était un plaidoyer fort étudié, dans lequel l'auteur soutenait avec conviction les idées qu'il n'avait jamais pu faire partager à la commission. Vers la même époque, je crois, nous nommâmes une sous-commission de trois membres pour préparer un texte de discussion. M. M... le rédigea au nom de cette sous-commission, et nous le fit distribuer à la fin de 1879.

En définitive, au mois de janvier 1880 nous étions en fonctions depuis plus de deux ans ; nous n'avions pas encore abordé l'article Premier de la loi. Qu'avions-nous fait ? en réalité rien, mais comme parlementaires nous pouvions néanmoins marcher la tête haute : nous avions procédé à une « vaste enquête », un de nous en avait laborieusement fait l'analyse, nous avions nommé une « sous-commission, » elle avait soumis à nos délibérations un « avant-projet ; » bref, à défaut de décisions prises, nous pouvions montrer des monceaux de papiers, dont quelques-uns, imprimés aux frais de la Chambre, avaient même coûté fort cher au public.

Les choses en étaient là, quand une certaine honte nous prit : de temps à autre on lisait dans les journaux quelque article peu flatteur pour nous, où, au nom de l'armée, on incriminait notre silence obstiné ; puis les médecins militaires, fort intéressés au vote de la loi, accusaient ouvertement nos lenteurs ; des médecins civils, nos collègues, répondant aux désirs de leurs confrères, nous poussaient l'épée dans les reins, et menaçaient de nous interpeller à la tribune. Il paraissait donc nécessaire que nous nous montrions, et nous étions désireux, sinon de commencer, au moins de terminer notre tâche. Le moment psychologique était venu. Malheureusement, deux obstacles se dressaient toujours devant nous : d'abord, notre président désespérant de nous faire partager ses idées, s'efforçait au moins d'empêcher que nous en fissions prévaloir d'autres ; en second lieu, nous éprouvions le genre de difficultés que nous aurions éprouvé à faire une statue ou un bateau à vapeur : nous ne connaissions absolument rien de la question.

Un jour que nous étions réunis au moins cinq ou six, l'un de nous demanda au président de nous faire enfin commencer l'examen de la loi, et de mettre aux voix l'article premier de l'avant-projet de M. M... C'était un article de généralités, ne pouvant donner lieu à aucune contestation. « Le ministre de la guerre, disait cet article, est le chef de l'administration de l'armée. »

Le président fit des objections de procédure : il fallait, disait-il, commencer par discuter le rapport ; la discussion générale devait précéder celle des articles. — Nous étions un peu montés, nous fûmes agressifs ; on l'interrompit, pour lui demander de mettre aux voix la question de procédure. Tous nous levâmes la main contre lui. Il protesta, mais cependant lut avec résignation le texte de l'article premier. C'en était fait, et malgré lui la machine se mettait en mouvement. Nous votâmes avec décision l'article 1, on entama même la discussion de l'art 2. Notre président ne nous en avait jamais vu tant faire ! « Messieurs, nous dit-il au milieu de la discussion, avec une sorte de sévérité, je préside une autre commission que j'ai convoquée pour deux heures ; il est deux heures un quart ; je vous demande la permission de m'y rendre, et si vous voulez, nous remettrons à huitaine la suite de la discussion. » C'était ce que nous faisions depuis tantôt trois ans, mais cette fois nous étions impatients, une clameur s'éleva parmi nous : « Nous n'avons pas été nommés députés pour nous repo-
« ser... Notre œuvre est peu avancée... l'armée nous attend...
« c'est d'un grand intérêt pour le Pays... continuons notre dis-
« cussion. — Alors, permettez-moi seulement, dit le président,
« de m'absenter dix minutes pour prévenir l'autre commission
« qui m'attend ; je reviens aussitôt après pour prendre part à
« votre délibération. »

A peine fut-il parti, que l'un de nous s'écria : « Nous n'avan-
« çons pas, nous ne faisons rien ! Il n'y a qu'un moyen d'aboutir,
« c'est de voter en bloc un projet quelconque, celui de M. M...,
« par exemple. — Vous avez raison, s'écria un fougueux collè-
« gue, c'est la seule chose à faire. J'ai lu ce projet, il n'a pas le
« sens commun ! Excusez-moi, mon cher collègue, en se tour-
« nant vers M. M..., vous savez mon estime pour vous, ma viva-
« cité ne s'adresse qu'à vos idées ; non, je le répète, ce projet ne
« tient pas debout ; aussi je le vote des deux mains, parce qu'il
« est impossible qu'il passe au Sénat. Il nous reviendra amendé,

« et alors nous verrons s'il est acceptable, en attendant nous
« serons sortis de notre trop longue inaction. »

Sans plus tarder, on approuve la proposition, on lève les mains
pour lui donner la consécration légale ; et ainsi, les 50 et quelques articles *nouveaux* de cette loi si ardue, si complexe sont
votés, sans même une seule lecture. On donne carte blanche à
M. M... et à la sous-commission, pour faire les modifications jugées
nécessaires, et nous attendons, la conscience satisfaite, le retour
de notre président. Il ne tarda pas en effet à revenir ; je ne sais
même s'il usa en entier des dix minutes qu'il nous avait deman-
dées. « M. le président, lui fut-il dit, en votre absence, la com-
« mission a voté la loi en bloc et chargé M. M... d'en faire le
« rapport. » C'était fort étrange sans doute, mais je ne sache
pas que ce fût contraire au règlement : le président garda son
sang-froid, il se tut, et nous nous séparâmes en nous ajournant
à la semaine suivante pour la lecture du rapport définitif.

Voilà, en passant bien des détails, l'historique de l'élaboration
de cette loi, une des plus importantes de celles qui concernent
la réorganisation de l'armée, c'est-à-dire une de celles qui touchent de plus près aux grands intérêts du pays. Je n'ai pas à
examiner ici si tel ou tel d'entre nous a été en faute, et doit porter une lourde responsabilité ; je crois que cette responsabilité
pourrait justement être répartie sur un très grand nombre de
personnes, et s'étendre beaucoup au delà de la commission, car
nous n'avons guère fait que ce que tout le monde faisait sous
nos yeux, et nous nous sommes pliés à l'usage parlementaire.
Mais quoi qu'il en soit, si le pays ne souffre pas d'une pareille
manière de faire, c'est qu'une Chambre des députés est un luxe
bien inutile, au moins pour ces sortes de lois ! Or, dites-moi, quel
est en France l'arrondissement où le suffrage universel, c'est-à-
dire les ouvriers ou les paysans, se sont indignés qu'on eût laissé
en souffrance la loi sur l'administration de l'armée ? Quel électeur, dans cette innombrable foule, s'est senti lésé dans ses in-

térêts personnels par le sans-gêne des mandataires du pays?

Mais, me dira-t-on, ce que vous avez fait, ce que peuvent faire une dizaine de députés autour d'une table, dans « le sein de la commission, » comme disent les parlementaires, n'est pas définitif. Au grand jour de la séance publique, devant 530 députés, l'élite intellectuelle du pays, appelés de toutes les parties de la France, toutes les imperfections d'une loi doivent nécessairement être mises en lumière, la Chambre fera ce que la commission aurait dû faire.

Quelle illusion! Au bout d'un certain temps, la loi dont je parle est arrivée régulièrement à cette lumière éclatante de la délibération publique, mais après quelques discours, où l'éloquence n'a pas su recouvrir l'aridité naturelle du sujet, la Chambre a été si dégoûtée que personne n'a plus fait la moindre attention ; chacun vaquait à ses affaires en plein repos d'esprit. J'ai compté un jour qu'il ne restait pas 50 députés dans la salle, et sur ce petit nombre à peine quelques-uns prêtaient une oreille distraite à l'orateur. Les grands mots, *subordination de l'administration, responsabilité du commandement, gestion distincte de l'exécution, contrôle distinct de la surveillance...* retentissaient dans le vide et n'étaient recueillis que par les sténographes.

Cet exercice a duré dix-sept jours, entremêlé de nombreuses interpellations et de questions politiques. Pendant ces intermèdes, la salle était comble ; il y eut dans ce court laps de temps, cinq interpellations, deux questions et cinq ou six affaires étrangères à l'ordre du jour, ce qu'on nomme à la Chambre des « incidents. » Alors les députés se pressaient sur leurs bancs, mais à peine, à la suite d'une de ces discussions passionnées, le président avait-il prononcé les mots sacramentels : « L'ordre du jour appelle la suite de la discussion sur l'administration de l'armée, » qu'un brouhaha confus remplissait l'enceinte, et ne prenait fin que lorsqu'elle était entièrement vide.

Après un nombre convenable de discours, la discussion générale a été déclarée close. Le peu de députés qui, par conscience ou par curiosité, avaient écouté un jour ou l'autre et avaient cherché à comprendre, se disaient les uns aux autres : « Com- « prenez-vous quelque chose ? — Mon Dieu non, reprenait l'in- « terlocuteur ; au commencement je croyais comprendre, mais « les discours prononcés m'ont produit cet effet que je ne com- « prends plus rien du tout. » — On était arrivé ainsi à l'article premier. Quelques députés trouvant le projet reçu du Sénat, préférable à celui de M. M... que nous lui avions substitué, demandèrent qu'on revînt au projet du Sénat. M. M..., auteur et rapporteur, se prodigua pour défendre son œuvre, mais pendant ce débat, les membres de la commission eurent sans doute l'occasion de prendre connaissance de leur loi, de cette loi qu'ils n'avaient pas discutée avant de l'adopter, et que leur rapporteur, fort légalement, défendait en s'abritant derrière eux. Ils trouvèrent alors — un peu tard, on en conviendra, — que le projet dont ils n'avaient pas voulu était préférable au leur, et l'un d'eux fit circuler parmi nous un petit papier pour compter ceux qui préféreraient ce premier projet. Le nombre des signatures permit de faire une bizarre constatation : *tous* les membres de la commission, sauf M. M..., repoussaient le projet défendu par celui-ci en leur nom.

Le papier fut porté au fauteuil du président, M. Gambetta, et on lui dit que la commission tout entière était contre le rapporteur qui parlait en son nom; la Chambre fut informée de l'incident, mais le président fut respectueux des formes parlementaires. Ce genre de déclarations écrites, répondit-il, n'était pas prévu par le règlement, il ne connaissait qu'une chose, le dire du rapporteur, et celui-ci restait seul l'organe de la commission, tant qu'il serait officiellement en fonctions. Pour sortir de cet imbroglio, le rapporteur demanda et obtint que le projet nous fût renvoyé.

Le lendemain avant la séance, il nous fit convoquer, et après

quelques plaintes bien légitimes, je l'avoue, au sujet du procédé
dont on avait usé envers lui, et que ne méritaient assurément ni
son caractère ni sa conduite, il donna sa démission; nous choi-
sîmes immédiatement un nouveau rapporteur; celui-ci reçut la
mission de soutenir à la tribune, en notre nom, le projet du Sénat
combattu par nous depuis une dizaine de jours. Cette tâche n'é-
tait pas sans difficulté, non pas à cause de ce que contenait ce
projet, les députés assurément ne s'en souciaient guère, mais à
cause d'un vote précédent de la Chambre. Sur notre demande,
dans une des séances précédentes, elle avait voté qu'elle n'examinerait pas le projet du Sénat. Comment aujourd'hui lui faire
accepter précisément ce projet? Il eût été inouï de lui demander
de revenir sur son vote, — une décision au scrutin est chose
sacrée, — personne n'y pensa, mais nous résolûmes de lui présenter, à chaque article de la loi acceptée en principe mais dont
nous ne voulions plus, un amendement qui fût précisément l'article correspondant de la loi qu'elle avait condamnée. Nul
doute que cet amendement, appuyé par nous-mêmes, ne fût voté.
Ainsi l'honneur de la Chambre serait sauf, et telles sont les dé-
licatesses du régime parlementaire, mais un autre incident sur-
vint à ce moment. Le ministre de la guerre, le général Farre,
qui jusque-là s'était tenu en dehors de la discussion, et s'était
absolument refusé à nous laisser voir s'il était pour la loi ou
contre la loi, monta à la tribune, déclara qu'il déposerait le lendemain un *contre-projet,* et demanda qu'il fût renvoyé à notre
examen aussitôt que possible. Une voix s'éleva bien pour faire
remarquer, par une interruption, la bizarrerie, pour ne pas dire
l'inconvenance, du procédé, mais cependant la Chambre, au
moins ce qui était présent, la commission, les orateurs, tout le
monde, accueillit avec bonheur ce moyen d'ajourner une discussion
d'un insupportable ennui : le nouveau rapporteur vint déclarer à
la tribune avec solennité qu'il prenait l'engagement, au nom de
la commission, d'examiner le nouveau projet « avec toute la

diligence possible, de façon à présenter un rapport à bref délai. »
L'honneur de la Chambre était sauf; des *très bien! très bien!*
enregistrés au *Journal officiel,* témoignèrent sa satisfaction. Sans
doute le débarras était seulement provisoire, mais les opérations
parlementaires justifient souvent le principe : Il n'y a que le
provisoire qui dure.

La Chambre a encore vécu plus d'une année, mais cette année
n'a pas suffi pour qu'elle terminât son œuvre, et malgré les promesses de « diligence » solennellement faites et reçues, le nouveau rapport ayant été discuté peu de jours avant la fin de la
session et le Sénat ayant demandé des modifications, la Chambre
s'est séparée définitivement, après ses quatre années d'existence,
sans avoir pu voter un texte. Elle a laissé le projet à celle qui
lui a succédé, absolument dans les conditions où elle l'avait reçu
elle-même. J'ai vu depuis dans le journal que la Chambre issue
des élections de 1881 avait voté toute la loi presque sans discussion. N'étant plus au palais Bourbon, je connais seulement ce
résultat, et ignore s'il a été précédé d'études plus sérieuses que
je n'en ai vu dans la Chambre de 1877.

Que peut-on conclure de ce long récit, dont l'objet, j'en conviens, manque absolument de charme ou d'importance historique, et qui a une seule prétention, celle d'être très véridique?
C'est que des députés pourraient se moquer outrageusement des
intérêts du pays, sans risquer le moins du monde par là d'être
remarqués ou blâmés par les électeurs. Voilà une loi unanime-
ment proclamée comme étant de la plus haute importance;
elle traîne trois ans dans une commission sans que celle-ci se
donne la peine, un seul jour, de l'étudier sérieusement; au bout
de ces trois ans, la commission ennuyée, vote en cinq minutes
un texte de cinquante et quelques articles, contenant les inno-
vations les plus graves, sans qu'un seul de ces articles ait été
l'objet d'une discussion. Arrive le grand jour de la discussion
publique : il n'y a pas dix députés dans la salle qui la suivent

exactement, et pour comble de bizarrerie on s'aperçoit, au bout de quinze jours de discussion, qu'un seul membre de la commission sur onze, approuve le projet que cette commission propose, et que tous les autres lui sont formellement opposés. Enfin, après une année de nouveaux retards et de nouveaux incidents, la Chambre se sépare sans que la loi soit votée.

Eh bien, toutes ces monstruosités ont eu lieu en temps normal, au milieu de Paris. Manquons-nous de journaux, d'imprimés de toute sorte? Certains de ces faits, ceux qui ont eu lieu en séance publique, n'ont-ils pas été constatés par le *Journal officiel?* Les tribunes n'étaient-elles pas ouvertes au public? Sur les trente-six millions de Français qui forment, à ce que dit la statistique, le peuple français, sur les neuf millions d'électeurs, en ce temps de diffusion des journaux, de publicité sans obstacle, combien de personnes savent ce qu'ont fait les *mandataires du pays* dans cette commission? et en admettant même que j'eusse eu le mauvais goût de publier dans des journaux, au moment des élections générales, ce qu'avaient fait mes collègues, croyez-vous qu'il se serait trouvé en France un nombre appréciable d'électeurs pour prendre quelque souci de mes paroles? Je crois connaître un peu les électeurs ruraux de mon arrondissement, j'ai l'intime conviction que je n'aurais pu en émouvoir une douzaine.

Ainsi se fait le silence : il est notoire que la foule reste indifférente quand on lui parle des intérêts généraux du pays; naturellement ces intérêts généraux perdent toute importance électorale. Certainement, bien des gens en France sont assez intelligents pour sentir distinctement le préjudice que l'incapacité ou l'incurie des législateurs peut porter au pays, mais ces hommes savent qu'il leur serait impossible de faire partager leurs idées aux classes nombreuses de la société; comme celles-ci comptent seules aujourd'hui, ils se taisent, et franchement je n'ose les condamner.

Vous me direz que mon exemple s'applique à une loi spéciale, d'une nature particulière, difficile à comprendre pour des députés, et à plus forte raison pour des électeurs. Je l'accorde sans peine, mais qu'importe à ma démonstration? Si le sujet exigeait du travail, les électeurs n'avaient-ils pas le droit de l'obtenir de leurs mandataires? Ces électeurs n'auraient-ils pas dû voir que leurs affaires étaient négligées? D'ailleurs le plus simple bon sens n'indique-t-il pas que de pareils faits ne peuvent être isolés, qu'ils doivent s'être reproduits en cent occasions différentes?

Plaçons donc au-dessus de toute contestation cet axiome, que les électeurs sont absolument indifférents aux efforts des députés, quand ceux-ci, dans leurs fonctions parlementaires, ont en vue l'intérêt général. Il sera, j'espère, la justification de ce que j'ai avancé dans le chapitre précédent, à savoir, que les députés dont l'intérêt personnel est le seul guide, doivent laisser résolument de côté le travail obscur et ingrat qui conviendrait au bien du pays.

CHAPITRE VII.

L'intérêt personnel chez les électeurs dans l'antiquité. — A Athènes... Les circonstances sont favorables. L'intérêt personnel a plus de prise que chez nous sur les citoyens, ils connaissent mieux les affaires publiques. — La législation fait appel à cet intérêt; quel est le résultat? Le désordre. — A Rome... L'individu est enserré par mille liens, par les usages et par les institutions; nul philosophe pour lui parler de son bonheur; la gloire est dans le mépris des jouissances. — L'élection n'est qu'une apparence, car l'individu ne s'appartient pas. L'hérédité et la richesse sont les véritables principes du gouvernement; ainsi peut s'expliquer sa stabilité.

Dans les chapitres précédents, nous avons examiné l'effet produit par l'intérêt personnel, d'une part sur ceux des électeurs mus par ce sentiment, d'autre part sur les élus. La conclusion a été que l'intérêt personnel agissait aujourd'hui en France sur un nombre assez restreint d'électeurs, et plutôt sur ceux des grandes villes, mais qu'au contraire il agissait puissamment sur les élus; que dans tous les cas ses effets étaient funestes, qu'il était pour la societé une cause de désorganisation.

J'ai pris des exemples là où il m'était le plus facile d'en trouver, c'est-à-dire à côté de moi; mais le choix même de ces exemples, où sont présentés des faits particuliers, spéciaux à notre époque et aux circonstances politiques de ces dernières années, m'expose au reproche de ne rien dire de nature à être généralisé, et il resterait à chercher si l'intérêt personnel produit constamment de semblables effets. Jetons donc un coup d'œil sur d'autres sociétés, pour voir s'il agit ou s'il a agi ailleurs autrement, si enfin on est en droit d'établir cette règle générale : *L'intérêt personnel porte les électeurs à mal choisir leurs mandataires, et les mandataires à négliger les affaires de ceux qui les ont choisis.*

L'élection a été dans un grand nombre de sociétés antiques le principe fondamental des institutions politiques. Il en a été ainsi notamment chez les Grecs et chez les Romains. La comparaison de notre époque avec la leur offre d'autant plus d'intérêt pour nous, que l'histoire de ce passé reculé a exercé une très grande influence sur les doctrines modernes. Les générations des seizième, dix-septième et dix-huitième siècles ont été nourries de l'histoire de l'antiquité, et très vraisemblablement, les exemples tirés de cette histoire, — avec plus ou moins d'exactitude, — ont beaucoup contribué à former les idées qui ont fini par prévaloir. Incontestablement, on leur doit attribuer en grande partie cette explosion d'enthousiasme, qui s'est manifestée si vivement à la fin du siècle dernier pour les institutions démocratiques, et à la suite de laquelle l'élection a été considérée comme le meilleur, sinon comme le seul raisonnable, de tous les principes de gouvernement. Les ouvriers des faubourgs de Paris, en 1793, nommaient leurs enfants Brutus ou Mucius Scévola ; ils ne faisaient par là que payer une dette aux grands hommes de l'antiquité, car c'est aux exemples fournis par l'histoire de ces grands hommes qu'ils devaient leurs nouveaux droits politiques. Aujourd'hui, sans doute, on chercherait vainement de jeunes Brutus ou de jeunes Scévolas parmi les enfants de cette même classe de la société où les anarchistes et collectivistes remplacent les sans-culottes, si enthousiastes il y a 90 ans des Spartiates et des Romains ; mais cette ingratitude ne doit pas nous faire oublier la grande place prise dans nos idées et nos institutions actuelles, par les traditions de la Grèce et de Rome.

Jetons donc un coup d'œil sur les événements dont il y a deux mille ans les rivages de la Méditerranée étaient le théâtre, et proposons-nous de rechercher brièvement si l'intérêt personnel, sentiment si naturel à l'homme qu'assurément il existait autrefois comme il existe aujourd'hui, produisait alors dans les élections des effets analogues à ses effets actuels.

Le peuple de l'antiquité, parmi ceux dont nous connaissons bien l'histoire, où l'élection paraît avoir tenu la plus grande place, est le peuple athénien. Il est bien entendu que les expressions « peuple athénien, » ou « citoyens d'Athènes, » ou « nation athénienne, » consacrées dans notre langue par l'usage, après avoir été empruntées à la langue antique, désignent exclusivement une très petite minorité parmi les êtres humains qui vivaient en société à Athènes. Seule cette minorité compte ; tout le reste, même dans la société la plus démocratique de l'antiquité, n'est, par l'esclavage, qu'un bétail spécial. Or dans une société, plus on écarte d'hommes parmi ceux dont toutes les heures sont consacrées aux soins de l'existence matérielle, plus augmente dans le reste la proportion de ceux dont l'intelligence a pu se fortifier par l'étude et par l'observation du monde. Ceux-là surtout peuvent comprendre le mécanisme d'une société, et savent ce qu'ils ont à espérer ou à craindre des gouvernants. Les citoyens d'Athènes, formant une élite dans la population, devaient donc, selon toute vraisemblance, bien mieux voir comment leur intérêt personnel était en jeu dans les élections politiques, que les paysans ou les ouvriers d'aujourd'hui ne peuvent le voir. En d'autres termes, l'intérêt personnel avait plus de prise sur les électeurs d'Athènes qu'il n'en a sur les nôtres.

Ajoutons que la société dont nous parlons occupe un très petit espace. Si loin qu'elle puisse envoyer ses flottes et ses guerriers, si étendues que soient ses conquêtes, cette société reste concentrée dans les limites d'une ville, entourée d'un territoire restreint, et ce territoire chacun le connaît pour en avoir dès l'enfance foulé toutes les parcelles. S'agit-il d'élire un magistrat ou un capitaine ? Tous les personnages sur lesquels peut porter le choix ont vécu dans la ville ; ils sont connus de figure, on les a vus parler sur la place du marché, où se traitent toutes les affaires. Ainsi d'une part la cité et ses intérêts matériels, d'autre part les hommes pouvant servir ces intérêts, sont infiniment mieux connus de tous les électeurs, que les intérêts d'un grand pays et les candidats à la députation ne peuvent être connus des électeurs de notre temps.

Enfin, les rouages gouvernementaux sont très simples. La division des attributions n'existe pas comme chez nous. L'État n'est guère qu'une ville, l'armée ce sont les citoyens de cette ville quand ils prennent à la main une épée ou une lance. Les affaires si variées, traitées dans nos diverses administrations et nécessitant dans chacune d'elles une infinité de bureaux, d'archives, de règlements, un nombre immense de spécialistes, n'existent pas. Personne parmi nous ne peut se vanter de connaître toute l'administration du pays ; dix ministères s'en partagent les détails, et c'est un grand mérite pour un homme d'État, si, à une connaissance générale de cette administration, il joint la connaissance particulière des affaires spéciales à un seul de ces dix ministères. Mais ce que ne peut faire un homme d'État à notre époque, le grand nombre des citoyens d'Athènes le pouvait faire, parce que les institutions gouvernementales étaient beaucoup moins compliquées. Les simples citoyens pouvaient donc avec beaucoup plus de vraisemblance que chez nous, prétendre donner de bons avis sur la conduite des affaires publiques.

Ainsi, à Athènes, l'intérêt personnel devait agir sur les électeurs plus puissamment qu'il n'agit nulle part chez nous, et, de plus, ces électeurs étaient beaucoup mieux placés que les nôtres pour distinguer ce que commande l'intérêt personnel bien entendu.

Nous devrions donc trouver dans l'histoire d'Athènes d'excellents effets produits par cet ensemble de circonstances heureuses. Nous y trouvons, il est, vrai des citoyens beaucoup plus passionnés pour leurs droits électoraux que ne le sont nos compatriotes : ils s'occupaient des affaires publiques avec une ardeur extrême, ils passaient une grande partie de leur existence sur l'agora, à applaudir ou à couvrir de huées des orateurs divers, mais quelle direction donnèrent-ils à leur gouvernement?

Solon, leur principal législateur, un des sept sages de la Grèce, s'était proposé, si on en croit Plutarque, d'élever tout son édifice gouvernemental en le faisant reposer sur l'intérêt personnel des citoyens. Il connaissait leur ardeur, il connaissait leur intelligence ; l'historien met dans sa bouche une phrase qui semble faite pour répondre aux questions que nous nous posons ici : « Je veux faire des lois, dit ce législateur, si conformes aux in-« térêts des citoyens, qu'ils croiront eux-mêmes plus avantageux « de les maintenir que de les transgresser (1). » Eh bien, quelques bonnes raisons que pût avoir Solon, il se trompa ; ses lois furent impuissantes dès leur naissance. Il put voir un politicien de l'époque, Pisistrate, s'adresser à sa manière à l'intérêt personnel, mettre de son côté quelques meneurs, et tirer alors, des institutions démocratiques qu'il ne cessait de proclamer inviolables, le pouvoir absolu pour lui-même. Sans doute les Athéniens n'eurent pas à se plaindre. Comme au temps de Périclès, la direction intelligente, donnée par un homme d'État habile à leur gouvernement, leur fit gagner, au moins pendant quelques années, de n'être pas déchirés par les factions ; mais en dehors de ces périodes exceptionnelles, aussi souvent que les institutions nationales furent en pleine vigueur, c'est-à-dire quand les assemblées populaires furent maîtresses, le désordre ou l'anarchie régna dans la cité.

On m'a appris au collège qu'il fallait attribuer aux institu-

____

(1) Vie de Solon. Trad. de Ricard.

tions démocratiques d'Athènes sa puissance militaire et son triomphe sur les armées innombrables de Darius et de Xercès. Des Grecs, je crois, l'avaient dit les premiers ; à mon avis, ils se trompaient : leur victoire sur les Orientaux est due à de tout autres causes. Je ne veux pas entrer dans une discussion à ce sujet, mais certains grands faits me semblent des arguments irréfutables. D'abord, les Spartiates avec des institutions absolument différentes, ne paraissent pas avoir eu sur les Perses moins de supériorité que les Athéniens ; en second lieu, nous voyons un siècle et demi plus tard, un roi de Macédoine obtenir des succès bien plus extraordinaires encore. Il fait la conquête de cet immense empire, dont les armées avaient autrefois forcé les Athéniens à se réfugier sur leurs vaisseaux en abandonnant leur cité.

A Athènes, l'autorité souveraine résidait dans l'assemblée du peuple. Je ne sais si en rapprochant un grand nombre de documents, on pourrait parvenir à constituer l'image exacte de ses réunions, mais certains récits peuvent nous y aider. Nous pouvons lire par exemple dans Xénophon, l'histoire assez détaillée du débat populaire où fut décidé le sort de dix généraux, qui venaient de remporter une éclatante victoire aux îles Arginuses, et qui, à leur retour, n'en furent pas moins violemment accusés par des orateurs populaires. On leur reprochait d'avoir abandonné une partie de la flotte. Dans le récit de l'auteur grec, on voit un courant d'opinion se former dans la multitude, et disparaître du jour au lendemain, pour faire place à une opinion absolument opposée. La majorité prend une décision, puis le lendemain elle en acclame une manifestement contraire. Quiconque prétend opposer un obstacle à la réalisation immédiate de ses désirs est traité de suspect, et menacé d'être poursuivi comme criminel ; à la fin, tous les généraux victorieux sont condamnés à mort en bloc, sans que chacun d'eux ait eu même la possibilité de faire entendre sa défense personnelle. Ils sont exécutés sans désemparer. A peine s'est-il passé quelques jours, le regret survient, il se tourne aussitôt en fureur contre les orateurs populaires, instigateurs de cette absurde barbarie.

Ce qui n'est pas moins digne de remarque dans ce récit, c'est le triste rôle des magistrats élus. Loin de lutter pour faire triompher la froide raison contre l'égarement de la foule, ils prétendent conserver ses bonnes grâces en lui proposant les décisions les plus extrêmes. Leur conduite semble prouver que les mandats électoraux n'étaient guère associés avec la dignité du caractère, soit que le choix fait par le peuple de ses mandataires ait porté habituellement sur des indignes, soit que le désir de conserver la popularité ait affaibli chez les magistrats élus, la force de la conscience et des convictions.

Les comédies d'Aristophane accusent les mêmes traits avec bien plus de vigueur encore. J'ai lu que le fameux Denis, tyran de Syracuse, ayant désiré connaître le gouvernement d'Athènes, Platon, le sage Platon, lui envoya ces comédies comme le plus fidèle tableau de la vie politique de la cité. C'était alors un bien triste gouvernement! car, si grande que nous fassions la part de la licence et de la fantaisie du poète, il n'en restera pas moins à tout lecteur, l'opinion que ce gouvernement, formé exclusivement de magistrats élus, pouvait être de la part des Athéniens l'objet d'un inconcevable mépris. Concevrait-on que sur la scène et aux applaudissements du peuple entier, Aristophane eût pu outrager ainsi les plus hauts fonctionnaires de l'État, s'ils n'avaient mérité dans l'opinion publique les sarcasmes dont il les couvrait? Qu'on en juge!

Un homme d'État, Démosthènes, et un charcutier sont en scène. Démosthènes s'adresse au charcutier : « Bienheureux « marchand de boudins! Approche donc, toi qui vas sauver la « république! » Le charcutier : « Qu'est-ce? que me voulez-« vous? — Viens apprendre ton bonheur et ta haute fortune. — « Eh bien, me voilà! De quoi s'agit-il ? — Quelle fortune, quelle « richesse tu vas avoir! Aujourd'hui tu n'es rien, et demain tu

« seras au faîte de la grandeur! o chef de la bienheureuse
« Athènes! — Laisse-moi donc laver mes tripes et vendre mes
« saucisses ; pourquoi te moquer de moi ? — Insensé, il est bien
« question de tripes! Regarde! Vois-tu ce peuple nombreux ? »
(il lui montre les spectateurs.) — « Je le vois. — Tu en seras le
« maître souverain, ainsi que du marché, des ports et de l'Assem-
« blée ; tu fouleras aux pieds le Sénat ; tu destitueras les géné-
« raux, tu les chargeras de chaînes et les enverras en prison ;
« tu consacreras à tes plaisirs les palais de la république..... —
« Moi ? — Oui, toi! et tu ne vois pas encore tout! Regarde dans
« le lointain toutes ces îles..... — Et dis-moi comment moi,
« simple charcutier, deviendrais-je un tel personnage ? — Pour-
« quoi tu deviendrais un personnage ? Parce que tu es un homme
« de la rue, un habitué du marché, d'une effronterie digne de
« ton métier. — Je ne me crois pas digne de diriger la républi-
« que. — Allons donc! Pourquoi ne t'en crois-tu pas digne ?
« Aurais-tu, par hasard, quelque bon sentiment? Serais-tu d'une
« race d'honnêtes gens ? — Quant à cela, non! Les miens étaient
« de franches canailles. — Mortel fortuné! Quelles heureuses
« conditions pour la conduite des affaires publiques! — Mais,
« mon cher, je n'ai pas reçu la moindre éducation ; à peine sais-
« je lire. et encore assez mal. — Tu sais lire ? Tant pis! cela
« pourra te faire tort de le savoir, même assez mal ; le gouverne-
« ment populaire n'appartient pas aux hommes instruits et hon-
« nêtes, mais à ceux qui n'ont ni savoir ni mœurs ; ne dédaigne
« donc pas ce que les dieux t'annoncent! »

Je ne veux pas faire d'autres citations. Les mêmes sentiments
se font jour à chaque instant dans les pièces d'Aristophane. Il
nous montre ainsi les citoyens d'Athènes aimant à donner le
pouvoir au premier venu d'entre eux, et à le retirer à leur fantaisie, mais doués en même temps d'assez de bon sens pour juger à
leur valeur les héros de carrefour qu'ils affublaient, pour quelques
mois ou pour quelques jours, des insignes du pouvoir. Ils trou-

vaient probablement une sorte de satisfaction à choisir pour les commander des gens sans considération : ils pouvaient ainsi se venger par leur mépris, de cette supériorité éphémère qui blessait encore leurs instincts démocratiques.

Nous tirerons facilement notre conclusion de l'histoire des beaux temps de la démocratie athénienne. En vain a-t-on pu réunir alors les meilleures conditions pour favoriser de bonnes élections : un territoire très petit, presque réduit à l'enceinte d'une forteresse, l'esclavage éloignant des affaires la plupart des hommes voués à l'ignorance par la nature de leurs travaux, des rouages gouvernementaux très simples ; cependant, chez ce peuple athénien si instruit, si bien préparé, il suffit que par le suffrage le pouvoir soit aux mains des individus, et que ceux-ci soient livrés aux seules suggestions de leur intérêt personnel, pour que le trouble et l'instabilité soient la condition ordinaire de l'existence de la société : les choix, les décisions de ces assemblées populaires, portent fréquemment l'empreinte de la déraison, sinon de la fureur.

Je viens de prendre Athènes pour exemple ; on m'objectera peut-être celui de Rome, où, avec un système politique qui repose sur l'élection pour le choix des grands dignitaires, le résultat a été fort différent. Rome nous offre, à l'inverse d'Athènes, le spectacle d'un peuple à traditions durables, dont la politique semble avoir été dirigée pendant des siècles par une volonté unique. Ses magistrats civils et militaires étaient cependant élus par le peuple, mais on se tromperait fort, si on croyait que ces élections donnaient l'expression des idées personnelles du plus grand nombre des électeurs, car les usages et les lois de Rome semblent avoir pour objet de gêner, sinon d'étouffer, toute manifestation des intérêts personnels des individus.

D'abord les usages : ils s'imposent à tous d'une manière absolue ; ils sont invariables ; jusqu'à la forme du vêtement, le plus incommode probablement de tous ceux que l'homme a jamais inventés pour se couvrir, et qui cependant se perpétue, sans modification de couleur ou de grandeur ou de disposition, pendant des siècles. Ces usages, *mos majorum*, sont pour le citoyen une obligation d'un caractère sacré. Si on ajoute qu'ils interviennent dans les moindres actes de la vie, que des superstitions bizarres servent de règle à chaque instant, on sera déjà fort porté, par ces premières considérations, à admettre que l'initiative des individus s'exerçait dans un domaine très restreint, que les volontés particulières, habituées à une si fréquente soumission, ne devaient avoir d'énergie que pour défendre la tradition. Une preuve manifeste de cet engourdissement des esprits, est l'absence presque totale de littérature, qui se prolonge pendant les siècles de la plus grande activité de ce peuple, jusqu'au moment où il entre en contact avec la Grèce.

Les institutions sont le reflet des mœurs, tous les actes gouvernementaux sont soumis à des formalités invariables ; par exemple, la convocation des assemblées du peuple est accompagnée par les pratiques les plus minutieuses de la religion. Selon la volonté exprimée par les prêtres et les augures, on fixe leur date, on les interrompt au besoin. C'est ainsi qu'à chaque instant, dans les actes de la vie publique comme dans ceux de la vie privée, le citoyen se sent dominé par une volonté étrangère à la sienne. C'est ici de la volonté des dieux qu'il s'agit ; mais si on considère que les principaux des prêtres, interprètes de cette volonté, sont par tradition immémoriale pris dans quelques familles privilégiées, on ne peut douter que les désirs de ces familles ne pèsent d'un grand poids dans les décisions des assemblées.

A l'influence des prêtres vient s'ajouter celle des patrons. Tout homme du peuple est le client de quelque patricien, qu'il accompagne au Forum, dont il y grossit le cortège, en échange des bénéfices qu'il peut tirer à l'occasion de la haute influence de son patron. Les lois reconnaissent tellement la force de ce lien, que si le client vient à mourir sans avoir testé ou sans laisser de postérité, le patron hérite de lui. Il faut bien croire que dans une societé où règnent de telles institutions, le vote de l'homme du peuple ne s'écartera guère de la direction donnée par le patricien, mais une précaution légale viendra encore diminuer la puissance de ce vote. Par le mode de votation, dit « des Centuries, » employé dans les principales occasions où le peuple est consulté, tous les prolétaires réunis de la cité n'auront qu'une voix sur 193. Ainsi, on consulte bien tous les citoyens sans exception, mais les votes sont classés de telle manière que celui du prolétaire ne vaut pas la millième partie de celui de tel ou tel riche patricien. Le principe est sauf : Tout citoyen vote ; mais c'est bien à peu près la même chose, sauf l'honneur, que s'il ne votait pas.

Ainsi à Rome l'élection par le peuple n'est pas la véritable source du pouvoir. Derrière cette multitude convoquée dans les comices et interrogée solennellement sur la conduite du gouvernement, il existe une petite élite qui, par l'influence religieuse, par le patronage, par la richesse, dispose en réalité des votes. Cette élite, tout le monde le sait, se résume dans le Sénat, institution oligarchique, héréditaire en fait, dont l'influence a perpetué la tradition et l'autorité chez les Romains, pendant les grands siècles de leur histoire. Ne nous étonnons donc pas si le résultat est si différent de celui que nous venons de voir en Grèce. Tandis que les chefs de la démocratie athénienne, les vrais élus de la population, sont d'obscurs personnages qu'elle couvre de son mépris et de ses sarcasmes, les chefs du peuple romain, imposés à ses votes, représentants traditionnels d'une aristocratie financière et héréditaire, restent toujours l'objet d'un respect religieux, ne cessent d'être pour lui des personnages d'un caractère sacré.

En résumé, pour ne parler que d'Athènes et de Rome, nous voyons dans la première de ces villes, une activité intellectuelle qui produit sans cesse des écrivains de toute sorte : les novateurs abondent ; des penseurs cherchent la sagesse, leur nom même de philosophes assigne ce but à leurs efforts. S'ils se combattent habituellement les uns les autres, ils s'accordent cependant sur un point, c'est que les efforts de l'homme doivent être faits en vue de lui-même : l'un lui conseillera la vertu, l'autre le plaisir sensuel, un autre la science, tous ne lui donneront leurs conseils qu'en vue de lui-même. L'examen des institutions politiques de ce peuple nous montre la législation d'accord avec les doctrines régnantes : comme principe, l'égalité des individus, en d'autres termes la souveraineté populaire, des électeurs égaux entre eux, agissant isolément, et, selon toute apparence, n'obéissant qu'à leurs intérêts et à leurs passions. Rien n'est héréditaire, aucun obstacle ne se rencontre dans les traditions politiques : il suffit que le peuple change d'avis, pour que, dans l'Assemblée populaire, toute loi gênante soit immédiatement rapportée. Le résultat de cette intervention constante des électeurs est une inconstance extrême, les résolutions les plus violentes, les changements d'avis les plus prompts, des magistrats ne siégeant que quelques mois, sans caractère et sans autorité, pour dénouement une conquête qui ne coûte presque pas d'effort au vainqueur.

A Rome au contraire, il n'y a point de philosophes, on ne demande pas la sagesse à la puissance du raisonnement, elle consiste simplement dans le respect de la tradition, *mos majorum*. Personne ne semble se poser la question de savoir si cette tradition est conforme ou non à la raison ; aussi le bonheur de l'individu, le premier but assigné aux efforts humains par la philosophie grecque, n'est point proposé à la jeunesse ; on lui prêche au contraire le mépris des jouissances, l'indifférence devant les souffrances et la mort. Dans la vie habituelle, l'individu est enserré par mille liens de religion et de hiérarchie sociale, il ne s'appartient pas ; des usages pour lesquels on lui a inculqué un religieux respect, interviennent dans toutes les circonstances de sa vie, qu'il soit au Forum ou à son foyer. Pour trouver un point d'appui en dehors des intérêts individuels, et empêcher à tout prix ceux-ci de prévaloir, le peuple entier s'assujettit à ne jamais sortir des traditions, fussent-elles bizarres jusqu'à l'absurdité et manifestement gênantes. Cette bizarrerie ne devait point échapper à tous les contemporains, autant que nous pouvons le croire; mais les sages voyaient sans doute dans la perpétuité d'un ensemble de traditions un bien plus grand avantage pour la nation, qu'ils ne voyaient d'inconvénients dans l'étrangeté ou l'incommodité de quelque pratique superstitieuse. Ces traditions ont pour interprètes religieusement écoutés, un petit nombre de familles, dont les prérogatives se transmettent héréditairement, et qui détiennent en fait presque toute la puissance publique.

Il serait donc contraire à la vérité de considérer le gouvernement de Rome comme reposant sur l'élection, et dirigé par le libre jugement de la majorité des citoyens. En fait, malgré la solennité et la fréquence des votes, l'hérédité et la richesse ont exercé une influence prépondérante, et il est, je crois, bien permis de leur attribuer plutôt qu'au suffrage, l'esprit de suite, la constance dans les vues, la ténacité, qui distinguent pendant plusieurs siècles le gouvernement du Sénat, et ont fait la grandeur de la république.

En définitive, comme on le voit par cette rapide comparaison, rien ne permet de supposer que l'intérêt personnel guidât mieux les citoyens de l'antiquité, qu'il ne guide les citoyens du dix-neuvième siècle.

CHAPITRE VIII.

L'intérêt personnel chez le fonctionnaire. — Catégories de fonctionnaires soumises à cette étude : Carrières obscures de bureaux (employés des finances). — Carrières brillantes, toutes grandes ouvertes aux intrigants (préfets). — Carrières à hautes espérances, avec avancement réglementé (militaires). — Le désir d'avancer existe dans toutes ces catégories, mais fort inégalement. Selon l'opinion commune, ce désir est louable, car l'ambition inspire le zèle pour le public et commande l'obéissance. — Ce n'est point la vérité : l'ambition intelligente n'est nullement zélée pour le public; l'obéissance qu'elle inspire est servile et funeste, surtout dans une démocratie : elle ne produit que des flatteurs.

On a cherché dans les chapitres précédents, à déterminer les effets du principe égoïste sur certaines parties de la société. Le plus puissant des pouvoirs publics étant le groupe des électeurs, il était juste de commencer par lui. De là j'ai dû passer aux représentants choisis par l'électeur, car si celui-ci est le premier des pouvoirs publics, son mandataire vient immédiatement ensuite : nous avons pris pour type de ce mandataire le député, et étudié sur lui l'effet du principe égoïste. Il reste un troisième ordre de personnes qui participent au gouvernement de la société; leur pouvoir dérive sans doute de l'électeur, comme celui du député, mais c'est de plus loin. La condition des fonctionnaires, car c'est d'eux que je veux parler, leur permet souvent vis-à-vis de l'électeur une certaine indépendance. S'ils descendent plus ou moins directement du suffrage universel, on peut dire que l'ancêtre est un peu oublié, et le respect filial très affaibli. Cette catégorie de personnes mérite donc une étude particulière.

Commençons par nous demander ce que nous entendons par le mot « fonctionnaire ; » nous pourrons examiner ensuite si le principe égoïste agit sur les fonctionnaires, s'il agit semblablement sur tous, enfin si son action est à l'avantage ou au préjudice de la société.

Qu'est-ce que le fonctionnaire? Si ce mot voulait dire, selon l'étymologie, tout homme ayant une fonction dans la société, on pourrait y comprendre l'électeur lui-même, qui a la fonction d'élire les députés, et on ne voit pas bien qui ne serait pas fonctionnaire, à un titre ou à un autre; mais je prendrai ce mot dans une acception plus restreinte, et il signifiera seulement ici, ceux qui rendent à la société des services rétribués par l'État, les magistrats par exemple, les ingénieurs, les professeurs de l'Université, les militaires, et, au premier chef, les administrateurs proprement dits, ministres, préfets, etc. J'exclus le clergé, dont le traitement n'est point un salaire, mais la représentation du revenu des biens pris par l'État il y a quatre-vingt-dix ans. Le prêtre n'est pas plus un fonctionnaire, en raison de son traitement inscrit au budget, que tel ou tel rentier ne l'est, en raison de ses rentes prélevées sur ce même budget. Je n'y comprendrai point non plus les personnages élus qui reçoivent une indemnité, quoiqu'une indemnité annuelle ressemble singulièrement à un traitement; mais je les exclus des observations qui vont suivre, d'abord parce que j'ai déjà parlé d'eux, ensuite parce que, dans le langage habituel, ils ne sont pas compris sous la désignation de fonctionnaires.

Ces réserves faites, le groupe d'hommes, auxquels il faudra toujours conserver la qualification de fonctionnaires, ne sera pas moins un véritable peuple; on y pourrait considérer d'innom-

brables tribus. Je me bornerai à envisager certaines catégories,
de mœurs très différentes, et qui me semblent devoir fournir une
réponse aux questions posées dans ce travail.

On voit dans une foule de bureaux des gens tranquilles, dont
chaque journée est remplie par la succession la plus régulière
d'événements. Nul souci, nulle inquiétude ne paraît les atteindre quand ils sont devant leur table. Aucun des événements qui
bouleversent le monde ne les trouble assez pour les empêcher
de compulser des dossiers, d'épingler des pièces, de transmettre
des notes.

Observez ailleurs les administrateurs des départements et
des arrondissements ; ils ont au contraire la vie la plus agitée.
Sans cesse en wagon, à la poursuite d'une décision gouvernementale, ils peuvent être vus chez tous les personnages influents.
Leurs emplois varient sans cesse, et les changements de gouver-
ment, si rapprochés qu'ils soient, modifient presque toujours
leurs sentiments. Si je ne craignais de manquer de respect à
l'humanité en cherchant un point de comparaison dans les animaux, je dirais que les premiers fonctionnaires dont j'ai parlé
ressemblent à ces utiles herbivores, regardant toujours à terre,
pacifiques, soumis, et rendant les plus constants services. Les
seconds seraient les carnivores, toujours en quête d'une proie,
vifs, intelligents, courageux, mais travaillant pour eux-mêmes
beaucoup plus souvent que pour nous, aussi souvent des ennemis que des alliés.

Les fonctionnaires dont j'ai parlé d'abord, calmes et peut-être
routiniers, sont des fonctionnaires de métier ; les autres sont,
pour la plupart, des fonctionnaires d'occasion ; hier ils étaient
publicistes sans lecteurs, avocats sans clients ; leur zèle politique en a fait ce qu'ils sont aujourd'hui : des préfets avec des ad-
ministrés. Personne ne conteste qu'ils manquent d'expérience
administrative, et qu'ils n'en acquièrent guère par leur passage
dans les fonctions publiques. Dans un gouvernement bien or-

donné, selon les idées communes à tous les partis politiques, de semblables fonctionnaires n'existeraient pas, toutes les places seraient occupées par des gens connaissant leur métier. Néanmoins, dans tous les temps, il faut le reconnaître, on a vu de ces personnages remuants, mais comme ils réussissent surtout à se glisser dans les emplois au moment des changements de politique, notre époque leur est singulièrement favorable : ils sont fort nombreux aujourd'hui, et ils méritent que nous nous occupions d'eux.

Une troisième catégorie de fonctionnaires doit attirer notre attention, ce sont ceux dont la carrière offre la perspective de grands honneurs. Il n'en est pas ainsi de toutes les carrières : sans doute un employé de préfecture peut devenir préfet, mais il serait absurde à lui d'espérer que le cours naturel des choses le porte à cette haute fonction, et personne ne lui en a parlé ; à plus forte raison, l'homme qui demande à entrer dans une préfecture pour être garçon de bureau, ne prétend-il pas devenir, par avancements successifs, ministre de l'intérieur. L'armée, au contraire nous offre un exemple de carrière où ni les lois ni les usages n'empêchent de s'élever du plus humble emploi jusqu'aux plus brillants : on s'engage parfaitement simple soldat, avec la certitude d'avoir le lendemain à balayer la cour et autre chose, pour l'espérance d'arriver plus tard général en chef. Dans l'état militaire, tous les règlements semblent conçus en vue d'encourager le désir de l'avancement, et l'on va jusqu'à dire, sans rire, au plus lourdaud des paysans arrivant de son hameau, qu'on lui donne dans sa giberne le bâton de maréchal de France.

Il est vraisemblable que là où l'ambition est ainsi reconnue légitime et encouragée, elle doit être fréquente ; l'intérêt personnel, surexcité par les institutions mêmes, doit agir puissamment, et nous devons y trouver un sujet d'observations qui mérite notre étude : l'armée est, de toutes les carrières, celle qui offre le plus nettement ce caractère.

Voilà donc trois catégories : les hommes de bureau, les parvenus de la politique, les militaires ; n'allons pas plus loin dans nos distinctions, et voyons d'abord si l'intérêt personnel a prise sur eux et de quelle manière, nous chercherons ensuite s'il les pousse au profit ou au détriment du public.

Existe-t-il des fonctionnaires sur lesquels l'intérêt personnel n'ait point de prise ? Tout fonctionnaire est homme, et comme tel désire le bien-être et les satisfactions matérielles qui s'obtiennent par l'argent ; mais comme sa richesse dépend en grande partie de sa position dans la hiérarchie, les désirs divers qu'il éprouve se résument en un seul, celui d'avancer ; le principe égoïste a pour forme l'ambition.

Cette ardeur pour conquérir une place plus haute, se rencontre-t-elle avec la même intensité dans les catégories diverses de fonctionnaires dont je viens de parler ? Assurément non. Celui qui dès le collège a choisi une obscure carrière, sur l'avis de ses parents, et qui, enfant soumis, est entré ainsi à dix-huit ans dans un bureau, où il doit passer, entre le poêle et le casier, les plus belles années de sa jeunesse, celui-là est d'ordinaire le contraire de l'ambitieux. Il cherche une existence où il puisse vivre honorablement, sans souci du lendemain. Ses appointements sont médiocres, mais ils lui sont assurés mois par mois, et c'est à cette régularité qu'il attache le plus de prix. Il lui sera facile de se marier, de s'établir, comme on dit dans le langage du jour, car les Français, au moins les beaux-pères, ne sont pas aventureux, et un commerce, une industrie où l'on peut s'enrichir, mais où l'on peut se ruiner, ne valent pas à leurs yeux une place, même fort peu rétribuée, dont le titulaire peut s'endormir chaque soir sans préoccupation de l'avenir.

S'il faut un exemple, je dirai que la grande majorité des employés de l'administration des finances, tels qu'on les a connus il y a quelques années, me paraît appartenir à cette catégorie. Peu de percepteurs, je pense, parmi ceux qui sont entrés dans la hiérarchie par le premier degré, et qui ont consenti à vingt ans à faire obscurément le métier de surnuméraire, avant d'obtenir un poste de cinquième classe dans un bourg perdu, peu d'entre eux, dis-je, portent les yeux jusqu'au sommet de l'échelle avec l'espoir d'y atteindre. Ce ne sont point eux qui voient, dans leurs rêves, les portes du ministère s'ouvrir pour les recevoir, et un huissier leur présenter respectueusement le légendaire portefeuille en maroquin rouge. Leur ambition est de s'élever de quelques classes dans leur vie entière, et ils sont résignés à attendre chacune de ces classes pendant des années. Sans doute, au moment de l'élévation à la classe supérieure, le calme de l'intérieur est quelque peu troublé, le ménage est en fermentation, on attend avec impatience cette quatrième classe, objet de l'ambition de dix années : on a écrit au député et au sénateur, on a mis des gants glacés pour faire quelques visites aux fonctionnaires du chef-lieu, mais, en somme, ces modestes intrigues, où la gaucherie trahit l'innocence, tiennent peu de place dans l'existence du fonctionnaire, envisagée dans son entier. La vie de tels hommes n'est pas remplie par des espérances creuses, mais par un travail, sinon très ardu, au moins très constant; et si nul état ne donne une satisfaction assez complète pour exclure toute ambition, je crois cependant, en résumé, que l'on trouverait parmi les fonctionnaires dont je parle un nombre très grand, plus grand peut-être que dans toute autre position sociale, d'hommes ayant peu de désirs.

Mais si je passe aux fonctionnaires d'occasion, le spectacle devient tout différent. Ceux-ci, entrés d'emblée dans une carrière, ont tout lieu de craindre qu'un autre ne parvienne à entrer de même, en prenant leur place. Ils ont dû l'emporter d'assaut, ils ont maintenant à combattre sans relâche pour s'y maintenir. Jamais leurs occupations professionnelles n'absorberont toute leur attention, leurs oreilles ne seront disposées à écouter que les bruits venant de Paris ou du chef-lieu du département. Ne serait-ce pas le moment d'y courir, pour faire une démarche décisive et solliciter un poste plus élevé ? Ne faut-il pas arriver le premier, pour l'enlever le jour même où il va être vacant ? Nul horizon de grandeurs n'est assez vaste, pour que leur regard n'en atteigne la limite. N'est-ce point, en effet, parmi eux qu'on est venu prendre tant de préfets, tant de députés, tant de ministres ? Ne peut-on monter plus haut encore ? Chez ces hommes, le désir est toujours allumé, la préoccupation de l'intérêt personnel toujours agissante.

La troisième catégorie dont j'ai parlé, et dont l'état militaire pourrait offrir un type, comprend des hommes dont l'existence normale se passe en une sorte de voyage à travers de nombreux grades de plus en plus élevés. Que ces hommes soient constamment sollicités par leur désir d'avancer, c'est à quoi il faut s'attendre : je n'ai pas à insister sur la place que tient cette préoccupation dans les pensées habituelles des officiers ; mais il serait fort injuste de leur reprocher l'ambition, comme on a le droit de la reprocher aux parvenus de la politique dont nous parlions tout à l'heure ; dans la profession militaire, l'ambition fait pour ainsi dire partie des qualités de l'emploi, elle est réglementaire, les institutions mêmes, à tort ou à raison, la rendent légitime. Quand par des concours, des examens, des inspections, on stimule sans cesse l'amour-propre de l'aspirant ou du fonctionnaire, qu'on l'exerce à la lutte, il faut bien s'attendre à voir s'éveiller en lui l'ambition ; ne nous étonnons donc pas de la rencontrer fréquemment dans l'armée.

Nous venons de passer rapidement en revue certaines catégories de fonctionnaires, et d'indiquer l'influence des lois ou des usages politiques sur l'ardeur de leur ambition. Cette influence ne paraît guère contestable ; mais si, au lieu d'envisager les institutions qui agissent sur les fonctionnaires dans leur carrière, on examine les institutions auxquelles ils ont dû se soumettre pour y entrer, on trouvera que ces dernières ont aussi une très grande influence, trop peu remarquée peut-être. Je me propose donc d'insister sur ce dernier point, pour mettre en lumière, s'il se peut, ce que le public, à mon avis, laisse trop volontiers dans l'ombre.

On paraît croire que les institutions qui réglementent l'accès aux diverses carrières, suffrage populaire, examens d'admission, concours publics, ont pour unique résultat de faire prévaloir les meilleurs parmi les candidats en présence ; mais elles ont un premier effet, celui de faire naître les candidatures entre lesquelles la sélection s'effectuera. Un exemple emprunté à la carrière politique, dont l'accès est ouvert par le suffrage populaire, va le montrer clairement.

Je parle du suffrage populaire : on ne le trouve pas encore, il est vrai, à l'entrée des fonctions administratives, mais comme un parti, chaque jour plus puissant parmi nous, le réclame pour la nomination à divers emplois, il est permis de chercher, dès maintenant, à juger par les élections actuelles, des résultats probables de cette réforme. Or, un des résultats inévitables de toutes les institutions électorales, facile d'ailleurs à constater chez nous, est de détacher de la foule un groupe de personnes extrêmement peu nombreux, dont le caractère s'adapte aux institutions et aux mœurs électorales, et hors duquel le suffrage ne peut se porter. C'est là ce qui n'attire pas assez l'attention. Dans un arrondissement de vingt mille électeurs appelés à choisir un député, quatre ou cinq candidats au plus, représentent toutes les opinions qui se disputent la victoire. Il y a donc au moment du vote une première sélection déjà effectuée, et par laquelle dix-neuf mille neuf cent quatre-vingt-quinze éligibles ont été écartés. Cette première sélection est de grande conséquence, car il peut parfaitement se faire que ses défauts ne puissent aucunement être réparés par l'élection proprement dite. Je suis, quant à moi, fort porté à croire que ce premier choix est celui dont l'influence est la plus grande sur la valeur propre de l'assemblée élue ; les circonstances dans lesquelles il s'effectue déterminent, non pas les opinions, mais le caractère des élus.

Nous avons vu en 1871, une Assemblée nommée sans que le vote pût être précédé d'une lutte : aussi un grand nombre de députés ont été pris parmi des personnes qui n'auraient jamais pu, non seulement être des élus, mais même être des candidats, sous un régime de lutte publique électorale. Je ne fais aucune allusion, bien entendu, à leurs opinions politiques, car ceux dont je parle appartenaient à des opinions fort diverses ; je dis seulement que leur caractère suffisait à les exclure de la liste des candidats. J'en ai connu beaucoup, hommes de bon sens et de bon conseil, comme il serait à souhaiter qu'il y en eût un grand nombre dans les assemblées du pays, ne faisant aucun bruit, mais soucieux de leurs devoirs, absolument désintéressés et non moins indépendants. Ces députés étaient, par plusieurs de leurs bonnes qualités mêmes, inaptes à entrer dans l'arène électorale telle qu'elle est en temps ordinaire. Ils ont disparu avec l'Assemblée Nationale de la scène politique, et d'autres hommes ont été candidats pour représenter la même opinion. Un candidat n'est donc pas seulement l'homme d'une opinion libérale ou antilibérale, il est l'homme d'un métier, du métier de candidat, et il peut parfaitement se faire qu'un très petit nombre de personnes puissent remplir cette seconde condition ; d'où l'exclusion de toutes celles dont le caractère ne se prête pas à ce genre d'épreuves, quelles que soient d'ailleurs leurs opinions et leur nombre dans la société.

Si le suffrage était appelé à nommer des administrateurs, un résultat semblable se produirait évidemment. Les concours d'admission, en général, ne sont pas exempts de cet inconvénient et donnent lieu de faire des réflexions analogues.

On en a établi, il y a quelques années, pour donner accès dans la magistrature. J'ai beaucoup entendu parler, pendant que j'étais député, de perfectionner et de généraliser l'institution. Je ne sais si les candidats répondent ou répondront à ce que l'on attend d'eux, et je laisse volontiers prononcer ceux qui sont bien placés pour faire une comparaison. Mais il ne faudrait pas que la vue des avantages présents obtenus, s'il est de tels avantages, fît fermer les yeux sur certains inconvénients plus lointains. Les concours avec des épreuves difficiles, n'élimineront pas seulement ceux qui ne peuvent pas, ils écarteront aussi ceux qui ne veulent pas, et si cette répugnance pour la lutte peut être souvent attribuée à la paresse, elle peut cependant aussi bien provenir d'une certaine modestie, de l'absence de désirs, des qualités, en un mot, propres aux caractères pacifiques et philosophes. S'il est très contestable que les concours amènent aux premières places les plus grandes intelligences, il est absolument incontestable qu'ils font appel à l'ambition : une noble ambition! je le veux bien, mais l'absence d'ambition n'aurait-elle point son mérite et son utilité pour certains emplois dans la société?

D'après ce qui précède, on peut s'en prendre aux institutions, si les fonctionnaires de certains états sont pour la plupart des ambitieux. En général, plus elles restreignent l'importance des conditions difficiles ou impossibles à acquérir par des efforts personnels, fortune, éducation, position de famille, ancienneté, plus augmentent les désirs d'avancement parmi les fonctionnaires. S'il en est ainsi, les états aristocratiques ou ceux dont les charges sont vénales, doivent compter un beaucoup plus grand nombre de fonctionnaires peu ambitieux. Notre histoire est, ce me semble, d'accord avec cette théorie : je ne veux faire aucune comparaison des mérites de l'ancienne magistrature française à charges vénales, et de la magistrature contemporaine, on peut dire cependant sans crainte de démenti, que les magistrats actuels ont beaucoup plus le désir de l'avancement que ne l'avaient la plupart de leurs prédécesseurs.

En résumé, les fonctionnaires ont des désirs et des convoitises

comme tous les autres hommes, beaucoup plus en certaines catégories qu'en d'autres, mais chez tous l'objet principal du désir est
l'avancement. Il nous reste à voir l'effet de ce désir sur la société.

Si on s'en rapporte à certains économistes, l'égoïsme, ou pour
cacher ce vilain mot sous un certain euphémisme, le principe
égoïste inspire à l'homme des actes dont la société entière bénéficie ; en d'autres termes, l'intérêt particulier s'accorde avec
l'intérêt général. Cette doctrine a le mérite incontestable d'être
très consolante ; a-t-elle celui d'être juste en ce qui regarde les
fonctionnaires ? leur intérêt est-il généralement le même que
celui du public ?

Si les désirs du fonctionnaire se résument dans celui d'avancer, nous pourrons transformer un peu notre question, et nous
demander si les fonctionnaires qui désirent vivement avancer,
sont ceux qui rendent à la société les plus grands services.

Il faut croire que telle est l'opinion admise par nos contemporains, car dans toutes les carrières publiques, on paraît encourager les désirs de ceux qui aspirent à s'élever ; on cherche
à mettre à profit leur ambition, comme avec les écoliers on met
à profit l'émulation. Le raisonnement sur lequel s'appuie ce système est très naturel : « Quand les agents du gouvernement,
« dit-on, désireront vivement des faveurs, ils feront des efforts
« pour les mériter ; ils travailleront avec persévérance, tâcheront
« de faire briller leur intelligence dans la solution des difficultés
« qui se présenteront, ils rempliront enfin leur devoir profes-
« sionnel avec un zèle animé par l'espoir d'une juste récom-
« pense. »

Dans nos institutions militaires, par exemple, tout est conçu
dans cet esprit : les plus hautes récompenses miroitent devant les yeux du plus humble soldat ; bientôt, dit-on, des concours et des examens décideront seuls de l'avancement. Un
système tout opposé consisterait à augmenter l'importance de
l'ancienneté, à séparer, comme en Allemagne la carrière du sous-

officier de celle de l'officier, mais nos tendances actuelles sont dans un sens absolument contraire.

Quant au gouvernement, il est instinctivement dans cette question du côté de l'opinion publique. Dans tous les temps, les chefs de l'État, fût-il monarchique ou républicain, ont employé tous leurs efforts à faire prévaloir l'opinion même que nos mœurs aujourd'hui ont admise sans résistance. Toujours le gouvernement a trouvé excellent que les fonctionnaires eussent beaucoup à désirer et à attendre de lui. Ce n'est pas seulement par la raison qui frappe le public, parce que ce désir exciterait leur zèle pour le bien général, c'est parce qu'il rend leur soumission plus constante et leur obéissance plus exacte. Un chef qui voit ses inférieurs, les yeux fixés sur lui, attendre leur récompense de ses faveurs, croit pouvoir exiger d'eux bien plus d'efforts que s'ils ne désiraient rien.

Ainsi chez l'ambitieux on espère trouver plus de zèle et plus d'obéissance : c'est un double avantage. Retournons maintenant la médaille.

L'ambitieux croira-t-il toujours, que se dévouer à la chose publique soit travailler pour lui-même ? Il aurait raison de le croire, si ses chefs avaient eux-mêmes pour seul souci celui du bien général, si, de plus, ils connaissaient parfaitement les faits et gestes de leurs subordonnés, mais ces deux conditions sont d'une réalisation douteuse, on le sait parfaitement ; aussi les habiles gens qui veulent parvenir, laissent les naïfs se consacrer tout entiers à la chose publique ; ils les encouragent même au besoin, mais pour eux ils prennent des moyens beaucoup plus sûrs ; l'expérience de chaque jour nous le montre ; l'homme l'intelligent veut avant tout ne pas se laisser oublier, et il sait que les absents sont facilement oubliés. Dans l'administration proprement dite, les sous-préfets qui désirent le plus avancer résident très peu dans leur sous-préfecture ; il est de notoriété publique qu'ils ont raison, à leur point de vue, d'agir ainsi ; l'officier de marine sait fort bien que les campagnes les mieux récompensées se font souvent dans les eaux de la rue Royale ; le militaire n'ignore pas davantage l'utilité des relations avec les généraux, et le peu de gré qu'on lui saura pour un service de semaine accompli avec un scrupule extrême.

Trop souvent même, le fonctionnaire ne peut que perdre à prendre trop chaudement les intérêts de la chose publique. J'ai vu un préfet excellent, mais trop bien intentionné, refuser au Conseil général d'appuyer un projet de chemin de fer, où les intérêts électoraux des conseillers étaient beaucoup plus engagés que l'intérêt du département ; ses amis lui disaient en vain : Ne contrariez pas tels et tels ; ils sont puissants, ils vous en voudront. — Mais répondait-il, je suis persuadé qu'ils ont tort, et ce n'est pas de moi qu'il s'agit, c'est du pays. — Il arriva ce qui devait arriver : naturellement le « pays » ne s'occupa point du préfet, mais les conseillers généraux, qui l'avaient trouvé trop indocile, ne manquèrent pas de l'attaquer, de le représenter à Paris comme un homme mal vu, impopulaire, nuisible à la bonne cause, et ils le firent renvoyer pour le remplacer par un administrateur plus complaisant. Moins soucieux du public, il n'eût pas encouru cette disgrâce : il n'avait qu'à fermer les yeux et négliger les intérêts confiés à son administration.

Le désir de réussir dans sa carrière n'est donc pas, chez le fonctionnaire, une garantie de son zèle professionnel. C'est regrettable, j'en conviens, car ce serait très commode pour les chefs d'un État d'avoir à leur disposition un levier si puissant pour agir sur les hommes et leur faire accomplir leurs devoirs, — au moins leurs devoirs professionnels. — Ce serait très commode de n'avoir pas à exiger d'eux la vertu, chose extrêmement difficile à rencontrer, et que tous les hommes d'État du monde se sentent incapables de faire naître chez leurs agents. Aussi voudrait-on la remplacer par quelque chose de plus « pratique. » Nos politiques comprennent tous les avantages qu'aurait une pareille découverte, et, encouragés sans doute dans leurs recherches par toutes les découvertes du siècle, ils travaillent constamment pour trouver la solution de ce problème : réaliser le bien dans la société sans demander aux hommes la vertu. On veut que l'ordre et la justice naissent de l'ingéniosité de certaines constitutions, qu'ils résultent de certaines combinaisons de lois, de moyens, en un mot, étrangers sinon contraires à la vertu, et par suite très pratiques. Ainsi ont pris cours ces nombreux aphorismes : « La société a moins besoin de grands caractères que « d'hommes faisant bien leur métier... » « On doit faire soigneu- « sement la distinction de l'homme privé et de l'homme public... » « ... Il est absurde de scruter la vie privée du fonctionnaire... on « ne doit exiger de lui que le strict accomplissement de ses de- « voirs professionnels... » — Parmi tous les moyens qui peuvent se présenter à l'esprit pour remplacer la vertu et la conscience, le plus facile à mettre en œuvre est l'espoir de la récompense : ce moyen sera efficace, à la seule condition que les fonctionnaires aient un vif désir de s'élever; or, on n'éprouve guère de peine à éveiller ce désir dans leur cœur quand il y sommeille, aussi s'adresse-t-on à ce sentiment dans toutes les carrières. On s'expose malheureusement par là à bien des mécomptes, et je reste persuadé, peut-être avec les idées d'un autre temps, que la garantie des vertus de l'homme privé est encore la meilleure garantie des qualités de l'homme public.

Je ne me rappelle pas sans regret, avoir raisonné moi-même, j'en fais l'aveu, comme je me plains d'entendre raisonner aujourd'hui. En août 1870, je venais de rejoindre l'armée, que le désastre de Reischoffen avait mise dans un effroyable désordre; elle se repliait en toute hâte sur le camp de Châlons. Dans le trajet par chemin de fer de Neufchâteau à Châlons, le bruit se répandit, vers onze heures du soir, que des uhlans venaient de couper la voie près de cette dernière ville. On s'arrêta immédiatement; pendant toute la nuit, les télégrammes confus reçus par l'état-major, la crainte d'être devancé par l'ennemi, donnèrent lieu aux ordres les plus contradictoires : tantôt on dirigeait les trains vers le Nord, tantôt, sur une nouvelle dépêche, on les faisait rétrograder vers le Sud. Des files interminables de wagons roulaient lentement dans tous les sens, et les soldats qui y étaient entassés les uns sur les autres, exaspérés de ces ordres et contre-ordres, incriminaient hautement leurs chefs. Au milieu des incertitudes de cette triste nuit, la nouvelle nous parvint que le maréchal Bazaine venait d'être nommé commandant supérieur des diverses armées. Je crois entendre encore les phrases qui étaient sur toutes les lèvres : « C'est bien heureux ! voilà l'homme « de la situation ! Nul revers ne diminue son prestige, et d'ail- « leurs partout il a fait ses preuves pour la bravoure et l'intel- « ligence !... Il y a bien, ajoutait-on, du louche dans sa conduite « au Mexique, mais bah ! que nous importe ici ! Il ne s'agit pas « du prix Monthyon, son honnêteté nous est bien indifférente, « et nous profiterons de sa valeur incontestable comme mili- « taire... » Voilà ce que tous les officiers se disaient, sans trou- ver de contradiction ; le dénouement de cette funeste campagne a pu apprendre que les qualités professionnelles ne devaient jamais être estimées à part des qualités morales. En effet, qu'est-ce qui a caractérisé la conduite de Bazaine ? L'absence de vertu. L'imagination populaire a voulu faire de lui un traître de mélodrame, vendant son pays dans l'ombre pour quelques milliers d'écus, un monstre de perfidie ; ce n'est point là la réalité. Jamais, dans ma conviction, il n'a commis à Metz, de parti délibéré, un grand acte de trahison, mais il a obéi tous les jours à l'inspiration de je ne sais quelle ambition personnelle malsaine : l'intérêt personnel parlant seul, lui a dicté une conduite incertaine et honteuse ; par là, 150,000 braves soldats que la France lui avait confiés ont été désarmés, et elle a vu un désastre dont il n'existe pas d'analogue dans son histoire.

Dans tous les siècles, on voit les peuples frappés de grandes calamités nées de l'ambition de quelques hommes. Ce n'est pas généralement que ces hommes aient cherché le mal pour le mal, il a suffi qu'ils ne cherchassent pas le bien pour le bien. Quand on étudie le passé, on n'y trouve point de nation, point d'époque, à ma connaissance, où les ambitieux aient cru trouver leur profit à se dévouer corps et âme à l'intérêt public; et quand on porte les regards sur notre temps, on les voit oublier cet intérêt d'autant plus qu'ils sont plus ambitieux, se borner pour le devoir au strict nécessaire, et j'ajoute : s'en trouver, la plupart du temps, très bien.

Que si, laissant de côté les César et les Bazaine, j'entre dans l'examen des actes divers demandés aux fonctionnaires de moins haute volée, je n'arrive pas à des conclusions différentes sur le mérite social de l'ambition. Nous avons cité tout à l'heure quelques catégories de fonctionnaires, n'en sortons point. Trouve-t-on que les employés de bureau, dans leur carrière modeste et inspirant peu l'ambition, soient moins que d'autres fonctionnaires, attachés à leurs devoirs professionnels? Ce sont au contraire des gens dont l'emploi paraît être souvent une des conditions mêmes de leur existence. On leur reproche parfois d'être routiniers; mais ce reproche, qui devrait être adressé plutôt à ceux dont ils sont les instruments, ne pourrait-il se changer en un éloge? Ils sont exposés à cette critique par leur attachement à la règle de leur état, et cet attachement prouve un véritable amour du devoir professionnel, quoique ce devoir, réduit souvent à des calculs arides, à des copies, à des vérifications, n'ait rien d'attachant en lui-même.

En tout cas, leur zèle pour le travail quotidien de leur métier est évidemment bien supérieur à celui des parvenus de la politique. Tout le monde sait que la principale préoccupation des fonctionnaires de cette dernière espèce, est de contenter les agents électoraux et les députés, que les affaires administratives proprement dites et le soin des intérêts du grand public, occupent une minime place dans leurs pensées. Je n'ai point à insister pour le montrer.

Quant aux militaires, le cas est plus embarrassant, car on trouve chez eux de très nombreux exemples d'un zèle professionnel poussé jusqu'au sacrifice de la vie, et on n'y trouve pas moins fréquemment une ardente ambition. Mais il est bien permis de nier que ces deux qualités soient absolument liées l'une à l'autre, et que le zèle dépende de l'ambition. En temps de guerre, l'ambition ne commande la bravoure que devant des témoins ; on peut supposer à bon droit que l'officier envoyé en reconnaissance regardera à deux fois, s'il pense uniquement à son propre intérêt, avant de s'approcher de l'ennemi assez près pour se faire tuer. En temps de paix, il y a cent exemples de vieux capitaines dont tout l'avenir est la retraite, et qui, jusqu'à la fin, sont attachés à leur compagnie comme ils le seraient à leur propre famille ; leur dévouement n'est certes pas inférieur à celui de jeunes capitaines espérant arriver aux grades les plus élevés. Pourquoi insister ? Ceux qui ont le sentiment de l'honneur militaire savent bien que l'héroïsme le plus pur et le plus vrai est de sa nature désintéressé. Pourrait-on, sans faire appel au désintéressement, demander le sacrifice de toutes les jouissances matérielles et fréquemment de la vie ?

Par d'autres considérations, nous jugerons l'ambition dans l'armée comme fort préjudiciable au pays. L'officier arrivé au sommet de la hiérarchie, n'a plus rien à attendre du cours naturel des choses. C'est le moment où son zèle peut être le plus profitable au bien général ; d'où lui viendra le zèle s'il n'en a eu, pendant sa vie entière, que par ambition ? Puis cette ambition ne s'éteint point par cela seul que l'État n'a rien à lui offrir ; quel sera son aliment ? Peut-être la verra-t-on se tourner vers la politique, au grand détriment et de l'armée et du gouvernement. Les qualités morales encouragées dans les grades inférieurs, doivent nécessairement se retrouver un jour dans les plus hauts emplois. S'il est à craindre que dans ces hauts emplois l'ambition des titulaires ne s'exerce point au profit du pays, il s'ensuit que ce sentiment est mauvais dans l'état militaire tout entier.

Résumons ce qui précède : le zèle de l'ambitieux ne sert pas au public, et l'intérêt personnel ne le rend pas plus dévoué aux devoirs de sa charge.

J'arrive au second avantage que l'on se propose d'obtenir en s'adressant à l'intérêt personnel des fonctionnaires : je veux parler de l'obéissance obtenue d'eux par ce moyen.

L'obéissance fortifie la hiérarchie, assure l'ordre, donc, pourrait-on conclure, le fonctionnaire qui a des désirs à satisfaire sert mieux qu'un autre l'intérêt général, puisque ces désirs le rendent plus obéissant.

Ces propositions renferment certaine vérité, mais elles ne sont pas toute la vérité. La dépendance peut suffire à faire naître l'obéissance, mais une obéissance de fort mauvais aloi et de peu d'utilité pour la société. Il y a là une distinction à faire, elle mérite sans doute qu'on s'y arrête un instant.

L'obéissance est en soi une vertu ; nous l'apprenons comme telle à nos enfants, et nous ne leur mentons point. Il en est ainsi quand elle a pour cause l'idée du devoir, la modestie, le sentiment chrétien, et alors ses effets sont excellents ; mais si elle est née de l'ambition, j'ai bien peur qu'elle ne tourne à une hypocrite servilité. L'expérience nous montre fréquemment cette dégénérescence. Depuis la bonne du petit rentier célibataire qui convoite le testament, jusqu'au courtisan chargé de dignités et de pensions qui en convoite de nouvelles, on a vu trop souvent la dépendance accompagnée de l'abaissement du caractère. Certainement les âmes bien trempées résistent à cette épreuve ; parmi les hommes que j'ai connus, et dont j'ai le plus estimé le caractère, je pourrais citer d'humbles domestiques, de l'âme la plus indépendante, du caractère le plus loyal et le plus franc. Le sentiment religieux avait élevé leur caractère ; les passions humaines, si elles avaient été seules, n'auraient pu que le ravaler.

Si l'obéissance procède de l'intérêt, au lieu de procéder du devoir, elle peut donc exercer une fâcheuse influence sur la dignité du caractère. Cet inconvénient est grandement augmenté par la multiplicité des maîtres. Pendant les derniers règnes de l'antique monarchie française, les grands seigneurs de la cour étaient assurément d'une déférence pour le roi, qui, s'étendant à ses favoris et à ses favorites, pourrait s'appeler d'un nom moins honnête. Mais dans le roi on voyait la dynastie, c'était un être immuable, la fidélité envers la personne royale ne paraissait pas changer d'objet à l'avènement d'un nouveau monarque ; elle durait autant que la vie du Français, les familles se la transmettaient de génération en génération. Ce sentiment, fortifié par la durée des temps, s'est tellement enraciné, qu'il a survécu dans une multitude de familles au dernier reste des faveurs qui l'avaient autrefois accompagné ; toute trace d'intérêt personnel y a disparu, et les partis politiques opposés se sont vus forcés d'en parler avec respect. Ainsi s'ennoblit l'obéissance, quand ceux qui la pratiquent n'ont jamais changé, pendant de longues suites d'années, l'objet de leur fidélité.

Dans certaines solennités agricoles, on donne des prix aux serviteurs restés très longtemps domestiques chez le même maître. Assurément le métier de domestique de ferme n'a rien en soi de relevé ; c'est bien souvent le métier de ceux qui ne pourraient en prendre aucun autre. Cependant, quand on proclame publiquement dans ces fêtes que tel domestique est resté quarante ans dans une même maison, personne ne peut se défendre de regarder avec respect ceux qui donnent de pareils exemples de constance et de fidélité.

L'obéissance des fonctionnaires comporte-t-elle aussi la constance et la fidélité ? Je connais bien la thèse actuelle : Les fonctionnaires sont les serviteurs de l'État, comme les grands étaient jadis les serviteurs du roi, l'État est immortel. Immense su-

périorité de notre siècle, proclame-t-ou, il a transformé le dévouement à un homme, « sentiment dégradant, » en un dévouement à l'intérêt public, « sentiment sublime. »

J'hésite à admirer ainsi sans réserve cette transformation.
Sans doute le dévouement à une idée, à une abstraction, est chose
plus noble, plus relevée, que le dévouement à une personne. Cela
se dit communément et avec raison, mais pourquoi? c'est qu'en
général la personne objet de ce dévouement le paye, ou est sus-
ceptible de le payer un jour, tandis que le dévouement à une idée
est supposé désintéressé. Mais aujourd'hui, quand on parle de
l'obéissance due à l'État, s'agit-il vraiment d'une conception
philosophique élevée, d'un dévouement ayant son principe dans
le for intérieur? Nullement! il s'agit d'un acte précis, commandé
par un supérieur hiérarchique, maître qui n'a rien d'idéal. C'est
Pierre ou Paul qui dit au fonctionnaire : Faites ce que je veux,
sinon je vous destitue; ce langage est tenu aujourd'hui par un
général, demain par un avocat, après-demain par un médecin ou
un commis voyageur, peut-être intelligents et bons, peut-être
sots et méchants, que le tourbillon politique aura fait flotter un
moment à la surface.

Comment, avec l'instabilité des principales charges de l'État,
les caractères pourraient-ils se maintenir fermes et dignes, dans
toute la hiérarchie gouvernementale? A chaque changement, on
frappe quelques fonctionnaires parmi ceux qui n'ont pas aidé
au succès de la faction triomphante; les moins souples sont
brisés : assurément il n'en doit guère rester de bien rigides qui
aient survécu aux nombreux changements dont nous avons été
les témoins. Ceux qui ont été épargnés, occupant pour la plupart
des emplois peu en vue, ont dû se courber dix fois pour mériter
de conserver le gagne-pain de leur famille. Que de fois ils ont dû
refouler leurs sentiments! combien ont dû prêter leur concours
à des actes qu'ils eussent volontiers désavoués!

Je n'ose vraiment faire un reproche à des fonctionnaires obscurs, sans responsabilité, qui ont pris une carrière pour y vivre tranquilles, et qui sont menacés d'expulsion, à un âge où peut-être il ne leur est plus possible de prendre un autre genre de vie : je n'ose, dis-je, leur faire un reproche de se soumettre pour ne pas condamner leurs enfants à la misère. Mais si je n'ose les condamner, je ne les exalterai assurément pas. On aura beau me dire qu'ils obéissent uniquement à « l'État, » je les plaindrai toujours d'être en si triste condition, qu'ils soient contraints de faire le sacrifice de leur dignité à des maîtres en chair et en os, trop faciles à connaître.

L'obéissance n'a donc pas dans un gouvernement démocratique et changeant, une vertu qu'elle n'aurait pas dans un gouvernement autoritaire et traditionnel ; bien au contraire, elle y devient plus facilement servile, parce que le maître est plus changeant.

Dans toute espèce de gouvernement l'obéissance servile est funeste : le fonctionnaire dont le langage est dicté par le désir de plaire à ses chefs, déguise constamment la vérité. Si dénué de responsabilité qu'on puisse le supposer, il est l'instrument au moyen duquel son supérieur hiérarchique cherche à connaître la vérité. Quand les fonctionnaires les plus subordonnés la cachent, jamais les hommes d'État ne la peuvent connaître, et tous les rouages de l'administration se faussent peu à peu. On a plaint quelquefois les rois d'être environnés de plats courtisans, mais un palais n'est pas nécessaire pour faire naître des flatteurs ; ils peuvent s'accommoder de l'atmosphère des bureaux comme de celle des palais ; leur travail de destruction accompli en mille endroits, au lieu d'être restreint à Versailles ou aux Tuileries, peut porter au pays une aussi dangereuse atteinte.

En résumé, si l'intérêt personnel pousse le fonctionnaire à faire valoir ses qualités et l'empêche d'être insubordonné, à côté de ces avantages il a des inconvénients beaucoup plus graves : il conseille généralement aux fonctionnaires de négliger l'intérêt public, il tend à les rendre serviles.

CHAPITRE IX.

L'intérêt personnel chez l'individu. — Son influence par l'individu sur la société. Mélange de bien et de mal.

Les chapitres précédents ont été consacrés à des personnages divers, remplissant tous des fonctions politiques : quand j'ai parlé des simples citoyens, je ne voyais en eux que des électeurs ; mais après avoir parlé des électeurs en fonction, après avoir parlé des députés leurs mandataires directs, puis des fonctionnaires, il reste à envisager cette foule immense de gens qui vont, viennent, s'occupent de la manière la plus diverse. Sans doute l'intérêt personnel anime une grande partie de cette foule que, de ma fenêtre, je vois marcher d'un pas précipité de l'aube jusqu'à la nuit, hommes, femmes, enfants, tous les âges et toutes les conditions.

Quelles que soient leurs affaires, quelles que soient leurs espérances, la société profite-t-elle de cette énergie individuelle, de cette hâte avec laquelle chacun poursuit son propre profit?

Ici je rentre sur le terrain spécial aux économistes. Admettrai-je avec eux que les hommes, classés en producteurs et consommateurs, agissent dans l'intérêt de tous, quand ils agissent dans leur intérêt personnel?

Il est vrai : qui veut acheter, cherche partout le meilleur produit et stimule ainsi le producteur ; d'un autre côté, qui veut vendre, cherche à perfectionner sa marchandise, pour en trouver plus facilement acheteur ; ainsi leurs efforts à l'un et à l'autre.

contribuent à améliorer la marchandise, et cette amélioration bénéficie au vendeur qui s'enrichit, et à la société entière qui en profite. Puisque ces efforts dérivent de l'intérêt personnel de l'acheteur et du vendeur, il est juste d'en rapporter le mérite au sentiment même de l'intérêt personnel.

C'est dans cet ordre de faits que l'économiste se rapproche le plus de la vérité, mais encore là, a-t-il tort de poser une règle absolue. Il ne voit pas, ou il ne veut pas voir, que l'intérêt personnel du fabricant réclame une seule chose : c'est un acheteur. Si cet acheteur vient à la boutique, persuadé de la bonté de la marchandise, l'intérêt du fabricant est absolument satisfait; il ne lui importe pas que ce résultat soit obtenu par l'excellence de sa fabrication, ou par les annonces des journaux. A cela le théoricien répond, que l'acheteur perd bientôt l'illusion faite par de fallacieuses promesses, et qu'il s'éloigne pour toujours des mauvais producteurs. — Ce n'est point là un argument commercial! Peu importe qu'on s'éloigne un jour, si d'ici là la fortune est faite. Or est-il contestable que, dans tous les temps, il y a eu des richesses acquises par des procédés d'une délicatesse douteuse? Certainement, il est bien des fortunes lentement édifiées par le travail, l'intelligence et la scrupuleuse honnêteté. Mais si jamais la statistique entreprenait de compter les mensonges, je ne sais si dans l'histoire de bien des fortunes elle n'en trouverait pas à noter, et si elle voulait ensuite mettre en présence les unes des autres, les fortunes absolument pures d'un côté, et celles qui ne le sont pas d'un autre, je suis persuadé que les exemples de fortunes rapidement acquises, les plus séduisants pour la foule, seraient surtout du côté le moins honnête.

On ne peut donc affirmer d'une manière absolue que l'intérêt du fabricant soit celui du public pour lequel il travaille. Être utile est de son intérêt, je l'accorde, mais tromper ne l'est pas moins.

D'ailleurs, quand même on pourrait prouver au vendeur qu'il

a intérêt, matériellement parlant, à ne pas tromper, — j'aurais bien de la peine à le prouver à un maquignon! — mais enfin, quand même par des raisonnements irréfutables, on arriverait à faire cette démonstration, il ne s'ensuivrait pas que le vendeur poussé par son intérêt, conformerait sa conduite à la démonstration, car l'intérêt immédiat pèse bien plus sur nos résolutions que l'intérêt éloigné. Quand il faut sacrifier un billet de mille francs qui est à la portée de la main, à une richesse plus grande peut-être, mais indéterminée et lointaine, combien d'hommes préfèrent le présent! De ce qu'ils renoncent à l'avenir, conclura-t-on que l'intérêt n'a point de prise sur eux? Ce serait contraire au bon sens, car l'expérience de tous les jours nous montre les hommes d'autant moins disposés à travailler pour le bien-être de leur vieillesse, qu'ils convoitent plus ardemment des jouissances matérielles. Ainsi tous les raisonnements du monde, fussent-ils irréfutables, — et ils ne le sont pas, — n'empêcheront pas des fabricants, s'ils écoutent uniquement la voix de l'intérêt, de chercher cet intérêt dans un gain immédiat, fût-ce aux dépens du public.

Je viens de parler des fabrications et des ventes, mais sont-ce là les seuls cas où l'intérêt personnel joue son rôle dans l'humanité? Pourquoi l'économiste passe-t-il généralement sous silence les autres manifestations de ce sentiment? Un ouvrier sort du cabaret, il rentre, en chantant et titubant, au logis où femme et enfants grelottent de froid et de misère. L'ivrognerie est un fléau pour la société, nous sommes à cet égard tous d'accord; où chercher la cause de ce fléau? Quel motif a poussé cet homme à se griser, sinon son amour pour sa propre personne, et la certitude, basée sur une longue expérience, qu'en buvant un certain nombre de verres, il éprouverait une douce et agréable jouissance. J'entends les économistes s'écrier : « Mais ce n'est pas là « l'intérêt personnel! c'est une ignoble et dégradante passion, « l'intérêt personnel ordonne tout au contraire la sobriété, ou

« du moins la tempérance... » — Les ivrognes raisonnent peu, mais s'ils raisonnaient, ils auraient un bien bon argument. — « Quand je suis ivre, dit l'ivrogne, je suis plus heureux qu'un « roi (vraiment c'est très possible !) Ne vaut-il pas mieux me « donner tous les jours un bonheur certain, que de me réserver « pour un avenir dont je ne suis pas sûr de pouvoir jouir ? » — Ce raisonnement me paraît irréfutable, et je tiens pour battus tous les économistes du monde, s'ils ne veulent faire appel qu'à l'intérêt matériel de l'individu.

Voilà pour la gourmandise, mais si nous parlions d'un autre péché capital, de la luxure par exemple, ne trouverions-nous pas qu'elle aussi naît chez l'homme d'un ardent désir des jouissances matérielles, en d'autres termes, qu'elle est fille du principe égoïste? Or personne ne contestera, je pense, que l'immoralité soit un fléau des sociétés à l'égal de l'ivrognerie.

En définitive, sans contester certains bons effets du principe égoïste sur les industriels et les acheteurs en général, il faut voir que de lui dérivent aussi toutes sortes de vices, et que ces vices, en avilissant les individus, détruisent peu à peu les sociétés où ils se répandent. Une société de gredins, fussent-ils d'une activité sans pareille pour rechercher leur intérêt individuel, serait au bout de fort peu de temps, dans un tel état de désorganisation, qu'elle se dissoudrait dans le désordre.

Je conclus : les efforts des individus ne concourent pas au bien de la société, s'ils ne sont inspirés par certains principes moraux, et l'intérêt personnel ne suffit pas.

Laissons là enfin l'intérêt personnel, et proposons-nous d'étudier l'influence des idées ; pour commencer nous parlerons au prochain chapitre de l'influence des idées religieuses.

TROISIÈME PARTIE.

LE SENTIMENT RELIGIEUX.

CHAPITRE PREMIER.

Influence, dans le passé, du sentiment religieux. — Existe-t-il encore? On ne peut en douter. Son influence diminue-t-elle? C'est très contestable.

Il est de mode aujourd'hui parmi certains hommes, surtout parmi ceux que le courant de notre temps a portés dans les fonctions publiques, de considérer la religion, quelle qu'elle soit, comme un accessoire dans la vie d'une société. Ils la regardent comme un vieux débris fait pour plaire aux esprits faibles, et pour lequel, en leur faveur, on peut consentir peut-être à quelques sacrifices, mais à la condition que ce ne soit pour l'État ni une dépense ni un embarras. Nous avons, depuis plusieurs années, le singulier spectacle d'assemblées successives, présumées représenter les idées de la France, et où le plus grand nombre, que je veux croire de bonne foi, est sur ce sujet d'une ignorance, d'un aveuglement vraiment extraordinaires. En vain l'histoire leur montre-t-elle, dans tous les temps, le sentiment religieux pénétrant toutes les institutions, donnant à chaque peuple non seulement un cachet d'originalité, mais le principal ressort de son énergie ; si on prétend appliquer cette observation à notre temps, ils haussent les épaules, « oui, répondent-ils, dans le Moyen âge
« ce pouvait être plus ou moins vrai, les peuples étaient plongés
« dans les ténèbres de l'ignorance ; mais la lumière versée par la
« science sur les générations modernes, leur permet de sortir de
« l'erreur : à cette clarté la religion s'évanouit... » Mais, pourrait-on leur dire, c'est vous qui, par vos fausses doctrines, faites les

ténèbres autour de vous ; ouvrez donc les yeux ! Si vous ne voulez pas vous rapporter à un passé très reculé, voyez le présent, considérez les hommes répandus sur la surface de la terre, groupés dans une infinité de nations ; le plus simple examen vous permet d'en faire deux parts : de ces nations les unes restent confinées sur leur territoire, sans progrès à l'intérieur, sans influence à l'extérieur, ce sont les nations orientales qui peuplent l'Asie, les peuples barbares de l'Afrique, les sauvages dans une multitude de régions ; de l'autre côté sont des nations qui deviennent de jour en jour plus industrieuses, dont les vaisseaux parcourent en maîtres la surface du globe entier, dont les explorateurs pénètrent chaque jour plus avant dans toutes les directions ; leur supériorité est telle qu'on a vu vingt à trente mille hommes de ces nations aller à 3,000 lieues de leur patrie attaquer un empire de 300 millions d'hommes, prendre sa capitale, la réduire à merci. Quel est le trait distinctif de ces nations si puissantes ? Est-ce un seul peuple, un peuple exceptionnel ? Nullement ! vous trouvez un grand nombre de nations dans les deux mondes, comme la France, l'Angleterre, la Hollande, les États-Unis et bien d'autres, qui, à nombre égal, se valent à peu près. Est-ce une supériorité renforcée par une longue tradition ? Pas davantage. Vous voyez, parmi ces nations maîtresses, d'antiques peuples comme ceux de l'Europe, et de jeunes nations comme celles du nouveau monde, nées d'hier. Est-ce la force des individus, la vigueur de leur race ? Au contraire ; dans ces nations les individus sont moins vigoureux en général. Je m'attends à ce qu'on me dise : Ces nations sont plus instruites ! — C'est le grand mot du jour, mais la question n'est que reculée ; pourquoi sont-elles plus instruites ? Est-ce parce qu'elles ont plus travaillé ? Je vois en contact en Asie, les Russes et les Chinois ; assurément ces derniers appartiennent à une nation où le travail intellectuel et matériel est bien plus en honneur que chez leurs voisins, et cependant leur infériorité est manifeste. Non ! un seul trait distingue les nations auxquelles appartient l'avenir et celles condamnées à s'éteindre ou à courber la tête : les premières sont chrétiennes, les autres ne le sont pas. Aucun phénomène parmi ceux sur lesquels se fondent les sciences dites positives, ne se présente avec plus de certitude. Nous affirmons que le soleil se lève tous les matins, parce que nous l'avons toujours vu se lever après la nuit ; notre certitude repose sur cette idée, que les phénomènes jusqu'ici constants se reproduiront dorénavant avec la même constance. Pourquoi raisonner différemment quand il s'agit de religion ? S'il est vrai que les idées religieuses ont été de tout temps l'esprit vital des nations, s'il est vrai que de nos jours elles mettent entre les peuples les distinctions les plus tranchées, comment penser qu'une action si universelle s'évanouira demain ? Dans quel ordre de sciences est-il permis de raisonner ainsi ?

La vérité, c'est que la religion a fait notre société, avec tout ce dont elle vit, avec ses traditions, ses idées et ses mœurs, et vainement ses ennemis la renient, ils ne le peuvent faire sans témoigner par leurs raisonnements mêmes, qu'ils lui appartiennent, comme l'enfant ne peut blasphémer sa mère sans user du langage appris sur ses genoux. J'entends dire que la science a définitivement condamné le christianisme, qu'on a sondé la nature dans les entrailles de la terre, comme dans les mystérieux organismes de l'animal et de la plante, que la vérité s'est enfin dévoilée ; c'est fort bien ! mais cet amour passionné de la vérité, cette ardeur pour connaître les lois de l'univers, qui en a jeté le principe au fond de votre âme ? Où la trouvez-vous, sinon chez les nations chrétiennes, avec cette ardeur de prosélytisme qui ne vous permet pas de voir de sang-froid à côté de vous un homme pensant différemment ? L'antiquité a eu des savants, autour desquels se sont pressés des disciples, mais après Socrate, nul n'a désiré boire la ciguë, et sa mort est restée un fait isolé. La Grèce, si passionnée d'ailleurs pour la philosophie, n'a jamais vu de missionnaires quitter Athènes ou Corinthe, après avoir fait à Minerve et Jupiter le sacrifice de leur existence, pour porter le culte de ces dieux aux peuples barbares de la Scythie. Nulle part je ne trouve trace de ce prosélytisme, de cette ardeur avec laquelle est soutenue chez nous toute doctrine, religieuse, irréligieuse ou extrareligieuse ; et dans notre siècle, voit-on les Hindous, les Chinois ou les Arabes, s'adonner aux sciences, se précipiter en Europe pour prendre leur part des découvertes scientifiques que nous avons faites ? Non ; mais en même temps, on n'en voit pas débarquer sur nos rivages pour nous prêcher par dévouement Brahma et Wichnou ; tandis que de la même ville de Paris, où le matérialisme trouve tant d'adeptes, partent sans cesse des missionnaires pour porter l'Évangile, la bonne nouvelle, au péril de leur vie, dans toutes les parties du monde. M. Paul Bert, l'un des maîtres les plus fameux de la nouvelle doctrine, a beau attaquer la religion chrétienne, c'est une société chrétienne qui l'a formé, il en portera l'empreinte indélébile quelles que soient ses affirmations, et s'il eût été élevé par un Brahme ou un Thaleb, il n'eût jamais pensé à disséquer des chiens, pour trouver dans leurs entrailles les mystères de la vie. Il n'eût pas eu surtout la passion de faire partager aux autres ses idées. Le prosélytisme par persuasion est essentiellement chrétien, et ceux mêmes, à côté de nous, qui traitent de fanatiques les prêtres propagateurs de l'Évangile parmi les nations sauvages et païennes, trouveraient très mauvais qu'on les empêchât eux-mêmes de travailler ici au triomphe de leurs doctrines personnelles, avec le dévouement en moins.

C'en est assez sur cette étrange prétention de certains savants contemporains, de refaire l'humanité selon l'image qu'ils ont vue dans leurs rêves. Le temps en fera justice comme il a fait de leurs devanciers ; leurs efforts n'empêcheront pas la religion d'être le fondement de notre civilisation.

Une opinion, il est vrai, répandue par certains prédicateurs, comme par les Paul Bert, semble gagner du terrain en France, c’est que la religion se perd et que son influence s’affaiblit. — On doit le reconnaître, nous n’avons plus sous les yeux le spectacle donné par les siècles de grande foi. Au moyen âge, la voix du christianisme était écoutée partout avec le même respect, et cependant les hommes à qui elle prêchait incessamment la charité, appartenaient à un monde brutal et déchiré par de continuelles violences. Alors, malgré l’ignorance de la foule, tous, du roi au dernier des mendiants, possédaient certaines idées précises sur les grands problèmes de l’humanité, et s’accordaient pour voir dans leurs croyances un patrimoine commun. La foi religieuse ne rencontrait pas d’ennemis dans l’Europe occidentale, aujourd’hui elle doit lutter. C’est vrai, le changement est incontestable, mais il importe de voir ce qui n’a pas changé.

La religion ne commande pas seulement des pratiques extérieures, mais aussi les vertus évangéliques, la charité par exemple et la régularité des mœurs ; il en a toujours été ainsi ; mais les hommes obéissant à la fois aux prescriptions de l’Église relativement au culte extérieur et à ses prescriptions morales, ont été fort rares en tous les temps. A cet égard, notre siècle ne diffère point des précédents, mais voici par où il diffère, c’est qu’on ne voit plus guère des hommes faisant litière de toute vertu , et ayant la prétention d’associer leur manière de vivre avec un respect absolu de la doctrine qui les condamne, comme avec les pratiques de son culte extérieur. Cette anomalie, si elle existe, est bien plus rare qu’autrefois ; alors au contraire, les pratiques extérieures étaient tellement consacrées par l’usage, que tous les citoyens, vertueux ou non, s’y soumettaient également. Un usurier, un escroc ou un spadassin, allait à la messe comme l’homme le plus pieux, jeûnait en carême et se signait en passant devant une croix, peut-être plus qu’un autre. Aujourd’hui, l’usage est différent : ceux qui rejettent les commandements moraux de l’Église se débarrassent habituellement d’abord des pratiques extérieures. Il reste sans doute encore des hypocrites, mais leur mensonge est sans profit, notre époque les déteste ; reconnus, ils sont conspués par l'opinion publique ; bien des vices, même publics, n'empêchent pas un homme d'être honorablement considéré dans le monde, s'ils ne sont pas dissimulés derrière un extérieur de dévotion, mais dans le cas contraire le mépris est universel.

Si on entend par religion, non pas seulement l'usage de certaines pratiques corporelles, mais l'observance de commandements relatifs à la loi morale comme au culte, on restreindra sans doute considérablement le nombre des hommes dignes d'être appelés « hommes religieux. » Mais ce nombre, très petit peut-être, le serait-il plus aujourd'hui qu'il ne l'eût été autrefois, et notre époque perdrait-elle à la comparaison, si on se plaçait à ce point de vue? C'est une élite, bien restreinte autrefois, qui a maintenu dans sa pureté la tradition chrétienne, quand autour d'elle tout tendait à la corrompre ; c'est chez les vrais chrétiens qu'il faut étudier le christianisme. Là brille la lumière dont le reste de la société nous donne seulement le reflet. Cette élite tient sa place dans la société actuelle, comme elle l'a tenue en d'autres siècles.

Nous sommes à une époque où le mot d' « élite » est mal vu. On préfère porter les regards vers « le plus grand nombre (1). » A lui s'adressent les faveurs de l'opinion publique, et cependant c'est toujours par la production d'une très petite élite qu'un peuple montre sa force. Parmi les milliards d'êtres humains qui ont bu et mangé sur la surface de la terre depuis deux siècles, en faudrait-il retrancher beaucoup, pour que toutes les sciences fussent restées où elles en étaient au dix-septième siècle? Supprimez par la pensée Pascal, Descartes, Newton, Leibnitz, Lavoisier, Watt, Ampère, quelques autres en bien petit nombre, une ou deux centaines si vous voulez, qu'aurait le dix-neuxième

____

(1) Cette expression paraît entrer définitivement dans le langage politique pour remplacer les mots de *foule* ou *multitude,* qui avaient pris un mauvais renom.

siècle de ces sciences, de cette industrie dont il est si orgueilleux?

De même c'est par le petit nombre, que les sentiments religieux se perpétuent dans un peuple, par les vertus austères de quelques individus, par le pieux dévouement de mères chrétiennes élevant leurs enfants dans le respect du Seigneur. Il n'est pas surprenant que cette influence soit méconnue, car rien de brillant ne signale aux historiens les obscurs efforts auxquels elle est due, ignorés même des contemporains.

Ce petit nombre, petit par essence, diminue-t-il encore de nos jours? Existe-t-il aujourd'hui moins de personnes animées de sentiments véritablement religieux qu'il y a cent ans, par exemple? Voilà ce dont il faudrait être assuré, pour pouvoir affirmer qu'il y a de notre temps moins de religion qu'autrefois. Pour moi, je l'ignore, mais je suis porté à douter de la décadence annoncée par certaines personnes.

Si le lecteur a bien voulu me suivre dans ce chapitre, il admettra j'espère avec moi, qu'il est impossible d'expliquer les événements de l'histoire sans faire intervenir, avant toute autre cause, les idées religieuses; qu'il est contraire à toute logique de prétendre annoncer la disparition de leur influence à partir du moment où nous vivons; enfin, que ne pouvant pénétrer dans le fond des consciences, dans cette région silencieuse et presque entièrement cachée à nos regards, il ne nous est point permis d'affirmer que la religion y perde son autorité, et que par suite elle perde son influence sur la société.

CHAPITRE II.

**Côté politique de la doctrine chrétienne ; préceptes
contenus dans l'Évangile. Il ne commande que
l'obéissance. — Pourquoi cependant, a-t-il été fréquemment persécuté au nom de la raison d'État ?
Les lois humaines se proposent le bonheur d'une
société ; la religion se propose le bonheur de l'individu ; par là elle ne s'accorde pas avec les conceptions de l'homme d'État. — Les lois humaines ont
toujours sacrifié certains individus aux nécessités
sociales. La religion, faite pour l'individu, ne sacrifie personne. Cette universalité a fait sa force
dans tous les temps. — Aujourd'hui, en France, la
femme est mise à l'écart par des législateurs irréligieux, abaissée, au nom d'un prétendu progrès,
par une classe d'écrivains irréligieux aussi. Peut-
être est-ce la raison pour laquelle elle paraît particulièrement attachée à la religion.**

Le sentiment religieux exerce, et a toujours exercé, une influence considérable sur les sociétés, nous venons de le voir ; il
reste à examiner de plus près l'étendue de cette influence et sa
nature. Ce sujet comporterait des développements très étendus ;
je me bornerai à indiquer quelques idées, en m'arrêtant de préférence à celles que suggèrent les faits dont nous sommes les
témoins.

Examinons d'abord le côté politique de la doctrine chrétienne.

L'Évangile ne contient aucune doctrine politique : ni le gouvernement républicain, ni le gouvernement monarchique, ni

l'aristocratie, ni la démocratie, en un mot, aucun des systèmes politiques, dont le nom seul passionne si vivement les peuples depuis les temps les plus reculés de l'histoire ; aucun, dis-je, de ces systèmes, ne trouve dans l'Évangile un point d'appui, à l'exclusion des autres.

Cependant, tout homme appartient à une société ; comment se conduira-t-il vis-à-vis d'elle ? Le fameux *Redde Cæsari quod est Cæsaris* est la seule réponse, réponse que saint Paul dans son Épître aux Romains, saint Pierre dans son épître I, confirment de la manière la plus simple et la plus précise, sans faire, l'un ou l'autre, la moindre allusion à une espèce particulière de gouvernement.

Le seul précepte de l'Évangile, en ce qui concerne la politique, est donc d'obéir aux chefs établis. Les gouvernements, quels qu'ils soient, devraient, ce semble, aimer et soutenir une religion dont la doctrine est si favorable à leur autorité ; cependant, parmi toutes les religions, aucune n'a été plus que la religion chrétienne en butte à leurs persécutions ; l'histoire est là pour le prouver. On doit s'en étonner au premier abord ; il faut, pour s'expliquer cette anomalie, chercher les points où la religion chrétienne est en désaccord avec les lois humaines ; on se propose de le faire dans ce qui va suivre.

Pour commencer, remarquons dans le christianisme un trait caractéristique, qui le distingue de tous les codes : il paraît fait pour des individus et point pour une société humaine, c'est pour l'individu même, pour son propre bien, qu'il lui est ordonné d'agir. Les législateurs, au contraire, ont toujours eu pour idéal une nation prospère. Sans doute ils diffèrent entre eux sur les moyens, car les uns ont vu cette prospérité dans le développement de l'industrie, d'autres dans la puissance militaire... Mais tous ont agi en vue d'une société. Aucune parole de l'Évangile ne paraît répondre à de semblables préoccupations ; nulle part il n'est question des avantages de l'industrie ou de la force des armées. Et même, si on se reporte, non pas aux obligations imposées à tout chrétien, mais aux conseils donnés à ceux qui aspirent à la perfection, on trouvera de ces conseils, sur lesquels maint politique a prononcé, qu'ils faisaient obstacle à la prospérité sociale. Ainsi le célibat est loué au-dessus de l'état de mariage, le mépris des richesses est enseigné, ainsi que la patience vis-à-vis des outrages. Tout cela ne s'accorde guère avec les théories des Solon ou des Lycurgue, non plus qu'avec celles des Montesquieu ou des constituants de 1789. Le contraste même est assez frappant pour que tous les écrivains hostiles au christianisme, et il s'en est trouvé à bien des époques, l'aient constaté, et aient cru trouver dans cette constatation un argument contre le christianisme.

Cependant, et cela soit dit en passant, le christianisme, tout en paraissant laisser en dehors de son action les intérêts sociaux, n'a évidemment pas privé les peuples qui l'ont embrassé des qualités nécessaires à leur force, car il est hors de contestation que les nations chrétiennes sont aujourd'hui les plus puissantes sur toute la terre.

En examinant de près ce reproche, adressé souvent à la doctrine évangélique, de négliger l'intérêt général pour celui des individus, je le trouve contraire à la raison ; car enfin, si une doctrine peut rendre les individus heureux, que rêvera-t-on de mieux ? Je ne vois pas comment une réunion d'hommes heureux, pourrait former des sociétés malheureuses ; je vois au contraire trop bien comment un individu peut être malheureux, au milieu d'une société prospère.

Non seulement cette différence entre le christianisme et les législations humaines en général, ne doit pas lui être reprochée, mais il y faut voir une des principales causes pour lesquelles il s'est heureusement implanté d'une manière inébranlable dans le monde. Portons en effet nos regards sur les périodes historiques les plus éloignées les unes des autres, toujours nous y verrons des hommes, en grand nombre, sacrifiés par les institutions et les mœurs, aux intérêts sociaux, tels qu'ils sont alors compris ; au contraire la loi chrétienne, faite pour le bonheur de l'individu, n'a pas égard à des nécessités sociales, que chaque époque d'ailleurs juge différemment ; ses promesses ont par suite un caractère d'universalité que nulle institution humaine n'a pu prétendre donner aux siennes.

Dans l'antiquité, les législateurs ont mis en dehors de leurs préoccupations, tout d'abord, plus de la moitié de la population. Un mot a suffi pour leur servir à eux-mêmes d'excuse : c'étaient des « esclaves. » Ils ont vu là un bétail, plus précieux peut-être que les autres, mais enfin un bétail qui ne fait point partie de la société ; les sages d'alors n'avaient aucun compte à tenir de leurs douleurs et de leurs peines. Le reste, au moins, jouira-t-il du bonheur promis à la société ? C'est trop demander encore. Dans un état social dont l'existence même repose sur la force, dont la puissance guerrière est la seule garantie contre une conquête impitoyable et les horreurs de l'esclavage, la loi ne veut rien faire pour ceux qui sont faibles ; toutes ses faveurs sont pour le combattant robuste ; la destinée de la femme, celle de l'enfant sont d'être opprimés et de souffrir presque à l'égal de l'esclave. Bien petit donc est le nombre de ceux que l'homme d'État antique appelle à s'asseoir au festin, à jouir de la liberté et de la prospérité sociales ! Quel écho dut trouver dans ce monde désolé, la parole étrange, adressée à l'esclave sordide comme au proconsul, qui y retentit il y a dix-huit siècles : *Venite ad me OMNES qui laboratis et onerati estis et ego reficiam vos !*

Le christianisme plante la croix en Europe, l'esclavage disparaît peu à peu, la femme est relevée de sa séculaire abjection, sa faiblesse est protégée par les mœurs nouvelles : voilà le nouvel ordre de choses dans lequel doit se mouvoir l'homme d'État au moyen âge ; quel sera son idéal politique ? Des guerriers courageux et puissants dans les châteaux, des paysans laborieux et soumis dans les chaumières. Sans doute il y a fort loin des uns aux autres, et si on envisage la distribution des biens matériels, les parts sont singulièrement différentes. L'équité cependant n'est pas officiellement bannie de ce monde, où les institutions consacrent et perpétuent les inégalités sociales. Si les jouissances terrestres sont le lot de quelques privilégiés, ce n'est pas que, dans la philosophie du moyen âge, les autres soient sacrifiés ; non ! Les places sont différentes ici-bas, mais devant Dieu tous les hommes sont égaux, et cette idée, universellement admise, domine toute l'époque. On admet que la société doit trouver sa force dans la hiérarchie, et que celle-ci se soutient seulement par l'inégalité héréditaire des conditions ; mais dans les idées du temps, qu'importe au fond cette inégalité, puisque le vrai bonheur ne réside pas dans les biens terrestres ? Il n'est pas refusé à l'un pour être donné à l'autre ; chacun peut l'obtenir de la bonté infinie d'un Dieu qui ne le refuse pas ici-bas à la plus humble condition : le pauvre, soumis et résigné, cultivera la terre et servira ses maîtres ; le seigneur, toujours armé, toujours sur pied, veillera pour le défendre, et donnera sa vie quand il faudra.

Voilà l'idéal du temps : la justice dominant les inégalités nécessaires ici-bas, et le bonheur pour tout individu dans sa condition même. Hélas ! ce n'est qu'un idéal : trop souvent ce n'est pas la justice, mais la brutalité qui paraît régner. Trop souvent le pauvre sans défense est pillé, maltraité, déshonoré. Quelle serait la profondeur de son malheur, qui le sauverait du désespoir dans ces époques troublées, s'il n'avait de recours qu'aux institutions humaines ? Mais la religion lui parle à chaque instant, à lui misérable et désarmé ; c'est pour lui comme pour les grands de la terre que des églises se sont élevées au milieu des chaumières, c'est pour lui que se dresse une croix au détour du sentier : il y voit l'espérance qui luit par delà ses maux, le châtiment éternel qui menace ses oppresseurs. Cette infinie multitude dont chacun est menacé par la violence, a pour unique soutien la voix mystérieuse, que tout individu entend, que nulle puissance humaine ne fera taire. N'est-ce pas là une des causes de la puissance au moyen âge du christianisme ? de la religion s'adressant à l'individu ?

Au dix-huitième siècle, la religion et la philosophie sont devenues étrangères l'une à l'autre, ou ennemies. Les sages du temps haussent les épaules, si on leur parle d'un bonheur moral, accompagné de souffrances physiques. Rousseau, qui se pose en législateur, voit toutefois clairement que dans l'état de société les inégalités sont fatales, que l'abondance ne peut être dans le lot de tous ; donc il faut des malheureux, si l'on ne consent à rompre tous les liens sociaux et à revenir à l'état de nature. Il déclare bien que l'esclavage est illégitime, contraire au droit, mais ne serait-il pas nécessaire à la liberté dans l'état de société ? Écoutez sa réponse : après avoir parlé des Grecs et des moyens par lesquels ils avaient établi chez eux la liberté, il ajoute :

« Quoi ! la liberté ne se maintient qu'à l'appui de la servitude ?
« Peut-être ! Les deux excès se touchent, tout ce qui n'est point
« dans la nature a ses inconvénients, la société civile plus que
« tout le reste. Il y a telles positions malheureuses où l'on ne peut
« conserver sa liberté qu'aux dépens de celle d'autrui, et où le
« citoyen ne peut être parfaitement libre que l'esclave ne soit
« extrêmement esclave. Telle était la position de Sparte. Pour
« vous, peuples modernes, vous n'avez point d'esclaves, mais
« vous l'êtes ! Vous payez leur liberté de la vôtre. Vous avez
« beau vanter cette préférence, j'y trouve plus de lâcheté que
« d'humanité. » (Contrat social, liv. III, chap. xv.)

Ce discours ne tend-il pas à prouver que la liberté, dans une société, est fondée sur l'asservissement de certains hommes ? Il me semble entendre, à travers cette phraséologie du dix-huitième siècle, un écho du paganisme, une cruelle sentence : la législation ne peut avoir en vue que le bonheur de quelques-uns, malheur aux autres !

Les disciples de Jean-Jacques ont trouvé une place d'honneur parmi les théoriciens à qui nous devons d'abord « les principes de 89, » puis les constitutions successives dont on a fait l'essai sur la France à la fin du siècle dernier. L'esclavage, que Rousseau avait à la fois condamné et justifié, fut banni du langage officiel, on le remplaça par le mot « liberté ; » mais les idées du maître n'en furent guère modifiées. Je ne crois pas qu'à aucune époque de l'histoire, la loi ait exprimé un aussi absolu mépris pour l'opinion, la fortune, la vie même, de ceux qui n'appartenaient pas à la faction dominante. Des orateurs diserts, des hommes qui avaient étudié toutes les théories du droit, et l'invoquaient sans cesse dans leurs discours, en sont arrivés à condamner à mort, sans appel... des criminels? Non des suspects! Des vieillards respectés, de pures jeunes filles, des femmes irréprochables, des malheureux de tout rang et de toute condition, dont le seul crime était d'avoir aimé leurs proches, furent décapités par centaines, au nom des nécessités sociales. Je ne parle pas ici de ces massacres où des monstres sortis de la lie du peuple, trouvèrent l'occasion d'assouvir leurs instincts sanguinaires, je parle des jugements froidement et légalement rendus, approuvés par des hommes bien élevés, instruits, ayant la réputation de sages, comme Carnot, dont la signature se trouve sous les plus odieux décrets du Comité de salut public, et qui crut assurément obéir à des nécessités politiques. Voilà où peut en arriver la loi humaine, raisonnée, discutée, publiée au grand jour, et prétendant, « dans un siècle sensible, » faire régner sur la terre la liberté, l'égalité et la fraternité! Faut-il s'étonner qu'ainsi comprise, elle ait vu le plus constant de ses ennemis dans le christianisme?

On me dira que nous sommes bien loin de cette époque furieuse, et que ces réflexions n'ont aucun intérêt pour notre temps ; que la loi aujourd'hui, loin de sacrifier personne, a effacé toutes les anciennes distinctions, et que rigoureusement égale pour tous les citoyens, elle a acquis ce caractère d'universalité revendiqué par la religion. Je le conteste absolument.

Je n'entends faire ici aucune critique de nos institutions, mais cela ne m'empêchera pas de dire qu'elles ne sont pas plus que toutes les législations passées, conçues en vue du bonheur de tous les individus. Je pourrais bien appeler en témoignage tous ceux, — par centaines de mille, — qui se plaignent d'être « exploités par une féodalité financière, » qui demandent à grands cris une révolution sociale, et dont un grand nombre de journaux reproduisent chaque matin les bruyantes revendications. Assurément des lois, maudites par une classe très nombreuse de la population, réussissent bien mal dans leur prétention d'être faites pour le bonheur universel. Mais admettons, si vous voulez, que les ouvriers de la grande industrie se trompent, quand ils se croient des victimes, admettons, malgré eux, que nos lois soient faites pour leur bonheur, et sans entrer dans aucune discussion sur telle ou telle de ces lois, plaçons-nous au point de vue le plus élevé, pour juger de l'esprit général qui y règne. N'est-il pas un principe qui domine aujourd'hui toute notre législation, la loi des majorités? Ce principe, si je ne me trompe, consiste en ceci : Quand la moitié plus un des citoyens aura un désir, ce désir aura force de loi. Si cela convient à l'autre moitié, tant mieux! sinon, qu'elle souffre en silence! — Voilà donc le point sublime où en sont arrivées les lois humaines (en principe!) : Il n'y aura que la moitié moins un des citoyens qui pourront être opprimés.

Je ne dis pas que dans la pratique, les volontés de la majorité soient oppressives, mais je dis que cette volonté, oppressive ou non, fait loi. Il est hors de doute qu'on l'a vue oppressive, quelques-uns diront même qu'elle l'est fréquemment; mais laissons de côté toute critique des faits, pour rester dans l'examen des principes. Si on a craint souvent qu'un homme investi de l'autorité sur un autre homme en abusât, si on voit dans cette supériorité un outrage à l'équité, une menace perpétuelle, pourquoi ne craindrait-on pas l'abus qu'une majorité pourrait faire de sa force ? Un maître est responsable, il a une conscience ; une majorité en a-t-elle ?

Je viens de parler de majorité et de minorité, j'aurais dû dire : majorité légale, minorité légale ; or c'est tout autre chose. Lorsqu'il s'agit de peser les suffrages, pour établir de quel côté penche la balance des désirs, le résultat obtenu est toujours entaché d'erreur. Nous avons vu il y a 90 ans une minorité, que des historiens très véridiques n'estiment pas à plus d'un dixième des citoyens, imposer sa volonté au nom d'une majorité absolument imaginaire. Tous ceux qui ont étudié les procédés de consultation des assemblées, savent que la manière dont la question est posée, la manière dont les électeurs sont choisis puis groupés, le caractère entreprenant ou pacifique des divers partis en présence, ont la plus grande influence sur le résultat du vote.

Ainsi dans notre état politique, les institutions faites pour le bonheur de la société, n'ont en réalité en vue que le bonheur d'une fraction, quelquefois minime, de la masse des citoyens, communément de la moitié environ. Quelle supériorité, — au point de vue purement humain, — n'aurait pas une législation faite en vue du bonheur de tous les individus !

Allons plus loin : nous avons l'habitude de dire indifféremment, « les Français, » (au masculin) ou « la nation française, » comme si c'était la même chose. Est-ce par suite d'un usage indifférent, ou bien les femmes ne feraient-elles point partie de la nation ? A regarder de près nos lois politiques, on sera tenté de croire que la seconde de ces deux hypothèses est la meilleure. Nos lois politiques mettent les femmes absolument de côté, agissent comme si elles n'existaient pas. Pour moi, je ne le trouve pas mauvais, et je ne viens pas revendiquer ici l'égalité devant l'urne électorale de la citoyenne et du citoyen ; mais si la différence de traitement me paraît toute naturelle, c'est que je ne crois pas le bonheur de l'individu attaché à l'exercice des droits politiques. Si je partageais les idées qui ont cours et servent à défendre le suffrage, prétendu universel, si je croyais que la loi a fait un merveilleux cadeau à l'ouvrier en lui donnant son bulletin de vote, je le demanderais pour la femme. Dira-t-on qu'elle est exclue pour simplifier le vote, que les hommes représentent suffisamment les familles, et que l'intervention de leurs femmes compliquerait l'opération sans changer le résultat? Le soutenir serait une fausseté évidente, car dans le parti qui occupe depuis quelques années le pouvoir, et qui, maître de la puissance législative, est par conséquent responsable de leur exclusion, on se plaint sans cesse de leur influence « cléricale. » Ces hommes pensent donc qu'elles ne partagent pas leurs opinions, et tout en soutenant que chaque citoyen a le droit de chercher à faire prévaloir ses idées par son suffrage, ils refusent ce droit aux femmes. Qu'est-ce, sinon les sacrifier? La verité est que, selon l'opinion de nos législateurs, elles sont faites pour obéir; on ne tient aucun compte de leurs sentiments.

On a pu se demander pourquoi, en France, la religion restait pratiquée et aimée particulièrement par les femmes, car en des pays voisins on n'a pas lieu de faire une observation semblable. Peut-être en trouvera-t-on la cause, si on réfléchit que la religion n'a jamais cessé de défendre leur dignité à l'égal de celle des hommes. Nos lois, au contraire, paraissent la dédaigner davantage à mesure qu'elles deviennent plus étrangères à l'idée religieuse, et en même temps, certaines doctrines d'un prétendu « progrès de la civilisation, » dont l'irréligion est le caractère le plus apparent, avilissent la condition de la femme et menacent de la dégrader.

Dans l'antiquité païenne en son beau temps, on sait quel fut le sort de la femme; parmi nous ceux qui rejettent les dogmes religieux tendent insensiblement à la faire revenir à la condition d'où le christianisme l'a relevée; elle redeviendrait un *objet*

d'agrément, destiné aux plaisirs de l'homme. A ces tendances,
en politique comme en littérature, la religion oppose son inébranlable et pure doctrine ; aussi, portez votre attention sur les
débats de notre parlement depuis un grand nombre d'années,
et voyez comment ont pris parti ceux dont les principes étaient
contraires à la dignité de la femme : ils ont toujours été parmi
les adversaires de la religion. Vous verrez dans le camp irréligieux ceux qui veulent faire du mariage un simple contrat civil ;
ceux qui, récemment, ont rétabli le divorce ; ceux qui, plus hardis,
réclament l'amour libre ; ceux qui repoussent toute différence
inscrite dans la loi entre la femme légitime et la maîtresse ; ceux
qu'importune le dévouement des religieuses dans les hôpitaux....
Voilà le spectacle offert par le monde politique ; les femmes de
tout rang y peuvent trouver des enseignements, et si, en général.
elles voient avec un certain sentiment de crainte l'avenir qui
leur serait réservé le jour où les « progrès » seraient encore
plus grands, leur instinct ne les trompe point !

Regardons la littérature, nous y trouverons les mêmes tendances chez leurs auteurs hostiles ou indifférents à la religion. Ils
apportent leur concours aux hommes politiques dont je viens de
parler. Je n'insisterai pas sur les peintures de vertueuses cour-
tisanes et de touchantes adultères, si souvent présentées par des
écrivains qui se placent au-dessus de tous les préjugés ; je demande seulement la permission de faire une citation de Balzac.
Le talent de l'écrivain en fera excuser la longueur, et il plaidera
j'espère, malgré lui, pour mes idées. Balzac, donc, parlant en son
nom, — je veux dire qu'il n'a pas mis ce langage dans la bouche
d'un personnage de roman, — a écrit ce qui suit :

« Une femme est une variété rare dans le genre humain, et
« dont voici les principaux caractères physiologiques.

« Cette espèce est due aux soins particuliers que les hommes
« ont pu donner à sa culture, grâces à la puissance de l'or et
« à la chaleur morale de la civilisation.

« Elle se reconnaît généralement à la blancheur, à la finesse,
« à la douceur de sa peau. Son penchant la porte à une exquise
« propreté. Ses doigts ont horreur de rencontrer autre chose que
« des objets doux, moelleux, parfumés. Comme l'hermine,
« elle meurt quelquefois de douleur de voir souiller sa blanche
« tunique. Elle aime à lisser ses cheveux, à leur faire exhaler
« des odeurs enivrantes, à brosser ses ongles roses, à les couper
« en amande, à baigner souvent ses membres délicats......

« Elle redoute le mariage parce qu'il finit par gâter la taille,
« mais elle s'y livre parce qu'il promet le bonheur. Si elle fait
« des enfants, c'est par un pur hasard. Quand ils sont grands
« elle les cache.

« Ces traits, pris à l'aventure entre mille, se retrouvent-ils
« en ces créatures dont les mains sont noires comme celles des
« singes, et la peau tannée comme les vieux parchemins d'un
« olim ; dont le visage est brûlé par le soleil, et le cou ridé
« comme celui des dindons ; qui sont couvertes de haillons, dont
« la voix est rauque, l'intelligence nulle, l'odeur insupportable ;
« qui ne songent qu'à la huche au pain, qui sont incessamment
« courbées vers la terre, qui piochent, qui hersent, qui fanent,
« glanent, moissonnent......

« Hélas ! s'il y a de par le monde des marchandes assises
« tout le jour entre de la chandelle et de la cassonade, des fer-
« mières qui traient les vaches, des infortunées dont on se sert,
« comme des bêtes de somme dans les manufactures, ou qui
« portent la hotte, la houe et l'éventaire ; s'il existe malheureu-
« sement trop de créatures vulgaires pour lesquelles la vie de
« l'âme, les bienfaits de l'éducation, les délicieux orages du
« cœur sont un paradis inaccessible, et si la nature a voulu
« qu'elles eussent un bec coracoïde, un os hyoïde et trente-deux
« vertèbres, qu'elles restent pour le physiologiste dans le genre
« Outang ! »

Faites la part du paradoxe aussi grande que vous le voudrez, les idées ne restent pas moins profondément païennes ; jamais elles n'eussent pu s'associer dans un cerveau avec des idées chrétiennes. Voilà un des aspects du « progrès ; » on le retrouve dans une foule de productions contemporaines, romans et pièces de théâtre, comme dans les projets de loi inspirés par la Libre pensée. Pouvez-vous vous étonner que les femmes préfèrent l'idéal chrétien, et s'attachent avec amour à la doctrine de l'Évangile ?

En résumé, de nos jours comme de tout temps, les lois ont sacrifié des individus à l'idéal de prospérité sociale que leurs auteurs avaient en vue. Seule la religion est égale pour tous, parce qu'elle a en vue l'individu, et non pas telle ou telle organisation sociale. Que cette opposition dans les premiers principes ait blessé quelques hommes d'État, je le comprends, mais qu'on se refusât à y voir une supériorité, je ne le comprendrais point.

CHAPITRE III.

Objections faites à la doctrine chrétienne par des juristes, des économistes, des militaires.

Comme nous venons de le voir, le christianisme d'une part, la science politique de l'autre, ne cherchent pas à atteindre un but identique, et, par suite, il y a séparation dès les premiers pas ; mais, de plus, la doctrine du christianisme, en des matières où la politique semble n'avoir rien à faire, contrarie suffisamment certaines idées naturelles à l'homme, pour qu'on puisse s'expliquer la guerre si souvent faite à cette doctrine par les gouvernements.

Si parmi les prescriptions du christianisme on met de côté celles relatives au culte, aux pratiques extérieures, prescriptions qui ont évidemment peu de rapports avec la politique, et par suite avec notre sujet, il restera que le christianisme prescrit l'amour de Dieu, c'est-à-dire de la justice dans sa forme la plus élevée, la plus idéale ; l'amour du prochain, de tout le prochain sans exception ; enfin, on trouvera qu'il prescrit au fidèle de travailler pour le bonheur dans l'autre monde, et de tenir en médiocre estime les biens et les jouissances d'ici-bas. Je résume ces prescriptions en trois termes : la justice, la charité, l'espérance en la vie future.

Cet ensemble de prescriptions est loin de donner satisfaction aux hommes d'État, qui s'attribuent la mission de diriger les peuples, et veulent rester maîtres absolus dans leurs fonctions. L'amour de la justice, c'est fort bien, dit l'homme d'État, mais à la condition que ce soit *ma* justice, celle de mes magistrats et de mes procureurs ; en cas de dissentiment, je veux avoir le dernier mot. — L'amour du prochain, c'est fort bien, dit l'homme de guerre, mais entre amis ! Quant à tendre la joue au second soufflet, jamais ! ce serait dégradant ! — Arrive l'économiste : La perspective du bonheur dans la vie future, dit-il, ne doit pas faire oublier le bonheur présent, le seul dont nous puissions toucher la réalité, car les efforts individuels en vue d'acquérir ici-bas la richesse, sont le principe de vie des sociétés civilisées. L'Évangile fait peut-être trop bon marché du bien-être pour convenir à un siècle de progrès. — Le politique ajoutera après l'économiste, le mot prêté à M. Thiers : Les gens sans besoin ne sont propres à rien.

Ainsi le juriste politique, le militaire, l'économiste peuvent trouver dans la doctrine chrétienne certains préceptes qui heurtent leurs conceptions, et on s'explique par là l'opposition souvent faite à cette doctrine.

Je reconnais que la souveraineté de la loi est une nécessité de premier ordre pour l'État, mais cette nécessité est contraire à la justice absolue ; car d'une part, les lois ne peuvent être parfaites : établies par des hommes qui avaient leur part des faiblesses humaines, elles portent l'empreinte des passions, des préjugés, de l'ignorance ou de l'imprévoyance de leurs auteurs. Pouvons-nous en douter quand nous voyons deux Chambres travaillant sans relâche à les améliorer, et dont la tâche paraît bien loin d'être terminée ? D'autre part, pour que les lois puissent être appliquées à tout individu équitablement, il faut que tout individu les connaisse. C'est bien difficile ! mais la difficulté est tranchée par la formule : Nul n'est censé ignorer la loi. Cette formule contient une injustice flagrante ; elle est cependant à la base de toutes les législations, parce qu'elle est une nécessité.

Ainsi, sans entrer dans d'autres considérations, on voit qu'en envisageant seulement la souveraineté de la loi, il y a impossibilité, — si on veut raisonner avec la rigueur mathématique, — de la faire accorder avec la religion. Et je ne parle pas seulement ici de la religion catholique, objet principal des efforts irréligieux auxquels nous assistons, je parle de la religion dans son acception la plus générale, le culte de Dieu, essence même de la justice absolue.

Le désaccord étant constaté, que faire? Faut-il, pour éviter la discorde, qui est un grand mal, sacrifier la religion? Cette solution a été mainte fois proposée, avec plus ou moins de franchise; elle paraît convenir aux hommes d'État français d'aujourd'hui. Le Code, disent-ils, en tiendra lieu, nous y ferons régner les principes de la pure morale, les mêmes que ceux de la religion, car il n'y a pas deux morales, etc...

Tel n'est pas mon avis, et je voudrais établir d'abord que l'indépendance de la religion peut n'entraîner aucune conséquence fâcheuse; ensuite, qu'il n'est aucun moyen de supprimer cette indépendance sans revenir à un système théocratique, dont personne aujourd'hui ne veut plus parmi nous.

D'abord, fort heureusement, le désaccord dont il vient d'être parlé existe surtout sur le papier, et en poussant les raisonnements jusqu'à leurs dernières conséquences, mais grâce à Dieu, il n'en est pas de même dans la pratique. L'homicide, le vol, le crime sous toutes ses formes, est contraire à la loi chrétienne comme aux lois humaines; la religion même défend beaucoup plus de choses que le Code, sur ce terrain l'entente est donc parfaitement facile. La sagesse du véritable homme d'État ne consiste pas à se cantonner vers cette frontière extrême, où l'accord est impossible, mais à se tenir sur le terrain beaucoup plus large, et très suffisant, où l'accord est très facile. Son œuvre étant une œuvre humaine, il doit savoir qu'il n'a pas le droit, même aux yeux de la raison humaine, de prétendre à la perfection; il doit savoir que cette œuvre sera seulement un à peu près de justice, et conservera au fond du cœur la conviction que cet à peu près ne peut prendre, dans l'estime de l'homme éclairé, la place de la justice elle-même. Il ne demandera pas à celle-ci d'accepter un second rang, qu'elle ne pourrait accepter sans renoncer à être elle-même, et la religion de son côté facilitera l'union en prescrivant l'obéissance au gouvernement établi, sans discuter sa forme, ni même son origine, en ne se mêlant d'examiner ni l'utilité, ni la convenance de ses prescriptions, tant qu'elles ne contrediront pas les préceptes divins.

L'accord entre l'Église et l'État s'est rencontré chez tous les peuples modernes à leurs époques de prospérité, quand leur gouvernement était sage et les esprits pacifiques ; pourrait-on nier que le désaccord, quand l'histoire le constate, a été provoqué souvent par le désir même de faire naître un désaccord, et d'en profiter ?

Il n'y a donc pas d'inconvénient réel à ce que l'Église soit indépendante de la loi. D'ailleurs, quelle sorte de subordination voudrait-on lui imposer ? Si le législateur se borne à vouloir que les armes des soldats, les grilles des prisons, soient à son service, et non à celui de la religion, d'accord ; mais s'il veut imposer un devoir au citoyen, à l'encontre de celui que lui imposerait la religion, sa prétention est insoutenable, aux yeux mêmes de la raison. En effet, la religion, qu'elle soit chrétienne, musulmane ou païenne, est, par définition même, la loi de la conscience, la loi *suprême* de cette conscience. Quand celui qui donne un ordre ajoute, pour le faire mieux respecter, que ce doit être un *devoir* de l'accomplir, de deux choses l'une : ou bien il parle au nom d'une certaine religion existante, ou bien il prétend en établir une nouvelle, car par définition même, ce qui parle à la conscience, ce qui dicte un devoir, c'est une religion. Aucun homme ne peut prétendre tirer de lui-même le droit de dicter un devoir, il ne peut imposer ce sentiment à autrui qu'en s'appuyant sur un principe supérieur à l'homme. La conscience dépend tellement d'une religion, que ceux dont la prétention est de repousser comme indignes d'eux toutes les religions, ont été obligés de créer l'expression de *religion naturelle* pour exprimer la loi des devoirs, que le bon sens les forçait d'admettre.

Imposer des devoirs sans s'appuyer sur une religion existante, c'est donc en fait se poser en chef d'une religion nouvelle. Alors, il est vrai, le pouvoir religieux et le pouvoir législatif étant dans la même main, il n'y aura plus aucune raison de désaccord. C'est, je le reconnais, beaucoup plus simple comme conception théorique, mais appelons les choses par leur nom : c'est le gouvernement théocratique. Les ministres de la religion ne seront plus les prêtres d'aujourd'hui, ce seront les préfets et les commissaires de police de l'avenir. Ce n'est pas la séparation de l'Église et de l'État, c'est l'État devenant une église, et donnant à ses ministres un chapeau à plumes et une épée au lieu de mitre et d'anneau pastoral. Ainsi la doctrine politique tendant à détruire la prééminence morale de l'Église pour y substituer celle de la loi civile, ne tend à rien moins qu'à ramener officiellement cette confusion de pouvoirs reprochée si souvent au Moyen âge. C'est le bras séculier au service d'une nouvelle Église, avec la seule différence des costumes et des titres ; et il ne se passerait pas beaucoup de temps sans doute, avant qu'on revît des cérémonies plus ou moins inspirées du souvenir des cérémonies actuelles de notre culte. Faudrait-il remonter bien loin dans notre histoire, pour rencontrer des hommes d'État prenant des allures de pontife ?

Nous venons de voir qu'on s'était fondé sur l'intérêt social, pour reprocher au christianisme de prêcher la résignation à tous les outrages et le renoncement aux richesses. D'après ces interprètes de la raison d'État, cette résignation serait en opposition avec la dignité de l'homme libre, ce renoncement avec l'activité industrielle. Examinons brièvement si ces reproches sont justes.

Tout d'abord, le bon sens suggère une réflexion : voilà bientôt dix-neuf siècles que le christianisme a commencé à se répandre sur la terre ; certaines sociétés l'ont embrassé avec une extrême ferveur ; pourrait-on citer des époques où la passion de l'humilité et du désintéressement ait envahi tous les cœurs, ou seulement paru dominer dans la société ? On nous cite très volontiers le Moyen âge comme un temps où la religion se serait emparée des peuples ; y trouvons-nous tous les hommes insensibles aux injures, indifférents aux richesses ? Nous trouvons au contraire, à côté de grands exemples de haute vertu, des mœurs brutales, des habitudes violentes, des convoitises allumant chaque jour de nouvelles guerres. Jamais donc, jusqu'ici, les humbles vertus chrétiennes de la résignation et du renoncement n'ont régné dans des sociétés humaines. Comment en pourrait-il être autrement ? Certaines passions ne sont-elles pas inhérentes à la nature de l'homme, et l'orgueil comme la cupidité ne sont-elles pas du nombre de ces passions ? En vain dit-on : Si tous les citoyens renonçaient aux biens d'ici-bas pour atteindre l'idéal de la perfection évangelique, la société se dissoudrait. Autant dire : Si on suppose une société d'êtres autrement doués que ne le sont les hommes, elle ne subsisterait pas. Nous n'avons pas le droit de faire de semblables suppositions ; sans doute un homme peut vouloir se sacrifier, mais beaucoup d'hommes ne le peuvent, et je reviens à l'exemple donné plus haut : Il est possible qu'un homme se jette demain dans la Seine, il est absurde de penser qu'un régiment s'y jettera.

En conséquence, il serait absurde de craindre que la résignation et le renoncement fussent jamais des calamités sociales. Est-on au moins fondé à dire que ces vertus chrétiennes, dans la mesure où elles ont été pratiquées, ont porté préjudice à la société, là où elles se sont rencontrées ? J'entends cent voix me crier : Elles ont produit les moines ! — Des moines ! C'est tout dire ! des êtres inutiles, des frelons dans la ruche... Mais d'abord l'enseignement chrétien n'a pas agi sur ceux-là seuls qu'il déterminait à se vêtir de bure et s'enfermer dans le cloître ; il a été distribué à l'humanité entière. Certainement d'autres hommes, sans pousser aussi loin le sacrifice, ont été, eux aussi, touchés par la doctrine; qu'en a-t-il pu résulter, sinon une atténuation dans la brutalité et dans l'avidité? C'est bien là aussi un « profit » social. Si les mœurs depuis mille ans ont toujours été en s'adoucissant en Europe, si les grandes nations modernes qui dominent maintenant dans toutes les régions du globe, sont humaines autant que fortes, n'en est-ce point la cause?

Qu'on ne dise point : L'adoucissement des mœurs résulte de la civilisation. La civilisation brillait de tout son éclat quand les empereurs de Rome régnaient en paix sur ce monde de l'Occident, illustré depuis dix siècles par tant de poètes inimitables, tant de philosophes, tant de savants et d'artistes. Elle a laissé à notre admiration quelques débris grandioses de ses édifices. Mais de quelles hontes les plus beaux de ces monuments ne sont-ils pas les témoins survivants? Des passions odieuses les ont fait élever, ils font apparaître à notre pensée des spectacles de sang, une foule cruelle qui trouvait ses délices dans les dernières convulsions des esclaves déchirés sous ses yeux. Si un nouveau flot de païens venait encore couvrir l'Europe de ruines, celles du Moyen âge barbare laisseraient de bien autres souvenirs! Les piliers massifs de nos cathédrales écroulées resteraient debout pour dire que ses premiers monuments ont été l'asile de l'humble et du faible, fondés dans un siècle ignorant et agité par la violence, pour satisfaire aux aspirations les plus élevées de l'âme humaine.

Parlerai-je des moines eux-mêmes? Vraiment faudrait-il les défendre, et s'efforcer de montrer, après tant d'autres, la part qui leur revient dans notre civilisation? Leurs adversaires se disent pourtant dans un « siècle de lumières. » Singulière lumière en vérité, qui laisse dans l'obscurité des faits vieux à peine de quelques siècles, et dont la science historique vient chaque jour nous montrer la grandeur. Qui a le droit d'ignorer aujourd'hui,

que les sciences dont nous faisons tant de bruit, sont sorties
pour la plupart des travaux du clergé? C'étaient des congréga-
tions qui tenaient d'abord les collèges, les bibliothèques, les
chaires. On les a pillées, leurs livres ont été confisqués, l'État
s'est mis dans leurs maisons et dans leurs meubles, et après
qu'on a pris les mesures les plus dures pour les empêcher de
vivre, on vient dire : Quel service rendez-vous? Montrez-nous ce
que vous savez faire ! — Vraiment l'ironie est trop forte.

Je ne veux point m'étendre sur l'histoire des ordres monas-
tiques et sur leur avenir. Mais après avoir dit les quelques mots
précédents, au sujet de leur utilité dans les sociétés, j'ajouterai :
Et quand même ils ne feraient rien? — Si on demandait à tous
les rentiers quel rôle ils jouent dans l'État, de quelle utilité ils
sont, croit-on que beaucoup passeraient l'examen avec toutes
boules blanches? La passion irréligieuse est la seule cause de la
sévérité avec laquelle on juge les religieux. Le raisonnement la
fait facilement reconnaître ; combien apparaît-elle plus clairement
à ceux qui ont vu réunies nos assemblées politiques ! Quel fré-
missement les parcourt quand un orateur jette dans la discussion
les mots d'Église ou de curés !

CHAPITRE IV.

Le sentiment religieux considéré comme le fondement de la vertu. — La religion commande la vertu, elle produit par suite des citoyens bons et utiles. Certains contemporains attribuent à une prétendue morale indépendante ce que j'attribue à la religion. Cette morale humaine universelle n'existe pas. Les païens n'ont pas la même morale que les chrétiens. — Les cas singuliers de vertueux sceptiques ou de vicieux dévots n'empêchent pas qu'on ne doive considérer la morale comme liée à la religion.

J'arrive à l'influence de la morale évangélique. Imaginons une société où les préceptes du christianisme aient une grande autorité : nous y trouverons en grand nombre, des parents honnêtes et dévoués, des enfants respectueux, des magistrats équitables et intègres, des patrons bienveillants, des ouvriers laborieux.... manifestement la société tirera grand profit de ce qu'en chaque état, l'homme ait les vertus de cet état, la prospérité publique sera assurée...

Ici j'entends les hommes du jour se récrier : « Vous faites, « diront-ils, une confusion trop fréquente ; il ne faut pas attri- « buer au christianisme ce qui doit l'être à la morale. C'est la « morale qui enseigne le mieux toutes les vertus ; elle n'est pas « chrétienne ou païenne, elle est universelle. »

Cette indépendance absolue de la morale et de la religion est le premier des principes pour ceux qui veulent attaquer la religion ; ce leur est un dogme indispensable. En effet, l'utilité de la vertu étant incontestable, ils ne peuvent se dispenser de lui donner une place d'honneur. Mais quel sera son fondement si la religion est écartée? Ils ont pris la morale, qu'ils ont nommée, pour affirmer leur théorie, la *morale indépendante*. L'importance de ce dogme pour leurs systèmes, explique les efforts de toute nature qu'ils ont tentés pour le faire prévaloir. Détenteurs de la puissance publique, ils en ont usé pour faire entrer de force leur théorie, si nouvelle, si contestée qu'elle fût, dans les intelligences des Français. Nos lois sur l'enseignement en témoignent : la religion a été formellement exclue de l'éducation publique, remplacée par la morale, et il a été défendu aux instituteurs de les associer.

Quelle sera donc cette morale indépendante? Nos hommes d'État ont donné jusqu'ici le choix à la morale chrétienne, en affirmant toutefois qu'ils n'avaient pas cherché ce rapprochement, et qu'ils se conformaient seulement aux enseignements de la raison humaine.

Mais il ne faut pas faire une bien longue excursion dans les pays d'une autre religion, soit de l'antiquité, soit de notre époque, pour y trouver des idées sur la morale fort différentes des nôtres ; et si on raisonne en cette matière comme on a l'habitude de raisonner dans toutes les sciences, on déduira de cette seule observation que notre morale est dans une étroite dépendance de notre religion. Citons-en quelques exemples.

Le vice que nous nommons « immoralité » n'était vice pour les anciens, que s'il entraînait la perte de la santé ou du patrimoine. J'en prends à temoin Horace par exemple, ou n'importe lequel des auteurs ses contemporains. Pour eux le vice ne consistait que dans l'abus, c'était une question de mesure. Probablement maint peuple païen de notre siècle ne pense pas différemment. La morale était différente pour les femmes de ce qu'elle était pour les hommes. De nos jours, les Ouled-Naïl, tribu du Sud de l'Algérie, envoient au loin leurs filles, quand elles sont assez jeunes pour pouvoir trafiquer de leur beauté. Elles reviennent ensuite s'établir en bonnes mères de famille sur le sol natal, avec le pécule qu'elles ont amassé. Elles vont faire une campagne à Alger, aussi naturellement aux yeux de leurs compatriotes, que les Auvergnats en viennent faire une à Paris l'hiver, pour vendre des marrons au coin des rues. Les institutions des Mormons aux États-Unis tolèrent, et même favorisent, des pratiques qui sont à nos yeux un scandaleux libertinage.

De l'immoralité passons à la cruauté : elle est envisagée par les peuples chrétiens et par les peuples non chrétiens d'une manière toute différente. Et cependant quel sentiment nous paraît plus instinctif que la pitié pour nos semblables, quand nous sommes témoins de leurs souffrances ? Eh bien, l'antiquité a connu à peine ce sentiment, étouffé qu'il était par la morale officielle du temps. Les souffrances d'un ami, d'un compatriote, d'un allié, éveillent sans doute la pitié chez le Romain, mais les souffrances d'un homme quelconque ne pèsent pas plus pour lui que celles d'une mouche écrasée. Pour l'amuser, des gladiateurs se massacrent sous ses yeux, des esclaves sont mis aux prises avec des bêtes féroces, dont ils sont destinés à devenir la pâture ; aucune objection ne s'élève parmi les moralistes contemporains. Ces horreurs se sont vues en plein soleil, sous la protection des lois majestueuses de l'Empire romain, jusqu'au triomphe du christianisme. C'est Cicéron, le sage moraliste, qui a écrit « *supplicia quæ debentur victis,* » les supplices dus aux vaincus, phrase dont la froide cruauté nous répugne. De notre temps, les récits de voyages nous apprennent que le sentiment de la pitié est inconnu en certains pays d'Orient. Vambéry, après nous avoir montré des Turcomans arrachant les yeux, sur la place publique, à des vieillards prisonniers de guerre, nous dit que cette effroyable cruauté ne doit pas être considérée comme un fait exceptionnel, que dans toute cette partie de l'Asie on ignore le mot même de cruauté, que les mœurs, les lois et la religion sont d'accord pour justifier ces horreurs. La Chine fournirait, comme on sait, l'occasion de faire des réflexions analogues.

Ainsi ces peuples ne prennent pas pour vice ce que nous appelons cruauté. Leur morale ne le condamne pas ; assurément ce n'est pas la même que la nôtre. Il n'y a donc pas de morale universelle, si on entend par cette expression une doctrine sur le bien et le mal, acceptée par toutes les nations. D'où l'on peut logiquement conclure, que si la morale prétendue indépendante, prônée aujourd'hui, est identique à la morale chrétienne, c'est qu'elle est née en France, sur un sol chrétien depuis quinze siècles.

Deux arguments, souvent jetés dans la discussion pour justifier la théorie de la morale indépendante, sont tirés de certains exemples. On se plaît à citer des hommes qui allient la vertu à l'irréligion, tandis que d'autres allient le vice à la dévotion.

Si on rencontre parfois un individu à la fois vertueux et sceptique, faut-il conclure de suite que la morale n'a point la religion pour origine ? Cette alliance, dûment constatée, suffirait-elle à démontrer que l'idée de vertu est indépendante de l'idée de Dieu ? Pour le soutenir avec quelque apparence de raison, il faudrait prouver que la religion n'est point intervenue, même indirectement, à l'époque où se formait le caractère dont nous parlons ; il faudrait prouver que la semence de cette vertu, dont nous voyons l'épanouissement dans l'homme fait, n'a pas été jetée dans l'âme de l'enfant par une mère ou une aïeule chrétienne. J'attends qu'on me montre des familles, connues comme vertueuses, où l'irréligion se transmette avec la vertu de génération en génération ; car les individus isolés ne prouvent rien en pareille matière, il faudrait au moins des familles. Il en existe peut-être comme cas singulier, quant à moi, je n'en ai pas rencontré ; mes observations personnelles m'ont presque toujours fait voir, dans le monde des champs, comme dans celui des salons, les vertus morales intimement associées à des principes religieux, et quand j'ai rencontré l'exception d'un homme très vertueux, mais sceptique, j'ai toujours pu m'expliquer par les sentiments chrétiens du milieu où il avait été élevé, la présence de la vertu là où, logiquement, elle ne doit pas être.

La seconde objection, à savoir, que l'on a vu mainte fois des dévots d'une immoralité avérée, à la fin du seizième siècle par exemple, n'est pas de grande importance. Je conviens, si l'on veut, que la fréquentation des églises ne suffit pas à elle seule pour témoigner de la vertu des gens; à certaines époques, on a vu des hommes très corrompus suivre régulièrement toutes les processions, un cierge à la main; mais cette anomalie, de gens qui observent certaines prescriptions d'un culte sans conformer leur conduite quotidienne aux doctrines de ce culte, pourrait être beaucoup plus fréquente encore qu'elle ne l'est ou l'a été, sans rien prouver contre la religion. Si l'assistance aux cérémonies religieuses, quand elle est affaire de mode, ne suffit pas à rendre l'homme vertueux, s'ensuit-il qu'elle ne soit utile à personne? On peut, à la vérité, entendre bien des sermons sans devenir parfait, mais qui osera dire que personne n'est rendu meilleur par le tableau des vertus chrétiennes, par l'exhortation incessamment répetée d'y conformer sa conduite? La vie de l'homme est une lutte continuelle entre le bien, peu attrayant, que l'âme conseille cependant, et le mal, très attrayant, mais que l'âme repousse. Dans cette lutte, tous les hommes sont des vaincus, mais la résistance se montre plus ou moins forte. Vous portez vos regards sur ceux dont vous constatez la faiblesse et les vices, mais n'en auriez-vous pas bien plus à constater, si le christianisme, dont les pratiques sont toujours accompagnées d'un enseignement moral, n'encourageait pas constamment les fidèles à la vertu, d'une voix retentissante et trop souvent importune?

Ainsi donc, en résumé, la conformité entre certaine morale, prétendue indépendante, et la morale évangélique, prouve manifestement que la première n'est qu'une contrefaçon de la seconde ; et les cas particuliers où l'on rencontre, soit la morale sans religion, soit l'apparence de religion sans morale, ne peuvent infirmer cette proposition. Si donc la morale est utile (et ce point n'est pas contesté), la religion, qui en est le principe même, est à plus forte raison utile.

CHAPITRE V.

On voudrait pouvoir prendre sur le fait la religion quand elle agit sur les hommes, mais il faudrait pour y arriver pénétrer la conscience même. — L'histoire et la statistique sont de nul secours, il ne reste qu'à s'en rapporter à sa propre conscience et à sa propre expérience. — Pourquoi l'expérience ne conduit pas tout le monde aux mêmes conclusions que l'auteur. Politiques, littérateurs, sont souvent incapables d'apprécier chez les autres des sentiments qui leur sont étrangers. — On peut cependant affirmer que la religion joue un grand rôle dans l'éducation de l'enfant, et que, plus tard, elle préserve un grand nombre de personnes de vices que ni les lois ni l'opinion publique n'atteignent; enfin, que son influence est tout à fait manifeste dans l'existence des fondations charitables et indispensable à leur prospérité.

J'ai essayé de montrer dans le chapitre précédent l'union étroite de la morale à la religion. Je voudrais aller plus loin et montrer sur les individus, comment la religion agit sur ceux qui sont dociles à ses enseignements, les pousse au bien, les détourne du mal; comment ce n'est pas une morale vague, un instinct, une habitude, mais une croyance raisonnée en Dieu, qui inspire les bonnes résolutions d'une quantité d'honnêtes gens. Je voudrais les compter, montrer qu'il s'en rencontre dans tous les rangs de la société, à l'insu sans doute de nos hommes d'État; malheureusement, cette preuve directe de l'utilité de la religion est au-dessus de mes efforts, il faudrait voir à nu les consciences, je dois me reconnaître impuissant.

Interrogera-t-on l'histoire ? L'histoire ne pénètre qu'avec incertitude les pensées intimes des hommes, elle en est réduite à des conjectures sur les motifs réels de leurs actions ; d'ailleurs, de combien peu d'hommes s'occupe-t-elle ? Le Français le plus instruit, connaît-il les noms de deux ou trois cents Français du siècle dernier ? Qu'est-ce par rapport à la population du pays et surtout par rapport à l'humanité ? Qui sait d'ailleurs si ce n'est pas sur les familles placées en dehors des orages de la politique, et par suite des investigations de l'histoire, que l'influence de la religion se fait le mieux sentir ? Les intéressantes publications faites dans ces dernières années, de « Livres de raison, » tendent à le faire croire. Ces documents où se découvrent les sentiments intimes de quelques respectables familles des dix-septième et dix-huitième siècles, proviennent en grande partie de la bourgeoisie de province. On trouverait assurément dans ces recherches la confirmation la plus précise des idées que je défends ici en ce moment, elles ont cependant, jusqu'ici au moins, peu d'influence sur les idées de notre temps ; si grand que soit le nombre des exemples cités, ils ont pu être taxés d'exceptionnels, en envisageant l'ensemble de la société au milieu de laquelle ils s'étaient produits.

Interrogera-t-on une science qui porte ses investigations sur la foule des individus obscurs, la statistique ? La statistique ne recule pas devant bien des problèmes, à mon avis insolubles, elle ne se hasarderait pas cependant ici. Histoire et statistique sont pareillement impuissantes pour nous montrer à découvert l'action de la religion sur les âmes dans les sociétés. Il ne me reste donc à alléguer que mon expérience, le fruit de mon âge et de mon commerce avec l'humanité. Je sens combien cette preuve paraîtra faible à ceux qui ne partagent pas mes croyances ; que de gens ont mon âge ou plus, et soutiennent une autre doctrine !

Que de gens croient, à tort ou à raison, avoir vu de l'humanité
autant que moi ! Et cependant je sens que j'ai raison ! je sens
que la religion m'est à moi-même un frein quand je suis sollicité,
comme on l'est toute la vie, à mille petites ou grosses vilenies.
« Je n'ai pas vu l'âme d'un criminel, dit quelque part de Mais-
« tre, mais je connais celle d'un brave homme, et c'est une triste
« chose. » — En dehors de moi-même, j'ai vu de près les sentiments se former dans l'âme tendre de mes enfants ; j'ai eu dans
mes relations bien des confidences, que l'amitié et une confiance
réciproque provoquaient : plus je vais, plus je vois nettement
l'action de la religion, toujours je la trouve en travers du penchant au vice.

Qu'il me soit permis à ce sujet de faire une réflexion. Très
peu de gens, surtout parmi nos hommes politiques, peuvent se
faire une idée précise et juste de l'esprit religieux. D'abord il est
le partage d'un petit nombre d'individus, on doit donc les rencontrer rarement ; mais s'il en a été ainsi dans tous les temps,
aujourd'hui, de plus, par suite de nos institutions et de nos
mœurs, ce petit nombre est presque partout écarté des assemblées
élues, maîtresses du pays. Puis le peu d'hommes qui ont pénétré
jusqu'à ces assemblées, y faisant partie de la minorité, sont, par
la loi des vaincus, éloignés systématiquement de toutes les affaires importantes ; aussi les rencontre-t-on moins que jamais
dans le voisinage des hommes d'État ; ceux-ci peuvent fournir
leur carrière entière, acquérir toute l'expérience que donne le
maniement de grandes affaires, sans jamais avoir de rapports
personnels avec des hommes qui aient le sentiment religieux ; ils
ne le connaissent que par ouï-dire.

Du reste, quand même par suite d'habitudes moins déraison-
nables, par suite de sentiments moins exclusifs, les hommes po-
liques — ou d'autres — auraient des rapports fréquents avec des
hommes à idées religieuses, il suffirait de l'opposition déclarée
de leurs sentiments sur un sujet aussi important, pour que diffi-

cilement l'intimité s'établit. Aussi ce monde religieux, coudoyé chaque jour dans la rue par la foule irréligieuse, peut être aussi entièrement caché à ses regards que s'il était séparé par un océan. Non seulement les sentiments intimes ne se révèlent pas à l'observateur non croyant, mais ce qu'il y a de plus extérieur dans le culte peut lui échapper complètement par l'effet de l'habitude. Prenons pour exemple une des pratiques les plus ordinaires du culte, l'Angélus. Un voyageur, que je suppose indifférent à toute religion, comme il en est tant parmi nous, parcourt une grande route à travers la campagne. Dans notre France chrétienne, devant lui, derrière lui, à droite, à gauche, se succèdent dans le paysage déroulé à ses regards, des clochers portant une croix aussi haut dans les airs que l'homme a pu l'élever. C'est le souvenir d'un événement qui depuis 1800 ans a ému toutes les générations et qui a renouvelé le monde, c'est le symbole des croyances de bien des millions d'hommes. Il ne la voit pas. Voici le jour arrivé en son milieu ; quelques coups de cloche rythmés d'une manière particulière, résonnent dans l'air. Le pauvre laboureur comme le plus grand seigneur peut les entendre, c'est le signal d'une courte prière, ils rappellent à l'un comme à l'autre les dogmes qui réunissent tous les chrétiens dans la même foi. Le son traversant l'air peut pénétrer leur âme : qui en est le témoin ? Des centaines de villes, de bourgs, de villages, en France, chantent au même instant le même hymne au Rédempteur ; à l'instant suivant, le soleil poursuivant sa course donne le midi à d'autres pays, qui reprennent à leur tour le même acte de foi, de sorte que la cloche et avec elle la prière suivent l'astre jusqu'au delà de l'Océan. Quel grandiose spectacle pour celui qui le voit ! Mais dites-moi, de ce voyageur ou du cheval qui le tire, lequel en pourra mieux sentir l'impression ?

Cette incapacité de sentir se peut rencontrer chez ceux-là mêmes qui ont la prétention de sonder les mystères du cœur humain. Je prends un des romanciers les plus observateurs, les plus pénétrants, Balzac. Eh bien, Balzac n'a jamais compris le sentiment religieux chez ses contemporains. Il a voulu souvent peindre des caractères religieux, nombre de lecteurs se fiant à son génie d'observation, pourraient croire qu'ils ont devant les yeux des types plus ou moins conformes à la réalité : leur erreur serait complète, les sentiments sont faux, et les discours ne le sont pas moins ; l'ordre des faits est plus ou moins admissible, les mots que l'auteur a pu copier dans des livres de dévotion sont reproduits exactement, mais le tout fait un assemblage incohérent, et la peinture de pareille religion, non seulement ne rendra jamais les lecteurs religieux, mais elle leur donnera l'idée la plus erronée de ce qu'est la vertu chrétienne. Je recommande à ceux qui voudront constater le fait, la lecture du volume intitulé *Ursule Mirouet*, où l'on voit une jeune fille et un curé, présentés tous deux par l'auteur comme animés de sentiments religieux. Mais jamais ils ne pensent à faire appel à ces sentiments, dans les moments où il serait le plus naturel que l'idée de Dieu vînt remplir leur âme ; tandis que de saintes personnes dont le souvenir m'est cher, en avaient leur vie entière si imprégnée, que dans les actions les plus indifférentes en apparence, les plus étrangères en elles-mêmes à toute idée religieuse, celui qui les connaissait pouvait deviner un désir, celui de chercher ce qui serait le plus conforme aux préceptes de Dieu.

Je ne serai pas compris ici, je le crains ; je ne puis l'être par quiconque n'a pas eu le bonheur d'avoir près de soi certains exemples de piété. Il n'est pas donné au premier publiciste venu de pouvoir étudier le sentiment religieux chez les autres, comme on va étudier un musée de midi à quatre heures. Un homme qui à aucune époque de sa vie virile n'a vécu dans l'intimité de personnes croyantes, qui lui-même n'a jamais prié, qui n'a jamais eu en faisant le mal, le besoin d'écarter l'image importune de la justice divine, ne parviendra jamais à comprendre l'effet du sentiment religieux sur l'âme humaine.

Ainsi s'explique, que dans une certaine littérature contemporaine, — la plus répandue, — on voie si peu et si mal l'influence du sentiment religieux. Comment en effet ceux à qui la nature de ce sentiment est inconnue, qui ne peuvent même le distinguer chez les autres, pourraient-ils se rendre compte de sa puissance?

Ici une objection peut m'être faite : Si le sentiment religieux est chose si bien cachée à ceux qui, politiques ou littérateurs, font état de connaître la société française, il doit tenir peu de place dans la société. De quelle manière une grande influence peut-elle s'exercer, tout en échappant aux regards les plus curieux?

Voici ma réponse à cette question : Les événements propres à attirer l'attention du public ne sont pas les seuls importants, il s'en faut de beaucoup; et de même que dans l'ordre physique, des hommes fort curieux de la nature, ont pu cependant ignorer absolument le rôle, joué partout autour d'eux par des êtres infiniment petits mais compensant leur petitesse par leur nombre, de même dans l'ordre moral, des écrivains dont l'attention est toujours tournée vers les objets les plus en vue, peuvent ne pas remarquer une infinité de faits, en eux-mêmes fort obscurs, mais dont l'ensemble est cependant d'un grand poids parmi les causes de prospérité ou de décadence d'une nation. Je vois à la tribune du Luxembourg d'éloquents sénateurs, vieillis dans la politique, renommés dans la littérature; ils sont écoutés avec attention, la foule se presse pour les entendre ou pour seulement les voir, et leurs paroles à peine tombées de leurs lèvres sont portées par les journaux aux quatre coins de la France. Ce sont bien là des hommes influents! Dans le jardin, sous leurs fenêtres, d'obscures mères de famille en ravaudant des bas, de pauvres bonnes d'enfants, adressent aussi des discours aux bambins qui autour d'elles jouent à la balle. L'histoire n'en a cure, et cependant, avec toute la révérence due à nos hommes d'État, ces femmes par leur vulgaire parole exercent plus de persuasion qu'eux.

On les aime et on les croit ; nos grands orateurs peuvent-ils porter sur eux-mêmes un tel jugement ? Aussi contribuent-ils bien moins à former les idées de la France que ces obscures personnes. L'influence de la première éducation persiste toute la vie, combien de nos idées, à vous lecteur comme à moi, sont entrées en nous par notre éducation seule et ne sont pour nous qu'un emprunt !

Eh bien, pour revenir à l'influence du sentiment religieux, on ne la contestera pas, je suppose, dans la première éducation. N'est-il pas bien connu qu'il convient parfaitement à l'intelligence de l'enfant, et remplit facilement toute son âme ? N'est-il pas aussi certain, que dans l'état actuel de la France, à tort ou à raison, le sentiment religieux est chez les femmes en général, et particulièrement chez celles qui s'occupent des enfants, le fondement des idées morales ? Ce sont là des faits, indéniables à mon avis ; des théoriciens peuvent nous dire qu'ils ont mieux à nous offrir, on les verra peut-être à l'œuvre, mais en attendant, eux-mêmes, si dégagés de préjugés qu'ils soient, aimeraient peu, j'en suis persuadé, mettre leurs enfants entre les mains de bonnes, de pauvres servantes qui se vanteraient d'être libre penseuses. Bien des hommes qui ne croient pas à la religion, la trouvent cependant utile pour les pauvres gens. En quoi ils ne se trompent pas, ils devraient seulement généraliser.

Si donc on admet qu'aujourd'hui les premières idées morales reçues par l'enfance reposent sur le sentiment religieux, et le fait ne peut guère ce me semble être contesté, cette considération à elle seule permettra de dire que la religion exerce sur notre nation une immense influence.

De l'enfant passons au jeune homme et à l'homme fait ; un très grand nombre d'hommes et même de jeunes gens, n'ont, je le reconnais, et ne veulent avoir aucune religion, mais il faut toujours bien admettre qu'il en existe aussi beaucoup d'autres dans des dispositions toutes contraires. J'en veux pour preuve, à Paris même, la foule dont les églises sont remplies à toutes les fêtes ; en dehors de Paris, dans la plupart des villages de campagne, on trouverait même spectacle. Enfin, s'il y a beaucoup d'hommes irréligieux, il y a jusqu'ici fort peu de femmes qui le soient ; ainsi en définitive, si on envisage l'ensemble des êtres humains sortis de l'enfance, qui vivent sur le sol de la France, on en trouvera un nombre immense animé de sentiments plus ou moins religieux. Est-ce la majorité ? Je n'en sais rien, c'est fort difficile à dire ; mais qu'il y ait plus ou moins de la moitié, peu importe ici, il s'agit seulement de savoir si leur nombre est très grand, or on ne peut vraiment le nier.

Dira-t-on que les personnes animées de sentiments religieux sont sans influence ? Que ce sont gens ignorants ou obscurs ? des femmes ou des hommes dont l'opinion publique s'écarte de jour en jour ?

Je reconnais que l'irréligion paraît gagner du terrain parmi les hommes publics, et ce sera peut-être dans quelques années une chose inouïe de voir un fonctionnaire aller à la messe. Mais quand même on en devrait venir là, quand même le sentiment religieux existerait seulement chez des gens obscurs, sans influence politique, sans richesse si on veut, on ne pourrait pas dire avec plus de raison qu'aujourd'hui : La religion est sans influence. Elle restera toujours en effet le seul lien de la conscience pour une foule d'individus, dans un très grand nombre de cas où l'intérêt de la société est manifestement en jeu, mais où cette société n'est protégée ni par les gendarmes ni même par l'opinion publique. Quels sont les vices qui rongent toutes les sociétés ? Est-ce l'assassinat parce qu'il diminue le nombre des citoyens, est-ce le vol avec effraction parce qu'il détruit la richesse ? Non ! les vices les plus dommageables sont ceux contre lesquels toutes les lois sont impuissantes : C'est la débauche, qui flétrit la jeunesse en sa fleur, et qui est parée de mille grâces par la peinture et la sculpture, par le théâtre et la littérature ; c'est l'adultère, qui détruit les familles, mais que le monde excuse facilement pour un peu de discrétion et de tenue ; c'est cette honteuse prudence inspirée par l'avarice et l'amour du bien-être, qui arrête le développement des familles ou les perpétue par quelque malheureux enfant gâté ; c'est l'intempérance, qui énerve les facultés physiques et morales ; c'est l'ambition égoïste, qui corrompt le fonctionnaire ; ce sont, en un mot, tous les vices que ni les gendarmes ni les magistrats ne peuvent atteindre. Ces vices sont plus dommageables dans une société démocratique que dans toute autre, car non seulement ils y trouvent de nombreux flatteurs comme dans tout état social, mais ils ne déplaisent pas au souverain, si on entend par ces mots le suffrage des foules. Un homme peut en effet être taré, être méprisé par tous ceux qui l'approchent, et obtenir cependant un nombre immense de suffrages dans une élection politique. Nous en avons vu de très nombreux exemples.

Ainsi l'influence de la religion perpétue dans les familles le respect de certains principes moraux, utiles à la société, mais que ni les usages ni la contrainte des lois ne suffiraient à faire prévaloir. Assurément cet effet sera d'autant moins marqué que le nombre des gens religieux sera plus petit, mais il est impossible de le considérer parmi nous comme une quantité négligeable. D'abord, le nombre des hommes et des femmes qui cherchent à remplir leurs devoirs pour obéir à Dieu est encore immense parmi nous ; et ensuite, comme nous le verrons au prochain chapitre, les familles religieuses étant à peu près les seules qui se perpétuent, comptent beaucoup plus que les autres pour le maintien des traditions.

Il me paraît impossible, en étudiant ici les effets politiques du sentiment religieux, de ne pas dire un mot des établissements secourables qui doivent leur origine à ce sentiment même. Hôpitaux pour les malades, hospices pour les infirmes et les vieillards, asiles pour les malheureux de toute catégorie, se sont élevés par les efforts de pieux et charitables chrétiens qui nous ont précédés. J'ose dire que de nos jours encore, malgré toutes les entraves de nos lois, la charité chrétienne n'est pas moins active pour soulager les misères de toute nature. C'est bien là une marque manifeste de l'influence permanente de la religion.

En général, nos institutions de bienfaisance sont nées d'une idée religieuse. Ce n'est guère contestable, seulement les adversaires de la religion prétendent que désormais nous pouvons nous passer d'elle, que de bonnes lois civiles, appuyées sur un solide budget, peuvent faire le bien d'une manière plus intelligente et en faire davantage. Je trouve contraire à toute logique d'admettre que les institutions, nées de certaines idées et de certains sentiments, se développeront et se perfectionneront quand ces idées et ces sentiments auront disparu. Ceux qui aujourd'hui font tant d'efforts pour effacer la trace du passé quand il fut religieux, qui croient avoir rendu un service à l'humanité en débaptisant la salle Saint-Joseph pour l'appeler salle du Midi ou salle n° 2, n'ont probablement jamais eu l'idée de fonder eux-mêmes un hôpital; si par impossible, ils parvenaient à rendre leurs concitoyens semblables à eux-mêmes, et à éteindre l'idée chrétienne au fond des cœurs, non seulement on ne verrait plus s'élever de nouveaux établissements charitables, mais dans ceux qui existent le dévouement serait remplacé par le désir du salaire, les abus se développeraient tout naturellement, et l'égoïsme corromprait les meilleures institutions.

Assurément telles ne sont pas leurs prévisions. C'est en effet une illusion fort répandue aujourd'hui, de croire à l'efficacité de quelques articles de loi, de quelques fonds donnés par le gouvernement, pour faire naître et faire vivre d'utiles et grandes institutions. Sans doute les pouvoirs publics peuvent aider, donner une utile impulsion, mais s'ils ne trouvent pas pour accomplir leurs desseins des hommes dévoués et désintéressés, leurs résolutions seront vaines. Aucune œuvre véritablement grande, véritablement bonne, ne peut s'accomplir, si les hommes qui en sont les instruments ne possèdent pas eux-mêmes les vertus qui doivent caractériser cette œuvre. Une œuvre de bienfaisance ne peut exister sans hommes bienfaisants. Des théoriciens ont pu être séduits par l'idée d'établir une législation qui produisît, comme mécaniquement, les « utilités sociales » à la mesure des besoins, et sans demander de sacrifice exagéré à personne. Il leur a paru peu conforme à la science administrative de faire appel au dévouement des individus. Jusqu'à eux, par exemple, on avait compté pour secourir les malades indigents dans des hôpitaux, sur des Sœurs de charité. Il fallait donc que des jeunes femmes dans la force de l'âge, abandonnassent de leur plein gré leur famille, leur fortune, leurs plaisirs, pour se consacrer, de la première heure du jour à la dernière, à des soins répugnants, à des fatigues non interrompues. Quelle bizarre conception! s'est dit le législateur, tous ces dévouements naissent en dehors de l'Administration, ils peuvent cesser de se produire, et alors que pourrait-elle faire? Il est bien plus simple, bien plus pratique, de compter sur le budget que sur l'abnégation personnelle. Remettons peu à peu les choses dans l'ordre, nous aurons des infirmiers et des infirmières bien payés, avec des heures de service fixées par un règlement. Des Contrôleurs vérifieront l'exécution du règlement, des Inspecteurs vérifieront le travail des Contrôleurs, enfin ce sera, comme dans toute administration bien montée, une succession de fonctionnaires se surveillant de degré en degré, jusqu'au suprême contrôle des Mandataires du Pays, qui, partageant les sentiments intimes, identifiés aux intérêts de la Nation qui les a élus, voudront... — Eh bien, non! Législateur naïf, ce projet vous séduit, il vous paraît bâti sur de solides fondements, il n'en est pas moins détestable. Si le dévouement n'existe pas, vous êtes impuissant; rien ne le remplacera, l'argent ne réussira pas : vos mandataires du pays écriront à leurs électeurs, vos fonctionnaires solliciteront les députés, vos infirmiers boiront le vin des malades ; je plains les pauvres abandonnés!

Ne cherchons ni à nous passer de dévouement, ni à le rencontrer ailleurs que là où il a toujours été. La religion a su jusqu'ici le faire naître et l'entretenir, reconnaissons son utile influence pour la fondation et la vie de ces admirables établissements charitables, inconnus aux sociétés païennes, l'honneur des sociétés chrétiennes.

CHAPITRE VI.

Influence de la religion sur le développement des familles. L'accroissement de la population est-il un bien ou un mal? En France, c'est indubitablement un bien. — Pourquoi les familles, la Normandie étant prise pour exemple, ne s'accroissent pas. Le défaut de subsistance ni aucune cause matérielle ne peut être alléguée. La seule cause est le parti pris. Ce faux calcul est loué par les économistes, flétri par la religion chrétienne. — Influence de la religion prouvée par ce fait, que dans un groupe donné de familles suivi pendant plusieurs générations, la proportion des personnes religieuses peut se maintenir ou même s'accroître. Comme la religion se transmet par l'hérédité beaucoup moins habituellement que l'irréligion, elle finirait par disparaître si les familles religieuses n'étaient pas plus fécondes que les autres. — Application à la noblesse française du siècle dernier.

Lorsque le nombre des habitants ne croît ni ne décroît dans un pays, — c'est à peu près le cas en France, — un grand nombre de familles doivent disparaître, d'autres au contraire s'étendre ; car pour qu'il en fût autrement, il faudrait que le nombre des enfants fût le même dans toutes les familles, et les choses ne se passent pas ainsi; l'expérience nous le dit tous les jours. Pour quelles raisons certaines familles se développent-elles à l'exclusion des autres?

Avant de traiter cette question, qui est proprement l'objet du présent chapitre, il convient de se demander au préalable, si l'accroissement du nombre des enfants dans les familles, et plus généralement si l'accroissement de la population, est un bien ou un mal.

Les économistes ont beaucoup écrit sur ce sujet, et l'ouvrage de Malthus est particulièrement célèbre. Dans ce que j'ai lu, j'avoue n'avoir trouvé aucune doctrine dont mon esprit ait été satisfait. Je reproche à toute l'école de parler constamment d'un homme qui en réalité n'existe pas, d'une espèce d'orang-outang civilisé, connaissant la machine à vapeur et la statistique, mais rien au delà de la matière ; toujours conduit par de froids raisonnements, jamais par des affections, des passions ou des idées. Je reproche à la plupart des auteurs de sortir ainsi de la vérité, dès les premières pages. Rien n'est plus agaçant, à mon avis, que la lecture de ces ouvrages, où l'auteur établit au début comme principes, sans même les discuter, des allégations sujettes à beaucoup de réserves, et se livre ensuite dans de grcs volumes, aux recherches les plus approfondies, pour appliquer ces prétendus principes à la doctrine qu'il veut faire prévaloir.

Ainsi Malthus, dans « l'*Essai sur le principe de population*, » écrit comme un axiome, dès la deuxième page de son fameux livre, la phrase suivante :

..... « Nous devons donc tenir pour certain que, lorsque la po-
« pulation n'est arrêtée par aucun obstacle, elle va doublant
« tous les 25 ans et croît de période en période, selon une pro-
« gression géometrique. »

Je ne dirai pas que cette proposition, qui sert de base à son volumineux ouvrage, soit fausse ; pour moi elle est incohérente. Je concevrais que l'on dise : S'il n'y avait pas de guerre, ou si la petite vérole n'existait pas, le mouvement de la population suivrait telle ou telle loi ; on peut, en effet, supposer un peuple vivant en paix pendant de longues années, ou n'ayant pas la petite vérole ; mais supposer que « la population n'est arrêtée par aucun obstacle, » c'est supposer que les hommes n'ont aucun des vices destructeurs des familles ou des nations ; qu'il n'existe parmi eux ni méchants, ni débauchés, ni égoïstes, en d'autres termes, que ce ne sont pas des hommes. De telle sorte que ce principe, prétendu certain, pourrait s'écrire :

« Si des êtres ayant tous les organes et toutes les facultés de « l'homme, sauf le libre arbitre, des castors très perfectionnés, « n'étaient arrêtés par aucun obstacle, leur nombre doublerait « en 25 ans. »

Je l'admets volontiers, mais que nous importe? Manifestement, on ne peut tirer de cette proposition aucune conclusion relative aux hommes. La phrase de Malthus est spécieuse, mais, regardez-la de près ; elle n'a pas un sens différent, et la logique défend absolument d'en faire le fondement d'une doctrine relative à l'humanité.

Et voyez comme les erreurs découlent d'un principe mal établi! S'il est vrai que naturellement, c'est-à-dire quand il ne se passe rien d'anormal, la population humaine double en 25 ans, il est clair, comme les moyens de subsistance ne doublent pas dans un temps si court, que nous marchons à une épouvantable famine, et que le législateur prévoyant doit employer tous ses efforts, pour arrêter cette redoutable et désolante multiplication de l'espèce. C'est la théorie de Malthus, elle a la vogue dans l'école ; mais si nous voulions arriver à une conclusion plus rassurante, ce serait bien facile! Donnons-nous, en effet, la même licence que Malthus, celle d'envisager un seul côté de la question ; nous ne considérerons que certaines tendances de l'espèce humaine, au lieu de ne considérer que sa faculté prolifique, et un raisonnement analogue au sien nous conduira alors à un résultat absolument contraire. Nous dirons : L'homme et la femme aiment par-dessus tout les jouissances et les richesses ; donc, pour peu qu'ils aient de prévoyance, l'homme évitera d'augmenter sa famille et surtout la femme d'affronter une grossesse. Comme l'on ne peut nier que l'esprit de prévoyance se répande avec la civilisation, nous pouvons prévoir un moment, si celle-ci continue à progresser, où les grossesses devenant de moins en moins nombreuses, finiront par être nulles, et peu de temps après, il est indubitable que la terre sera vide.

Voilà un argument raisonné comme celui de Malthus, une conclusion aussi certaine que la sienne. Manquerait-on de matériaux pour remplir de preuves un volume aussi gros que celui de l'*Essai sur le principe de population?* Assurément non ; on pourrait, par exemple, appuyer la première proposition, à savoir que l'homme et la femme aiment par-dessus tout les jouissances et la richesse, sur une foule innombrable de faits probants, bien établis, recueillis par les savants les plus véridiques, dans les régions les plus diverses du globe, et ainsi des autres propositions.

Donc, pour prendre la même forme que le célèbre économiste, nous dirons :

« Nous devons tenir pour certain que, lorsque la prévoyance « humaine agit librement, la population va sans cesse décrois-« sant jusqu'au moment où elle disparaît. »

On pourrait être plus précis encore en s'appuyant sur diverses statistiques, et trouver un chiffre pour l'époque de cette disparition future, introduire aussi dans la phrase, une progression géométrique ou autre chose analogue ; laissons là ces calculs, quelle que soit leur apparence mathématique, le chiffre final n'aurait pas plus de certitude que le chiffre de 25 ans trouvé par Malthus pour la période de doublement du nombre des humains.

La théorie classique de la multiplication rapide de l'espèce humaine *dans les circonstances normales,* est fausse ; c'est une exception et non une règle ; je ne sais en vérité ce qui arriverait, si cette exception devenait la règle, mais peu m'importe, puisque tout me dit que cela ne peut arriver. S'occupe-t-on de savoir ce que deviendraient la magistrature et les magistrats, s'il n'y avait plus de crimes ni de délits? Des théories appuyées, comme celle de Malthus, sur des hypothèses irréalisables, ne doivent jamais entraîner notre jugement. Ce sont en réalité purs jeux d'esprit.

Lorsqu'il s'agit de dire si l'augmentation des familles est un bien ou un mal, faisons appel au bon sens, et si c'est un Français qui écrit, apparemment point pour les sauvages ou les Hindous, je demande qu'il n'aille pas faire des raisonnements tirés tout d'abord de ce qui se passe chez les Patagons ou aux Grandes Indes. Je crois pouvoir dire hardiment que le département du Calvados où je vis, pourrait nourrir sans la moindre difficulté le double de ses habitants actuels, et probablement beaucoup plus. S'il en est ainsi ailleurs en France, et j'entends dire de tous côtés que les campagnes se dépeuplent, nous n'avons pas de bien longtemps à craindre sur notre sol une surabondance d'habitants ; sans parler de nos colonies, que nous ne parvenons pas à peupler. L'accroissement de la population n'a donc pour nous Français, aucun danger.

Je me souviens avoir, à ce sujet, entendu faire par M. Raudot à l'Assemblée Nationale une réflexion bien frappante. « Nous « avons épargné, disait-il, 10 milliards environ pendant le se-« cond Empire, et ils nous ont servi à payer sans trop de souf-« frances, la guerre de 1870 et ses frais. Bien des personnes « trouvent que nous avons le droit de nous vanter de cette puis-« sance extraordinaire de l'épargne ; mais nos voisins les Alle-« mands, que nous considérons comme des pauvres, ont pendant « ce même temps, augmenté leur population de 10 millions « d'habitants. Si dans la richesse d'un pays on estime un homme, « comme on estimerait un cheval ou un chien, pour le travail « qu'il peut faire, les services qu'il peut rendre, on peut bien « admettre qu'une tête représente un capital de 1,000 francs ; ce « chiffre n'a rien d'exageré, au contraire ; ainsi les 10 millions « d'Allemands nouveaux, représentent en réalité un capital de « 10 milliards, au bas mot. Le mode de placement de l'épargne

« a seul été différent des deux côtés du Rhin. Qui a fait le meil-
« leur, de la France ou de l'Allemagne ? »

Il est clair qu'un homme est un élément de la richesse d'un pays, à aussi juste titre au moins qu'une tête de bétail, pour laquelle un économiste n'aurait aucune hésitation à fixer une valeur.

Qu'arrivera-t-il au bout de quelques années, si la population rurale diminue dans les diverses parties de la France, comme nous le voyons déjà en certains départements ? Le premier résultat sera une transformation complète de la culture, transformation à laquelle nous assistons déjà en Normandie. Nos champs étant convertis en prairies, on verra dans nos campagnes les plus fertiles quelques rares maisons, comme dans la partie plantureuse de la vallée de la Dive, appelée le pays d'Auge. Beaucoup d'aisance et même de richesses, mais peu de bras. On ne verra plus d'ouvrier courbé sur la terre, trois ou quatre personnes vivront, presque sans rien faire, là où il en vivait dix. Les gens se lèveront à 8 heures, les filles porteront, tous les jours, des chapeaux.... — Bravo! me dit un économiste, c'est le bien-être universel, c'est le fruit de la sagesse. — D'abord, ce bien-être rend-il plus heureux? je laisse à d'autres le soin d'y répondre ; mais comment ne pas voir que de l'autre côté des Vosges, il y aura alors des millions d'hommes de plus que nous n'en aurons! soixante millions d'hommes, au corps endurci, à l'estomac creux, seront en face de trente et quelques millions, deshabitués des privations, élevés avec mille recherches... et riches. Quelle proie, et quelle proie facile pour les premiers! Comment ne pas sentir quelqu'amertume dans cette prévision!

Je ne veux pas insister sur cet ordre de considérations ; on admettra, j'espère, que pour la France, l'accroissement de la population doit être considéré comme un bien. Ce premier point étant posé, il reste à se demander quelles raisons, dans notre province par exemple, mettent obstacle à l'accroissement de la population. Essayons de les découvrir en étudiant ce qui se passe dans les familles.

Les causes qui arrêtent le développement d'une famille sont nombreuses et essentiellement complexes, il n'est pas nécessaire de s'arrêter à le démontrer ; mais il est une de ces causes que nous devons écarter tout d'abord, si nous parlons de la Normandie, c'est la cause toute matérielle de la difficulté ou de l'impossibilité de subsister, ce qu'on a appelé aussi les misères de la lutte pour l'existence. Nous voyons cette cause produire ses effets d'une manière manifeste dans la nature, et s'opposer à la multiplication indéfinie des végétaux comme des animaux. L'école Malthusienne, puis de nos jours l'école Darwinienne, l'ont particulièrement mise en relief, et ont prétendu en faire une loi de l'humanité ; mais s'il est possible de constater ses effets chez certains peuples, on n'est pas fondé à l'invoquer ici : les familles riches ou aisées ne s'étendent pas plus que les autres, loin de là ; ce n'est donc pas la pénurie qui arrête en notre province l'accroissement de la population. Il me paraît impossible d'ailleurs d'admettre en général que cet accroissement soit corrélatif à l'accroissement des moyens de subsistance. Une observation facile à vérifier, semblerait même faire croire que l'abondance de biens est souvent un obstacle. Si, en effet, on jette les yeux sur des généalogies de familles nobles de l'ancien régime, on voit que ces familles se sont fréquemment perpétuées par la descendance de cadets, et que l'extinction d'une branche aînée est un fait habituel, chaque fois que, par des circonstances diverses, il y a dans cette branche un accroissement considérable de richesse.

Pour justifier la théorie de la lutte pour l'existence, pour en établir l'universalité, on a, il est vrai, étendu la portée des mots : on a pris dans le sens le plus large l'expression de « conditions nécessaires de l'existence. » Ce nécessaire, dit-on, varie selon les individus ; il ne comprend pas seulement le pain et l'habit, il comprend l'éducation des enfants, l'apparence de richesses nécessaire pour certaines relations mondaines, les facilités d'existence, qui avec le temps deviennent un besoin, et dont on ne peut plus se passer. J'admets bien les nécessités de ce genre, je connais des gens qui souffrent cruellement de ne pas avoir un équipage, et je ne me refuse pas à croire, si on veut, que ce genre très réel de souffrance ne puisse empoisonner l'existence, altérer la santé, abréger la vie. Mais s'il en est ainsi, c'est pour des raisons toutes morales, raisons de vanité peut-être, de goûts, d'idées reçues dans l'éducation ou d'habitudes volontairement acquises. Je range donc cette impossibilité matérielle de vivre parmi les causes morales, parce qu'elle provient de la direction particulière donnée à l'esprit par l'éducation. Si un homme frappé de démence échappe à ses gardiens et va se briser la tête contre un mur, on ne donnera pas pour cause de sa mort, le peu de résistance de son crâne, mais bien sa folie. De même si un homme pourvu de 25 mille livres de rente se condamne au célibat, jusqu'à ce qu'il ait trouvé une héritière de 100 mille livres de rente, et que, ne la trouvant pas, il arrive à mourir vieux garçon, on ne pourra en vérité dire que le développement de sa famille a été arrêté par le besoin ; il faudra dire qu'il a été arrêté par un certain orgueil, par l'habitude d'une existence coûteuse, et que ce sont les résultats d'une éducation d'un genre particulier.

J'écarte donc la théorie de la lutte pour l'existence ; elle ne peut expliquer le non-accroissement des familles normandes. J'écarte également, et à plus forte raison, les causes matérielles extraordinaires, comme serait la guerre, les épidémies meurtrières, l'épuisement physique de la race.

Cherchons donc dans les causes morales, puisque les causes matérielles ne peuvent nous fournir d'explication.

La première qui se présente à l'esprit, c'est le vice sous ses diverses formes. Dans notre province, comme ailleurs, on peut malheureusement rencontrer des jeunes gens revenant du service épuisés par la débauche ; des hommes, et, hélas! des femmes, consacrant toutes leurs ressources à l'eau-de-vie, dont les enfants végètent étiolés, maladifs ; des ménages divisés par l'adultère ; enfin, tout le lugubre cortège des misères de l'immoralité. Philosophes, économistes, prédicateurs ont montré à l'envi les tristes effets du vice sur la prospérité des familles, et l'obstacle qu'il rencontre dans les idées religieuses. Il est donc inutile de traiter après eux ce sujet ; mais, en vérité, on ne peut représenter les populations dont je parle comme plus profondément corrompues que d'autres. Ces vices répugnants s'y montrent même probablement moins que dans d'autres régions rurales, et certainement moins que dans les grandes villes. Je laisse donc de côté cet ordre de considérations, pour chercher ailleurs quelle cause peut arrêter le développement de toutes ces familles honnêtes, aisées, robustes, qui forment la plus grande partie de nos cultivateurs, et qui, loin de s'étendre, paraissent diminuer à vue d'œil.

L'expansion des familles s'arrête de deux manières : tantôt il y a peu ou point de mariages, tantôt le mariage ne donne naissance qu'à peu ou point d'enfants.

Je n'attache pas une grande importance dans la question au nombre des mariages : il ne faut pas s'étonner que, par suite de dispositions d'esprit particulières, quelques personnes ne se marient pas. Il ne peut en être autrement, et le nombre des célibataires ne mériterait d'attirer notre attention, que s'il était considérable par rapport au reste de la population ; or il n'en est pas ainsi en Normandie : ce qui frappe dans le spectacle de la population, ce n'est pas le petit nombre des ménages, c'est le petit nombre des enfants dans chaque ménage. Un propriétaire me disait naguère : « J'ai sept fermiers, la plupart établis depuis « de longues années ; un seul n'est pas marié, mais les autres « ont, à eux six, sept enfants. » — Je cite là un fait particulier, mais je crois qu'il peut caractériser l'état général du pays.

Remarquons, en passant, qu'un fait de cette nature donne le démenti le plus formel à la loi d'après laquelle ce serait le besoin qui restreindrait les familles ; car si, pour un ménage en général, les enfants sont une charge quelquefois très lourde, pour un ménage de fermiers ils sont une véritable richesse. Quiconque a vu de près les difficultés qui résultent pour la culture dans nos pays, des exigences et de l'insouciance des serviteurs ruraux, constate que les fermiers ont une seule chance de réussir, c'est d'avoir des enfants pour les aider. Tout le monde le sait et le dit, cependant les ménages de fermiers ne sont pas plus féconds que les autres.

Il n'est pas besoin d'une connaissance du monde bien profonde pour reconnaître, dans la plupart des cas, la volonté formelle de n'avoir que très peu d'enfants. Plusieurs fois, dans des conversations, des gens du pays m'ont dit crûment : Nous avons un enfant, nous ne sommes pas assez riches pour en avoir deux. — Les mœurs commencent à permettre de tenir ce propos sans croire faire une confidence. Deux sortes de motifs me paraissent produire cette crainte d'avoir une nombreuse famille : tantôt on pense à soi ; l'amour du bien-être, des jouissances matérielles fait naître le désir de conserver l'argent plutôt que de le partager, et inspire l'horreur pour la souffrance physique ; tantôt on pense aux enfants ; on a pour eux une affection mêlée d'orgueil ; on les veut faire riches, et par suite, on les veut voir peu nombreux.

Le calcul me semble mauvais, pour les parents comme pour les enfants ; mais dans les doctrines qui ont cours parmi les philosophes scientifiques de notre temps, tout est fait pour l'encourager. Nul auteur sans doute ne l'a encore conseillé nettement aux riches, cela révolterait ce qui nous reste de pudeur, Malthus lui-même, qui a créé la théorie, n'a pas été jusque-là ; il s'est borné à dire que la misère avait pour cause principale la multiplication trop rapide des populations, et à conseiller aux ouvriers, aux

pauvres seulement, de mettre dans le mariage une grande circonspection ; mais le précepte était d'une application trop générale pour que les disciples, sans être ouvriers, ne la voulussent
tenter ; peut-être même sans Malthus, la doctrine eût-elle fait
également son chemin, car en partant de certaines idées, on
arrive à sa conclusion sans aucun effort de logique. Vous dites
que le progrès consiste à avoir plus de jouissances matérielles ?
La mesure en sera donnée par l'argent qu'on y pourra mettre :
moins on aura d'enfants, plus on aura d'argent pour soi et pour
eux, mieux on sera logé, mieux on sera chauffé, mieux on sera
nourri. Vous dites que la souffrance est le grand mal, et que
l'homme doit par tous les efforts travailler à l'éloigner ? Quoi de
plus simple pour commencer, que d'éviter les souffrances et les
dangers d'une grossesse ? Vous dites que tout meurt avec notre
corps, que l'âme est un vain mot ? Quoi de plus logique que de
n'avoir aucun souci de sa postérité, et de borner ses efforts à assurer le bonheur matériel du présent ?

C'est ainsi que toutes les théories de bien-être, de progrès
matériel, engagent à considérer comme un malheur la naissance
d'un grand nombre d'enfants. Des économistes ont été plus loin,
et ont élevé en certains cas au rang de vertu, ou au moins de
sage prévoyance, la restriction volontaire du nombre des enfants.
« Les mariages doivent être conduits prudemment, pour éviter
« la misère, » dit M. Joseph Garnier, économiste très considéré
de notre temps ; et il cite avec éloge un discours de M. Ch.
Dunoyer, préfet d'Amiens, aux classes indigentes de son département..... « Les classes les plus à plaindre, disait celui-ci, ne
« parviennent à s'affranchir de leur douloureux état qu'à force
« d'activité, de raison, de prudence surtout dans l'union conju
« gale, et en mettant un soin extrême à éviter de rendre leur
« mariage plus prolifique que leur industrie... » M. Garnier
ajoute en note : « En 1832, ces paroles *si justes* furent amère
« ment critiquées par le clergé du diocèse, et une partie de la

« presse parisienne ; M. Dunoyer répondit plus tard à ces *inin-*
« *telligentes attaques,* dans un Mémoire (1)... »

Je me rappelle parfaitement avoir entendu M. Thiers, en 1871
ou 1872, à Versailles, dire dans son salon, en parlant des Allemands : « On dit qu'ils sont forts parce qu'ils sont nombreux ;
« c'est une erreur ; c'est surtout la richesse d'une nation qui
« fait sa force ; une nation trop nombreuse est misérable et par
« suite faible. Voyez, ajoutait-il, les *sages* populations de la
« Normandie, elles ont très peu d'enfants, et leur pays est dans
« l'aisance la plus grande. »

On me dira que les théories des économistes sont faites en
vue des pauvres ; c'est vrai ; mais elles arrivent aux riches bien
avant d'arriver aux pauvres ; si elles sont licites pour les derniers,
elles le sont pour tous, et il restera un seul point à fixer, celui
de leur utilité dans une famille déterminée. Or, comment contester que cette utilité se retrouve partout, quand la préoccupation des intérêts matériels est la première de toutes ?

Comme on le voit, tout, dans les doctrines qui ont cours aujourd'hui, pousse les ménages à restreindre le nombre de leurs
enfants ; cette restriction est la conséquence naturelle d'un prétendu progrès, et l'école économiste qui en fait une vertu en certains cas, invite par cela même toutes les familles à étudier
s'il n'y aurait pas pour elles avantage à mettre la théorie en
application.

Où est l'opposition ? Dans quelle école philosophique ? Uniquement dans celle qui s'inspire du christianisme. La doctrine
chrétienne ne dit pas à tous les hommes : Mariez-vous, et ayez

---

(1) « Il n'est pas encore prouvé que cette variété d'abstinence qui prévient la
misère sans méconnaître les lois de la physiologie, soit immorale. » C'est une réflexion de M. Joseph Garnier. (*Essai sur le principe de population,* par Malthus ;
Paris, 1852, page 149, en note.)

Cette phrase ayant été justement l'objet d'une virulente attaque de Proudhon,
M. Joseph Garnier y répondit entre autres choses : « Le père de famille sera-t-il
« immoral, s'il ne veut avoir qu'un nombre limité d'enfants proportionné à ses fa-

beaucoup d'enfants ; tout au contraire, elle fait du célibat un état plus rapproché de la perfection ; mais elle dit aux époux : Dieu bénit les nombreuses familles ; il condamne comme un vice, ce que l'école économiste a recommandé comme une vertu. D'ailleurs dans cette doctrine, le progrès n'est jamais mesuré par la jouissance. Elle dit à l'homme : Tu travailleras à la sueur de ton front ; à la femme : Tu enfanteras dans la douleur ; à l'un et à l'autre, elle montre la souffrance comme une nécessité inéluctable de notre être, comme une expiation de nos fautes qui peut nous être profitable. Elle ne nous engage pas à la fuir, elle nous engagerait plutôt à la rechercher ; elle ne nous dit pas de chercher la consolation dans les plaisirs matériels, mais dans la pensée que Dieu nous tiendra compte de nos maux, si nous les acceptons comme une épreuve ; elle nous propose les exemples des martyrs, qui, joyeusement, ont enduré les plus cruels tourments, montrant ainsi que la vigueur de l'âme permet au corps de vaincre la souffrance.

Ah ! je sais bien que malgré l'éloquence des prédicateurs, tous les chrétiens qui les écoutent ne volent pas au martyre ; mais dans la lutte soutenue par la doctrine du sacrifice contre celle de la jouissance, s'il y a peu de véritables héros parmi les combattants, un grand nombre cependant fait tête à l'ennemi. Le courage se montre à divers degrés parmi les hommes qui croient en Dieu. Des missionnaires généreux vont se faire décapiter en Corée ; des chrétiens moins ardents se consacrent au ministère divin, en renonçant aux plaisirs du monde, mais sans s'éloigner

« cultés et à l'avenir qu'il rêve pour eux, et s'il ne se voue pas à l'abstinence la
« plus rigoureuse et la plus absolue ? Il est inutile de discuter sur ce point, et nous
« nous bornons à en appeler à toutes les consciences éclairées et à celle de M. Prou-
« dhon, devenu lui aussi... chef de famille. »

La clarté ne laisse ici, hélas ! rien à désirer. Quelque répugnance que j'aie eue à transcrire ce passage, il m'a semblé utile qu'il fût connu. Il est utile qu'on connaisse la profondeur du mal, et on en jugera en voyant que ces idées, dans toute leur crudité, ont pu trouver des défenseurs parmi des personnes ayant le mérite et la considération de l'économiste que je viens de citer à regret.

de leur patrie ; d'autres enfin, et c'est le grand nombre, se contentent du minimum, de l'observance des devoirs stricts de leur état ; mais ceux-là, dont je ne fais pas pour cela des héros, veulent en se mariant être les chefs d'une famille selon la loi de Dieu, et rejettent avec dégoût la pensée de ne voir dans leur union qu'un moyen de se procurer quelques jouissances sensuelles.

L'idée chrétienne est donc favorable au développement des familles ; c'est le résultat naturel de la doctrine, et quoique la lutte entre l'athéisme et le catholicisme ne soit pas établie sur ce terrain, on peut dire que s'ils s'y rencontraient, ils ne s'accorderaient pas plus que sur l'instruction publique ou la révélation.

Les faits sont-ils d'accord avec les réflexions précédentes ? L'histoire de notre temps, par exemple, nous montre-t-elle que la religion contribue au développement des familles ? On sent combien il est difficile de répondre preuves en main à cette question ; il n'est guère de familles dans notre pays où l'on ne trouve, en diverse proportion, de la foi et de l'incrédulité. Comment retrouver la part d'influence de l'une et de l'autre, dans les mœurs et les idées des descendants ? Je me hasarde cependant à présenter au lecteur quelques idées, suggérées par l'observation depuis un siècle de la classe élevée de la société, celle où il est le plus facile de suivre le sort d'une famille déterminée, pendant quelques générations.

Voyons d'abord comment, en général, se forment les sentiments en ce qui regarde la religion. Manifestement la foi religieuse naît, la plupart du temps, de la volonté et des exemples des parents. Cependant cette transmission par l'hérédité n'est pas une loi sans exception. Les parents religieux n'ont pas nécessairement des enfants qui leur ressemblent à cet égard ; toujours un certain nombre échappent plus ou moins à l'influence et répudient la tradition. D'un autre côté, des parents qui étant irréligieux, ont élevé leur posterité dans leurs principes, peuvent être à peu près sûrs que leurs enfants leur ressembleront ; ceux-ci, devenus jeunes gens, ne prendront pas, une fois jetés dans le monde, l'amour d'une religion qui jusque-là ne leur a point manqué, et qui désormais les gênerait. Ainsi d'une part, la religion des parents se transmet seulement à une certaine partie de leur postérité, tandis que d'autre part, leur irréligion se transmet presque sans exception. Il y a beaucoup de païens dans les sociétés chrétiennes, il n'y a point de chrétiens dans les sociétés païennes. Voilà des faits, qui me semblent incontestables. Il en résulte que, *toutes choses égales d'ailleurs*, l'irréligion doit gagner toujours, et que le sentiment religieux doit inévitablement disparaître, et à bref délai.

Cette conclusion semble d'une rigueur mathématique, mais l'histoire de nos cent dernières années lui oppose un démenti absolu ; il faut donc reconnaître que *toutes choses ne sont pas égales d'ailleurs*.

Reportons-nous en effet au siècle dernier ; il est encore assez près de nous, pour que les sentiments intimes d'un très grand, nombre de personnages appartenant à la classe aristocratique nous soient parfaitement connus. Nous savons que l'irréligion y était en grand honneur. Il n'était pas de bon goût de dire : Je suis athée ; Voltaire même ne le disait pas publiquement ; il communiait, dit-on, quand il était à Ferney ; mais on raillait les dogmes, on tournait les traditions en ridicule, et sans avoir la prétention de fonder quelque nouvelle doctrine, ce qui eût, avec les lois existantes, attiré des désagréments certains, on bafouait le christianisme aux applaudissements des rieurs. Le libre penseur, sérieux, dogmatisant, de notre époque, ne se rencontrait pas, on attaquait par épigrammes ou railleries, plutôt que par des arguments pesants, tirés de l'évolution des espèces ou des circonvolutions cérébrales ; tel était le goût du jour, mais le fond, en ce qui regarde les croyances, n'en valait pas mieux. En définitive, dans sa grande majorité, la classe élevée de la société, celle qui alors brillait à la cour et dans les salons élégants, était irréligieuse.

De nos jours au contraire, les représentants de ces mêmes familles sont en général religieux, ils forment une partie de la société que les adversaires de la religion accusent constamment de « cléricalisme. » A-t-on vu, à la fin du siècle dernier, des individus en grand nombre, qui par haine de la révolution auraient changé de sentiments ? Non! ceux qui étaient partis en émigration avec les idées irréligieuses à la mode dans la société élégante, ne se sont pas convertis en foule, et nous savons même qu'ils ont maintefois scandalisé les étrangers par leur frivolité et leur scepticisme. Ce ne sont pas davantage les enfants élevés par ces esprits forts, qui ont eu spontanément de pieux sentiments tout opposés à ceux de leurs parents ; on a pu le voir, mais bien rarement. La transformation des idées dans le sens où elle s'est accomplie, est difficilement explicable avec l'hypothèse d'une filiation directe ; elle s'explique tout naturellement par la suppression presque complète de la descendance directe des sceptiques du siècle dernier. Leurs familles ont eu le sort de celles de Voltaire et de Rousseau, leurs maîtres en morale. Beaucoup de noms se sont éteints, et pour les autres ils se sont perpétués, soit par la minorité, qui à la cour même avait échappé à la contagion, soit par des collatéraux obscurs, perdus dans le fond des provinces, qui y avaient conservé avec d'anciennes traditions, les idées religieuses sans lesquelles les familles ne se perpétuent guère.

L'irréligion a fait son œuvre il y a cent ans dans la classe aristocratique de la nation. Elle n'exerce plus là ses ravages, c'est plus bas qu'elle continue son œuvre, et aujourd'hui, se développant dans la classe la plus nombreuse de la société, elle tarit dans sa source même la population de la France.

QUATRIÈME PARTIE.

L'INSTINCT D'IMITATION.

CHAPITRE PREMIER.

Existence, chez tous les hommes, de l'instinct d'imitation. — Nécessité de l'imitation irraisonnée eu égard à l'imperfection de notre nature, aux bornes de notre intelligence, à l'impossibilité matérielle de réflechir sur toutes nos actions.

L'instinct d'imitation, ce titre étonnera peut-être ; car on n'est pas habitué à accorder à cette tendance, contre laquelle il semble facile de réagir, une grande influence dans les événements de l'histoire. J'ai déjà dit quelques mots à ce sujet dans un des premiers chapitres, et indiqué les raisons qui devaient faire considérer l'instinct d'imitation comme un mobile de grande importance ; il est temps d'entrer dans quelques détails.

Quand nous trouvons certains faits, auxquels ont participé un très grand nombre d'hommes, peut-on toujours, pour expliquer ces faits, trouver un raisonnement, ou plusieurs raisonnements, par lesquels tous ces hommes auraient été conduits ? C'est fort souvent impossible ; tous ont agi, mais tous n'ont pas raisonné ; il faut bien admettre alors, que plusieurs ont seulement « imité. »

Une première objection se présente : les imitateurs, dira-t-on, peuvent avoir les mêmes raisons d'agir que leur modèle ; il n'est donc pas nécessaire de faire intervenir une cause distincte, cet instinct d'imitation, pour motiver leur conduite. On voit plus clairement son chemin, on le suit avec plus de décision quand on est précédé par un guide, mais en suivant ce guide, on prétend arriver au même but et non pas seulement s'attacher à ses pas.

Sans doute ! cette explication est souvent suffisante : que, par exemple, dans un désastre général, une inondation, un incendie, la foule affolée voie un homme trouver une issue et échapper au danger, ou même courir dans une certaine direction, si elle se précipite derrière lui, elle obéit simplement comme lui, en suivant son exemple, à l'instinct de la conservation personnelle. C'est un même fait répété mille fois si l'on veut, ce n'est pas un fait différent ; il n'y a pas deux causes. Mais s'il est possible que la foule dont je parle n'ait aucune raison pour se précipiter à la suite de cet homme, aucune crainte, aucun désir, et qu'elle se précipite cependant par cela seul qu'elle le voit courir, quelle cause assignera-t-on à son mouvement, sinon un instinct d'imitation ? Je prétends qu'il en est très souvent ainsi, et qu'un certain nombre des actions collectives des hommes n'ont aucune cause personnelle à chacun des individus de la collection.

Ne puis-je dire d'abord, avant d'examiner les faits, que cette théorie de l'imitation irraisonnée, peu flatteuse peut-être pour le genre humain, est à priori vraisemblable ?

Je m'adresserai, pour commencer, à une certaine catégorie de gens qui doivent nécessairement être de mon avis : je veux parler des partisans de l'évolution, de ceux qui voient en nous un singe perfectionné. Il est juste de commencer par eux, puisque leur doctrine est devenue, en France, la religion d'État. Je leur dirai donc : Vous ne pouvez contester mon principe, et nier la puissance de l'exemple, car voyez notre ancêtre, ou si son histoire est perdue pour nous, examinez ceux de sa lignée, qui n'ont pas évolué comme nous ; l'anthropomorphe, le singe, pour parler français, resté plus près de la simplicité de son état primitif, imite manifestement pour imiter ; quelque geste que vous fassiez devant lui, il s'efforce de le répéter. A-t-il pour agir, les motifs de l'homme qu'il copie ? Non, assurément. Donc il existe chez le singe un instinct irraisonné d'imitation ; cet instinct doit exister dans la race entière à l'état plus ou moins latent ; il a dû être transmis à l'homme, — ce qu'il fallait démontrer.

Quant à moi, sans admettre comme article de foi la descendance directe, ou même le simple cousinage, je ne me refuse pas à priori à admettre que le même instinct doit exister chez l'homme. Hélas ! il est tant d'instincts brutaux, et de moins nobles encore, que nous avons communs avec les bêtes !

Je n'insiste pas sur cette raison d'instinct animal, ou, comme on dirait aujourd'hui, sur cette raison physiologique ; car il est facile de voir par d'autres considérations, que l'homme doit avoir une tendance constante à suivre, en fermant les yeux, l'exemple d'autrui.

Le joueur d'échecs hésitant entre plusieurs coups, sait qu'un nombre immense, infini peut-être, de combinaisons différentes, est la conséquence de chacun de ces coups. Il cherche à envisager la plus grande partie possible de ces combinaisons, pour choisir la meilleure. De même l'homme, sur le point de se décider à un acte, qu'il peut ne pas faire, pourrait s'il le voulait, examiner les conséquences lointaines de sa décision. Ces conséquences, pour nos actions les plus simples, s'étendent à l'infini : si je dors une heure de plus demain matin, et que je vive encore cinquante ans, dans cinquante ans j'aurai eu une heure de moins de vie active, et si chaque heure de mon existence m'a apporté quelque peu de vertu, de science ou d'expérience, — ce que je vous souhaite, lecteur, — j'en aurai dans cinquante ans, pour une heure de moins ; cette cause d'infériorité aura pu produire ses effets, à tous les jours, à toutes les heures, à toutes les minutes, de cette longue période.

Mais cette préoccupation de l'avenir de et l'infinité des combinaisons qu'il recèle, serait à l'homme un fardeau effroyable et sous lequel il succomberait immédiatement ; aussi le décharget-il, ou plutôt n'essaie-t-il jamais de le porter. Le sauvage, disent les voyageurs, n'a pour ainsi dire aucune préoccupation de l'avenir, à peine pour sa nourriture du lendemain ; quant à celle de la semaine suivante, il est impossible de l'habituer à y penser ; c'est incompatible avec sa nature. L'enfant, en tout pays, lui ressemble à cet égard ; mais l'homme le plus sage, le plus prudent, le plus prévoyant, du peuple le plus civilisé, est extrêmement borné dans sa prévoyance ; la plupart des actes qui remplissent sa vie, il les accomplit machinalement, et ne pense à un avenir de plusieurs années que très rarement.

J'ai dit, machinalement, parce que c'est une expression consacrée par l'usage, mais c'est une simple comparaison, une figure de rhétorique ; ce n'est pas le corps, la machine, qui s'est mise elle-même en mouvement ; l'âme qui lui a donné l'ordre, a refusé d'exercer son propre arbitre, elle a choisi de suivre l'exemple du reste du monde.

Comment ferait-elle autrement ? Pourrions-nous, à chaque moment de la journée, peser scrupuleusement chacun de nos actes ? Quand nous nous proposons d'aller voir un ami, faudrait-il examiner les conditions géométriques du problème, quelle est la voie la plus courte, quelle sera la longueur du trajet et par suite le temps qu'il y faudra employer, examiner si la visite de l'ami vaut exactement le temps qu'on y consacrera, faire entrer en ligne de compte l'exercice des muscles, utile au développement du corps, l'usure de ses souliers, la chance de rencontrer en route un incident intéressant ? Et vous, lecteur, qui prenez en ce moment la peine de me lire, avez-vous pesé, avant de m'ouvrir, les mérites respectifs de tant d'autres livres que vous n'avez pas lus ? Est-il raisonnable que vous vous adressiez à moi ? Peut-être n'avez-vous même pas lu Aristote ! Que d'autres occupations, et meilleures sans doute, eussiez-vous pu choisir, si vous aviez patiemment raisonné, occupations qui vous eussent été plus utiles dans le reste de votre vie ! Tous nos actes, les plus infimes comme les plus importants, comporteraient l'examen, l'analyse, l'étude du passé, la comparaison, la réflexion, le jugement; mais la vie est courte, nos facultés limitées, et l'homme qui consacrerait à de menus objets toute son intelligence, n'aurait plus ni temps ni force pour des objets plus importants.

Il faut donc se borner; aussi le jugement de l'homme ne s'exerce pas seulement sur tel ou tel sujet, mais aussi sur le choix de ce sujet. S'il néglige trop les détails, s'il prétend trop se réserver pour de hautes spéculations, il risque de s'égarer; si au contraire il s'enfonce dans les détails, il perd la faculté d'user de sa raison pour les choses importantes, mais quoi qu'il fasse, jamais il ne juge tout, les 99/100 de son existence sont la copie de l'existence d'autrui; c'est ce qu'on appelle souvent l'observation des usages. Qu'est-ce en effet que se conformer à l'usage, sinon suivre l'exemple donné par de nombreux individus?

L'homme, quoi qu'il fasse, est donc entraîné par le courant de son époque et de son pays. A peine le peu de force de sa condition lui permet-il d'user de son libre arbitre pour une microscopique partie de ses actes. Tout le reste ne lui est pas personnel.

Le philosophe se rend compte de ces deux ordres de déterminations : il fait la part du feu, abandonne à bon escient à son siècle la plus grande partie de ses actes, et se réserve seulement une petite part bien choisie, domaine où sa raison exercera seule la souveraineté. Quant à l'immense majorité des hommes, elle suit le siècle, en croyant agir d'initiative; comme le chien du philosophe antique, attaché derrière le chariot, mais ne résistant pas, qui suit dans tous les détours, en croyant choisir lui-même son chemin.

Ceux qui vantent la raison comme le merveilleux instrument, suffisant, disent-ils, pour donner à l'homme puissance et sécurité, n'ont pas tort assurément d'admirer cette mystérieuse faculté, qui le met si haut par-dessus tous les êtres terrestres

Mais ils font eux-mêmes de cette raison un très mauvais usage, s'ils ne voient pas, en même temps que son divin caractère, la petitesse du cercle où elle se peut mouvoir. Le plus curieux et le plus intelligent, le plus doué de mémoire et d'observation de tous les savants présents et futurs, est obligé d'accepter, les yeux fermés, infiniment plus de choses qu'il n'en peut raisonner, à commencer par ce qu'il lui importe le plus de savoir, les moyens de subsister : il mourrait de faim s'il ne se conformait pas à l'usage, en acceptant de confiance le repas qui lui est servi par une ignorante cuisinière. Nos actes sont pour la plupart irraisonnés, ils ne peuvent pas ne pas l'être.

Quand un peuple, lassé de suivre d'antiques traditions, se laisse persuader qu'il est de sa dignité de les rejeter, et de raisonner lui-même ses actes, il s'abuse ordinairement sur le résultat de ce changement. Il imite des contemporains au lieu d'imiter ses pères, il suit une mode dont il ignore l'effet au lieu de suivre un usage dont on a constaté l'utilité avant lui; mais le raisonnement n'intervient pas davantage. Qu'on voie par exemple, à la fin du siècle dernier, si le peuple français, après avoir répudié tout son passé, n'a pas été aussi esclave des mots nouveaux qu'il pouvait l'être auparavant de ses vieilles coutumes! Qu'on dise si l'initiative personnelle a trouvé dans le nouvel état un domaine plus étendu, ou si, au contraire, il ne semble pas que tous les citoyens aient été brutalement astreints au même langage et aux mêmes démarches!

Chez tous les peuples, l'éducation est dirigée de manière à fortifier cette influence de l'exemple, née d'ailleurs chez l'enfant, de la nécessité; on nous a dit à tous mille fois, dans nos premières années, de regarder ce qui se faisait autour de nous, et ce n'était pas à tort. Les usages ont très souvent une raison d'être bien déterminée; si elle est inconnue, c'est qu'on ne peut connaître la raison de toute chose. On risque donc bien moins à suivre l'exemple commun, qu'à faire à sa tête, dans la plupart des circonstances de la vie. N'avons-nous pas tous vu les gens dits *originaux*, c'est-à-dire qui copient moins que les autres, être exposés, même avec une intelligence au-dessus de la moyenne, à des erreurs très préjudiciables pour eux ?

Tout naturellement, l'homme ainsi contraint, dès ses plus jeunes années, à suivre l'exemple d'autrui dans presque toutes ses actions, contracte l'habitude de la soumission à l'exemple. Il reste toute sa vie sous l'empire de cette habitude, et cherche à se conformer, dans la plus grande partie de ses actes ou de ses sentiments, aux actes et aux sentiments qu'il suppose à tout le monde.

C'est ce que j'appelle l'instinct d'imitation ; c'est de cette influence que je voudrais étudier les manifestations et les effets sur la société.

CHAPITRE II.

Influence de l'exemple sur les hommes publics. — Sur les militaires : il acquiert une immense puissance qu'on s'efforce de tourner pour le bien; sur les administrateurs : il a relativement peu d'importance.

A tout âge, en toute situation, les hommes sont sollicités par l'exemple d'autrui, et entraînés par lui, tantôt au bien, tantôt au mal. Les effets divers de cet entraînement pourraient être étudiés par un moraliste; mais dans ce vaste sujet faisons une distinction, et laissons d'abord de côté les occasions où il se manifeste dans la conduite privée des citoyens.

Ce n'est pas, assurément, que cette conduite privée soit indifférente à la société, loin de là! Comme nous l'avons déjà vu, les vices des individus la désorganisent, et la peuvent faire périr bien plus sûrement que la violence et la convoitise d'un peuple voisin. Mais si l'oisiveté, par exemple, se répand par contagion, c'est en réalité ce vice qui constitue le mal dont souffre la société; et si on désirait faire des réflexions sur ce sujet, il conviendrait de les placer dans un chapitre consacré aux effets de l'oisiveté. Je me bornerai donc à examiner ici les cas particuliers où l'influence de l'exemple se fait sentir sur les personnes employées au service de la chose publique; encore, envisagerai-je seulement parmi les actes de ces personnes, ceux qui constituent ce service lui-même.

Dans le titre de ce chapitre, j'ai écrit le mot « hommes publics. » Cette expression ne comprend, dans son acception ordinaire, que des hommes attachés à des fonctions plus ou moins importantes, et exclut les humbles personnages, comme les soldats ou les instituteurs ; mais on me permettra de lui donner un sens plus étendu. La logique, ce me semble, ne s'y oppose pas, et je l'emploie ici, faute de mieux, pour désigner tous ceux qui sont employés au service du public.

Dans les divers groupes de personnes qui constituent l'organisme de toute société civilisée, tels que l'armée, la magistrature, l'administration, chacune de ces personnes se trouve en présence de certains exemples, auxquels elle est plus particulièrement sensible, ce sont les exemples des camarades ou collègues. Plus nous nous trouvons de ressemblance avec un individu, plus son exemple nous entraîne. Un enfant voit travailler ses maîtres, trop souvent il ne lui vient aucune idée de les imiter ; mais s'il voit travailler un autre enfant à côté de lui, plus ou moins inconnu d'ailleurs, comme il en rencontre sur les bancs du collège, il sera bien plus disposé à se donner aussi de la peine. De même, l'exemple d'un soldat est plus puissant sur un autre soldat que celui d'un civil. Il en est ainsi dans toutes les professions ; ces sortes d'exemples, qu'on pourrait appeler les exemples professionnels, agissent puissamment sur l'homme public, et pour plusieurs raisons.

D'abord, il débute toujours dans un état d'inexpérience, car l'éducation n'est guère donnée en vue d'une carrière déterminée, au moins dans notre état social ; il sent donc pendant longtemps le besoin d'observer ce que font ses voisins ; il cherche ainsi à compenser l'ignorance professionnelle par l'imitation de ceux, qui plus anciens dans la carrière, sont présumés savoir mieux s'y diriger. L'imitation est presque une nécessité pour le fonctionnaire nouveau, comme elle l'est à d'autres égards pour l'enfant. Si l'instabilité du gouvernement, ou la nature des institutions, ne laisse pas les employés publics longtemps dans les mêmes fonctions, ils seront, pour un très grand nombre, nouveaux, et par suite fortement exposés à la contagion.

En second lieu, comme en bien des circonstances le devoir se présente au fonctionnaire d'une manière plus ou moins incertaine, il est naturellement porté à chercher en autrui la lumière qu'il ne trouve pas en lui. Avec les intentions les plus droites et le caractère le plus ferme, il a souvent de la peine à distinguer le bien du mal, car le catéchisme ne prévoit pas les difficultés de la politique. Le catéchisme ! Comment croirait-on, si nous n'en étions les témoins, que des hommes d'État puissent le dédaigner, et veuillent le remplacer par leurs propres leçons ? Comme si, sans lui, l'incertitude ne régnerait point parmi les hommes sur les devoirs de la vie privée, comme elle règne universellement parmi eux sur les devoirs politiques, malgré toutes les chartes et toutes les constitutions ! Mais, passons ! la suite de cette réflexion me mènerait trop loin, et je veux seulement dire ici, que dans les groupes de personnes dont je parle, le devoir étant incertain, l'exemple a plus de prise.

Je ne me propose point de passer en revue toutes les catégories de personnes employées au service du public, je choisirai seulement, pour en faire l'objet de quelques réflexions, l'armée, les administrations et les assemblées.

C'est dans les rangs d'une troupe armée que le phénomène dont je parle doit se présenter avec le plus d'évidence. Les individus occupent dans le rang une place qui n'est pas de leur choix, ils ne peuvent pas se concerter, la soudaineté des résolutions est commandée par la profession même, enfin l'habitude d'obéir sans discussion ôte à l'individu celle de chercher, avant d'agir, dans le propre fonds de ses réflexions, la direction de ses mouvements. Toutes ces raisons augmentent l'influence de l'exemple ; mais une autre force vient agir à côté de celle-là, c'est la discipline. Par elle, l'instinct d'imitation sera tourné en héroïsme. Singulier effet des institutions militaires et de la puissance de l'habitude ! A force de faire faire toute espèce de mouvements du corps aux soldats groupés dans la cour de la caserne, de leur faire lever le bras à la fois, tourner la tête à la fois, reculer à la fois, avancer à la fois, par un si bref commandement, qu'il ne laisse aucun temps à l'hésitation, on obtient ce résultat, que la parole du chef prend une puissance absolue sur les hommes réunis. Au jour du combat, il pourra s'en servir pour obtenir d'eux les plus douloureux sacrifices. A ce moment, quel que soit le danger, quel que soit le trouble environnant, il suffira que la voix de l'officier puisse atteindre l'oreille des soldats, pour que ce lien insaisissable maintienne fermement la troupe. Chaque homme restera comme son voisin, à son poste, au milieu du fracas de la fusillade, devant la mort frappant partout autour de lui.

Mais ce lien vient-il à manquer, le trouble d'une déroute vient-il isoler les soldats des chefs dont ils connaissent la voix, l'instinct d'imitation sans aucune direction sera seul à agir; alors des milliers d'hommes accumulés confusément, ne seront pas une armée, mais un véritable troupeau de moutons, où les mouvements les plus désordonnés, les plus irraisonnés, les plus insensés même, se produiront. Des centaines d'hommes se précipiteront du haut de rochers à pic, ou se jetteront dans un fleuve infranchissable, devant un ennemi souvent fort inférieur en nombre, et qui, en tout cas, n'eût pu leur faire un pire sort.

Le lendemain de la bataille de Solférino, un long convoi d'artillerie s'allongeait sur la grande route, qui conduisait de Castiglione aux campements de nos troupes victorieuses. Les collines qui dominaient la route étaient couronnées par nos uniformes, brillant sous un soleil radieux; l'ennemi, absolument défait, avait fui devant nous; nulle crainte ne troublait l'armée. Tout d'un coup, un trouble se manifeste, sans un coup de fusil, sans une raison connue. Quelques hommes tournent bride, le mouvement se communique comme par une traînée de poudre, hommes et sous-officiers se précipitent, abondonnant leurs voitures, coupant les traits pour s'échapper plus vite. On les vit culbuter dans le fossé des charrettes qui obstruaient le passage, charrettes remplies de malheureux blessés français, qui en vain demandaient grâce. Les fuyards ne s'arrêtent qu'à deux lieues de là, et le calme n'avait cessé de régner dans la plaine à l'entour d'eux.

Voilà l'exemple! c'étaient des soldats pris dans la même armée, où leurs camarades avaient donné la veille tant de marques d'intrépidité. Faut-il plus s'étonner de cette lâcheté déraisonnable, que de l'intrépidité avec laquelle nos soldats s'élançaient, quelques heures auparavant, à l'assaut des positions ennemies? De pauvres diables qui se souciaient bien peu de l'équilibre européen, et qui n'avaient même pas caché leurs larmes en quittant la chaumière paternelle! On me dira que le courage des soldats tient au sentiment du devoir, à la persuasion qu'un ennemi résolument abordé a moins de temps pour lancer ses projectiles. Ces motifs doivent être admis dans une certaine mesure, mais ils ne suffiraient pas; l'histoire nous a montré cent fois qu'une réunion d'honnêtes gens pris dans la société civile, même avec de la bravoure, ne constituait pas une armée. Les institutions militaires sont coordonnées pour développer la force de l'exemple dans la troupe, et mettre cette force entre les mains des officiers. C'est elle qui donne à une troupe sa cohésion. Quand on sait s'en servir, une armée peut être composée de héros, pourvu que les officiers aient du courage et de la décision : grâce à Dieu, ce n'est pas le plus difficile à rencontrer.

J'ai dit ces quelques mots sur l'exemple dans l'armée, pour montrer quelle force il peut acquérir. Nulle part on ne peut mieux le voir, mais les événements militaires que l'on peut attribuer à cette influence, atteignent l'armée avant d'atteindre la société. La société en a seulement le contre-coup. Ce serait donc s'écarter un peu de notre sujet, que d'examiner avec détail les effets de l'exemple dans l'armée. Nous serions conduits de là, à étudier les effets de la force ou de la faiblesse de l'armée sur la société qu'elle est appelée à défendre. Je laisse de côté ce trop vaste sujet de réflexions.

Je ne veux pas m'arrêter non plus sur les phénomènes dus à l'exemple, et qu'on peut observer dans les administrations. Là, comme ailleurs, ils sont compliqués par les effets de causes diverses, car jamais l'homme n'est sous l'influence d'une cause isolée; mais l'exemple me paraît exercer dans les administrations publiques, une action moins énergique qu'ailleurs. Les fonctionnaires civils ne sont pas tenus, comme les soldats, à cette soumission passive et silencieuse, par laquelle on s'habitue facilement à laisser les autres réfléchir et choisir pour soi. Dans la plupart des circonstances, ces fonctionnaires n'ont pas à prendre leurs décisions sans délai. Le temps leur reste donc pour la réflexion; ils peuvent choisir le personnage qu'il leur convient d'imiter; de plus, l'exemple ne frappe pas les regards, il n'est pas donné par une masse compacte d'hommes agissant comme un seul être, spectacle qui frappe l'imagination, non moins que les yeux; l'exemple parvient habituellement au fonctionnaire par la lecture d'un journal, par le bruit public, et ne peut l'impressionner aussi vivement.

Je ne fais donc mention des fonctionnaires administratifs que pour mémoire, et je passe à une autre catégorie de personnes sur lesquelles l'exemple est presque aussi puissant que sur les soldats : je veux parler des hommes réunis en assemblées.

CHAPITRE III.

Les hommes qui composent les assemblées politiques sont moins que d'autres à l'abri de l'influence de l'exemple. — Faiblesse de notre raison en face des spectacles qui frappent vivement nos regards. — La tenue même des membres d'une Assemblée en séance prouve qu'ils sont sous l'influence d'une force extérieure. — Les cris, les gestes des membres d'une Assemblée sont une nécessité parlementaire. Il faut y voir un moyen reconnu efficace d'entraîner la masse. — Différents effets de l'exemple : 1° dans les questions politiques; 2° dans les questions d'affaires.

De l'exemple dans les assemblées.

Pour limiter le sujet de cette étude, examinons une de ces assemblées que nous voyons de très près fonctionner à côté de nous : une assemblée politique française, élue par le suffrage universel.

Les membres de ces assemblées, au premier abord, semblent être dans de bonnes conditions pour échapper à l'influence de l'exemple. Ce ne sont pas en effet les premiers venus, tous ont de l'instruction et en acquièrent chaque jour par l'exercice de leurs fonctions, puis le plus grand nombre d'entre eux a l'expérience que donne la quarantaine ; enfin, les décisions parlementaires s'élaborent par le passage à travers de longues formalités ; chacun a donc le temps de la réflexion.

J'accorde sans peine certaines précieuses qualités, aux personnages appelés à prendre place dans nos grandes assemblées politiques. Leur instruction les met incontestablement fort au-dessus du vulgaire ; mais ici l'instruction n'est pas le principal, c'est le jugement et surtout le caractère. La catégorie des citoyens instruits parmi lesquels sont pris les députés, a-t-elle plus de jugement que le reste de la nation ? Rien à priori ne me paraît le prouver. Quant au caractère, il faudrait, ce me semble, être bien optimiste pour le croire garanti par un triomphe électoral. Tout porte au contraire à supposer chez les élus de faibles caractères, car cette faiblesse même est une condition habituelle de succès dans la carrière parlementaire. L'électeur, comme tout homme qui doit se choisir un maître, aime à le prendre peu impérieux, docile même s'il le trouve. Ensuite tant de démarches, tant de déclarations, conseillées ou imposées au candidat, risquent fort de trop grandir à ses yeux le mérite des concessions ; aussi, tout bien pesé, je me refuse à considérer les députés comme plus forts que d'autres, par leur jugement ou par leur caractère, pour résister à l'exemple.

Les qualités individuelles étant mises de côté, trouverait-on dans les circonstances extérieures, dans la lenteur de la procédure, dans le nombre des formalités ou la pompe de la délibération, des garanties sérieuses contre l'entraînement ? Je n'ai pas besoin sans doute, d'insister sur le peu d'efficacité des moyens matériels, s'il s'agit de forcer les gens à faire travailler leur intelligence et leur volonté. D'ailleurs ce qui a été dit, ici même, sur la manière dont pouvaient s'élaborer les lois, doit apprendre qu'il ne faut pas trop compter sur les effets réels des sages et minutieuses précautions d'un règlement parlementaire.

Bien loin de considérer les députés comme placés à l'abri des effets de l'exemple, je les considère comme vivant dans des conditions où il est particulièrement difficile de lui résister, où les gens les plus sages et les plus fermes ont une peine extrême à puiser en eux-mêmes les motifs de leurs déterminations. D'abord, en dehors de la salle des délibérations, leur vie est si occupée par de menues affaires, qu'ils n'ont, pour ainsi dire, jamais le temps de réfléchir; ensuite, aussitôt qu'ils sont réunis en séance, leur raison est tellement assaillie par le dehors, qu'elle perd une grande partie de sa liberté. Il faut remarquer en effet, combien notre raison même est sensible aux impressions que nous recevons par nos sens. Quand une idée nous est présentée, accompagnée d'un spectacle d'une certaine ampleur, il semble qu'elle s'impose. Je ne sais comment les philosophes peuvent expliquer cette faiblesse de la nature humaine, mais elle est bien certaine; ainsi l'opinion de cent mille ou d'un million de personnes, lue dans les journaux ou apprise par le bruit public, nous touche à peine, mais si nous nous trouvons au milieu de cent personnes affirmant à haute voix cette opinion, nous sommes pénétrés jusqu'au fond de nous-mêmes.

Dans toutes les grandes assemblées politiques, l'expression des opinions diverses est accompagnée par des actes matériels qui frappent vivement nos organes. Avec les discours on entend les applaudissements ou les huées, on voit une agitation plus ou moins vive, qui donne lieu quelquefois à des scènes dramatiques. Dans un pareil milieu, l'exemple exerce une influence immense, au préjudice du raisonnement.

Les anciens Grecs paraissent l'avoir bien compris, s'il est vrai qu'à Athènes, certain tribunal jugeât dans l'obscurité; mais ce ne sont pas les yeux seulement qu'il faudrait exclure, ce sont aussi les oreilles, si on voulait que les sens ne dominassent point la raison. Nous sommes même, je crois, plus entraînés par les éclats de voix et les cris, que par les gestes, quels qu'ils puissent être.

Je me rappelle être allé un jour, vers la fin de l'Empire, dans une réunion populaire. Les orateurs démagogiques se succédaient à la tribune, entassant les phrases solennelles, débitant avec emphase les lieux communs de cette sorte d'éloquence, sans le moindre talent. A chaque mot à effet, la salle tremblait sous les applaudissements. Je n'étais pas persuadé, je prie de le croire, mais cependant, cette unanimité que je constatais, la conviction en apparence si chaude de ces 200 ou 300 personnes, en qui les orateurs glorifiaient la « majesté du peuple, » me faisaient une impression profonde. Je me disais en regardant ces ouvriers, ces jeunes gens de tout état, au milieu desquels je me trouvais : Comment pourraient-ils résister au courant, quand moi, pour si peu que j'y sois engagé, je me sens entraîné! Il me faut raisonner, pour établir par mon intelligence et contre mes yeux, que je ne suis pas seul d'un côté, le peuple étant de l'autre ; sans doute cette réunion est composée de tapageurs, choisis dans la cité la plus tapageuse d'Europe, et parmi eux les trois quarts applaudissent de confiance. Non, me disais-je bien, ce n'est pas là le peuple exprimant une opinion, c'est quelque ambitieux énergumène, heureux de trouver un milieu où des poitrines humaines font écho à ses éclats de voix, inconsciemment, comme les murs d'une salle retentissante ; il n'y a rien au delà de ces clameurs ; — et, quand au milieu de ces réflexions philosophiques, j'étais surpris par une explosion de bravos avec trépignements et cris, j'étais malgré moi, — qu'on me passe le mot brutal, — empoigné.

Je ne ferai pas aux membres de toutes les assemblées délibérantes, l'injure de les comparer au public peu éclairé d'une réunion démocratique de Paris, et cependant je crois pouvoir dire que dans les grandes assemblées politiques, la puissance des raisonnements contribue bien moins que la force de l'exemple, à renforcer les majorités.

Vous pouvez vous représenter un député aussi habile, aussi persuasif que vous voudrez, vous n'irez jamais jusqu'à le supposer capable d'amener deux cents députés à lui donner, l'un après l'autre, un plein assentiment à ses opinions ; vous êtes sûr d'avauce qu'il se heurtera à des objections chez les trois quarts au moins d'entre eux. Comment donc se fait-il que, s'il monte à la tribune, vous voyiez, à sa parole, ces mêmes deux cents députés, débordant d'enthousiasme, lui apporter leur confiance, sans réserve, au moins pendant quelques minutes? C'est que cet orateur est parvenu à enflammer une vingtaine peut-être de ses collègues ; ils ont crié : Très bien! bravo! ils ont battu des mains. C'est assez ; ces vingt députés entraînent immédiatement une multitude de leurs collègues, qui ne peuvent rester froids auprès d'une pareille chaleur.

Il est facile de voir par certains petits faits, dans le courant même d'une discussion animée, combien les membres d'une assemblée sont à ce moment sous l'influence de l'exemple. Un orateur éternue dans un passage pathétique : un rire bruyant et prolongé fait résonner les poitrines de cinq cents personnes bien élevées ; l'événement comporterait cependant à peine un sourire discret. J'ai vu un ministre, en lisant une déclaration importante, avoir la male chance qu'un courant d'air emportât une feuille de son discours : ce fut une hilarité générale ; il perdit dans le tumulte plusieurs de ses meilleurs phrases, avant que la gravité du sujet ramenât l'attention des législateurs ; encore, il eut beau faire, il était désarmé ; les adversaires, au lieu d'être terrassés, furent à peine touchés : il n'en faut souvent pas davantage, pour agir sur des décisions qui intéressent trente-six millions d'êtres humains.

Quand un grand nombre de personnes sont réunies, toutes les manifestations extérieures des sentiments de chacune d'elles sont amplifiées : le sourire qu'une plaisanterie aurait provoqué dans un salon, devient un éclat de rire sonore dans une assemblée ; une objection faite avec réserve à un adversaire dans un petit comité, se change en une violente apostrophe au milieu de 500 personnes. Il est facile de se l'expliquer : lorsqu'un individu aperçoit son voisin témoigner de l'approbation, il l'imite, l'individu imité s'enhardit et donne une expression plus manifeste à son sentiment; comme il peut être imité et dépassé à son tour, on conçoit que ces manifestations extérieures puissent arriver, dans une réunion nombreuse, jusqu'à des cris et des gestes désordonnés ; en fait, des députés, par exemple, usent des moyens les plus extrêmes que la Providence ait mis à la disposition de l'homme pour faire paraître au dehors sa satisfaction ou son mécontentement. Si les individus étaient placés au hasard et ne se connaissaient pas, il faudrait un certain temps pour que les sentiments pussent se communiquer de l'un à l'autre ; mais quand les individus de même opinion ont pu se grouper, ils se croient sûrs de ce que fera leur voisin, ils ont à peine besoin de le voir, l'explosion est alors instantanée ; il en est ainsi dans les assemblées politiques, où, dès les premiers jours, toutes les personnes du même parti se trouvent rapprochées les unes des autres. Du reste, aujourd'hui, tant de Français ont passé par les assemblées, que l'on ne peut guère concevoir une assemblée nouvelle en laquelle ne seraient pas un grand nombre d'anciens parlementaires. Aussitôt en séance, ceux-ci expriment leurs sentiments, avec la véhémence qui semble être de règle dans tout Parlement.

Ces usages sont loin d'être indifférents : l'enthousiasme d'un parti prépare son succès ; il agit beaucoup plus que le raisonnement sur les indécis ; sans doute cet enthousiasme se développe grâce aux paroles de l'orateur, on ne peut l'en séparer, mais il décuple leur puissance. La preuve à mon avis manifeste, qu'une argumentation éloquente agit surtout indirectement sur l'auditoire, c'est la disproportion des effets, selon que cet auditoire est nombreux ou peu nombreux. Il est fort difficile à un député, s'adressant à trois ou quatre de ses collègues, de leur faire seulement hocher la tête, en signe d'assentiment, tandis que s'il en a devant lui trois ou quatre cents, et surtout sept à huit cents, il pourra par deux ou trois phrases bien tournées, leur faire remuer les pieds et les mains, et pousser des cris de toute la force de leurs poumons.

Peut-être ces réflexions justifient-elles, dans une certaine mesure, les huées et autres procédés mal courtois, par lesquels une opposition répond trop souvent aux applaudissements des adversaires. Les interruptions malhonnêtes, — qu'on me passe le mot, — sont continuelles dans une Chambre : Assez ! assez ! — Finissez-en ! — Taisez-vous ! — C'est insensé !... Peut-être le spectacle de cette indignation bruyante est-il une nécessité· de conduite parlementaire, pour maintenir dans le parti l'esprit de résistance, pour empêcher l'éloquence de l'adversaire de faire trop de conquêtes. Il serait heureux, je l'avoue, qu'il existât une raison de nécessité, pour expliquer et faire pardonner ce manque absolu d'égards envers un adversaire, si choquant au premier abord.

Ce qui est certain, c'est que le spectacle d'une émotion, vraie ou fausse, exprimée par les gestes et les cris de beaucoup de personnes, produit habituellement un grand effet. Il est intéressant d'observer l'effet produit souvent sur les députés placés à la limite des applaudissements. Leur opinion étant jusque-là différente de celle exprimée par l'orateur, ils ont assisté silencieux à l'enthousiasme de leurs voisins, mais il leur a semblé que cet enthousiasme gagnait ; aussitôt quelque chose leur pèse, ils se sentent près d'être isolés, ils éprouvent le besoin de se rapprocher de gens si convaincus ; ils se disent alors les uns aux autres la phrase consacrée : « Il y a quelque chose à faire. » Tel est le premier pas : ils vont accepter dans peu de jours, ce qu'hier ils eussent trouvé détestable. Le langage parlementaire dit alors : « La chambre est *entraînée* par un irrésistible courant d'opinion, » et l'expression est juste, les députés cèdent à une force extérieure.

Cette faiblesse des hommes réunis qui les rend presque incapables de résister à l'entraînement irréfléchi, cette infirmité na-

tive des assemblées, n'est guère admise par l'opinion publique ;
on a, de notre temps, beaucoup de faveur pour les institutions
parlementaires, on voit leurs avantages et point leur défauts,
mon opinion sera donc peut-être traitée par bien des gens de paradoxe. Il est des sujets en effet, sur lesquels on voit les députés
voter avec une constance qui dénote une inébranlable résolution ; on est porté à croire que cette résolution personnelle se retrouve en toutes les affaires dont ils s'occupent. C'est à tort ;
cherchons, s'il est possible, de pénétrer en quelles sortes de décisions l'entraînement est plus puissant que la raison, et en
quels cas au contraire il est sans influence.

On peut, à première vue, diviser les discussions en deux grandes catégories : questions politiques et questions d'affaires. Sans
doute l'intermédiaire est fréquent, et bien des discussions ont un
double caractère, mais pour simplifier, occupons-nous de celles
qui ont un caractère bien tranché. Comment dans les deux cas,
les députés sont-ils déterminés à voter, ou, pour prendre le langage parlementaire, comment la majorité se forme-t-elle ?

Commençons par les questions politiques. Si incertain, si
faible de caractère qu'on puisse supposer un citoyen, il a certaines
idées sur la politique auxquelles il tient ; mais chez un député
ces idées sont d'autant plus arrêtées, d'autant plus fermes, qu'elles ont fait sa fortune et qu'elles en restent le soutien. Les députés
ont lutté avec acharnement avant d'entrer à la Chambre, ils se
sont posés en champions chevaleresques de certaines idées, ils
ont attaqué avec véhémence quiconque ne les partageait pas ;
ces idées font corps avec eux, et pendant les trois ou quatre années de leur législature, à moins de grands événements politiques, ils y resteront invariablement attachés. Qu'elles soient
bien à eux ou qu'elles soient inspirées par les circonstances, peu
importe ; le résultat est le même. Les votes seront toujours conformes à certaines idées, elles dirigent toute leur conduite.

Ainsi voit-on en Angleterre et en Allemagne des partis qui

veulent représenter une nationalité distincte. Certes, nul effet d'éloquence, nul exemple, ne les touchera assez pour influer sur leur vote dans les questions où l'intérêt national sera en jeu. Chez nous, en France, grâce à Dieu, nous n'avons point cette cause de désunion, mais, hélas! nous en avons bien d'autres, et qui laissent peu de place à l'espoir d'une entente. Aujourd'hui les idées religieuses, les opinions sur la meilleure forme de gouvernement, placent les députés en regard les uns des autres dans des camps fort éloignés et très nettement délimités. Toutes les fois que l'étiquette du gouvernement sera l'objet d'un vote, ou même qu'on pourra soupçonner qu'elle est mise en question, on verra invariablement 300 députés, si la majorité est de 300, voter sans la moindre hésitation, sans la moindre pression, pour soutenir le gouvernement de leur choix. Ne cherchons alors aucun effet d'entraînement; tous votent selon leur conviction, ou si on veut voir les choses du mauvais côté, selon leur système ; personne n'a besoin de regarder son voisin. Ce spectacle fait illusion, il porte la plupart des gens à supposer que dans les autres votes, où l'on voit les mêmes gens pareillement unis, les mêmes motifs raisonnés dictent leur conduite. Là est l'erreur. Les questions, même politiques, n'ont souvent qu'un rapport très indirect avec la forme du gouvernement, ou avec le peu d'idées bien arrêtées qui existent chez les députés. Les événements contemporains vont nous en offrir un exemple.

Dans la chambre des députés qui a terminé sa législature en 1885, la majorité était nettement républicaine, et hostile aux idées qu'elle appelait cléricales. Or elle a soutenu de ses votes, je n'examinerai pas si c'est à tort ou à raison, une politique de conquêtes dans l'Extrême Orient. Comment en cette occasion a pu se former cette majorité?

Il est impossible de voir dans cette politique, — bonne ou mauvaise, — une idée républicaine plutôt qu'une idée monarchique; et si on l'examine au point de vue religieux, elle aurait dû dé-

plaire, ce semble, précisément au parti qui l'a souteuue. Quel
motif raisonné trouvera-t-on donc, pour expliquer la faveur ac-
cordée par les républicains à ces idées d'expansion coloniale?
Peut-on dire sérieusement que les candidats choisis en 1881
pour représenter le peuple, apportaient de leurs divers départements le désir de voir la France s'étendre dans l'Indo-Chine? ou
que ce désir s'est développé uniformément chez les seuls députés républicains pendant leur séjour au Palais-Bourbon? Ces
deux hypothèses sont évidemment inadmissibles; dira-t-on
qu'ils ignoraient la grandeur et les hasards de l'entreprise?
mais les orateurs de l'opposition ont prononcé de nombreux
discours, toutes les difficultés ont été publiquement prédites.
Il faudrait donc croire que parmi les centaines de députés,
fort intelligents assurément, soutiens de notre politique auda-
cieuse, aucun n'a été touché par des craintes, éloquemment exposées devant eux, et parfaitement justifiées, — comme l'événement l'a prouvé. Personne ne voudra encore l'admettre. On dira
peut-être que c'était une question de personnes, que les députés
étaient très attachés au premier ministre d'alors. Les affections
parlementaires ont rarement leurs racines au plus profond du
cœur des députés, mais en admettant même cet attachement, il
ne suffirait pas pour expliquer les faits; car il est bien certain',
que si un grand nombre des amis du ministre lui avaient témoi-
gné une opinion contraire à la sienne, il ne se serait pas avancé
comme il l'a fait. S'il avait eu la certitude qu'un projet de guerre
au Tonkin le condamnait à perdre la confiance de ses amis et
la direction du gouvernement de son pays, il eût renoncé à faire
prévaloir son opinion personnelle sur l'utilité de cette guerre,
et, franchement, je ne crois pas le critiquer par cette réflexion.
Non! de quelque manière qu'on envisage la question, aucune
explication n'est satisfaisante autre que la véritable : l'entraînement irréfléchi. Le chef du gouvernement et un certain nombre
de députés d'accord avec lui, peut-être en nombre extrêmement

restreint, ont eu l'ambition de grandir la France dans l'Extrême Orient. Ils ont marché avec résolution, les autres se sont laissés entraîner, malgré leur intérêt personnel évident.

Très fréquemment les votes politiques répondent seulement à des questions de personne. M. A... restera-t-il ministre ou tombera-t-il ? Voilà où l'entraînement se manifeste bien clairement ! car si nous admettons que les ministres soient généralement en France des gens d'un grand mérite, il faut bien reconnaître aussi que généralement les députés n'en sont pas convaincus. Qui a vécu dans les couloirs, a vu la conduite des ministres être constamment l'objet de vives critiques dans leur parti. Tel jour cependant, les députés du parti le plus nombreux s'accordent pour applaudir avec énergie le malheureux ministre qui se défend à la tribune ; pourquoi paraissent-ils si attachés au maintien de M. A...? Je vais vous le dire, c'est parce que leur voisin et collègue le demande ; mais le voisin ? Ici nous entrons dans le mystère ; il se forme dans les assemblées politiques un certain nombre de centres d'attraction, autour desquels vient se grouper la masse des députés. Tous ceux qui ont quelque chose à perdre ou à gagner, en un mot les ambitieux, puis à côté d'eux les hommes à caractère original, à idées toutes faites sur chaque sujet, sont le premier noyau de ces petits groupes. On les voit se former dans les différentes parties de la salle, dans toutes les circonstances où le parti à prendre est important. Les députés sont en effet, pour le plus grand nombre, indifférents aux compétitions de personnes, et flottent dans l'incertitude, mais quand chacun d'eux sent qu'il va avoir dans son petit cercle des compagnons de vote, sa confiance s'assure, et il marche au vote avec fermeté ; mais que de fois j'ai vu un de mes collègues errer de banc en banc avec ses deux bulletins de vote dans la main, le oui et le non, et interpeller ses amis : « Comment vote-t-on ?... Que fait X...? » ne se décider enfin qu'après mainte information. Si ces lignes tombent sous les yeux d'un homme du métier, dira peut-être : « C'est le fait de tous les jours, c'est banal, il n'est pas besoin de l'écrire. » — Mais peut-être des personnes étrangères au jeu des institutions parlementaires, trouveront-elles la chose aussi anormale, que les gens du métier la trouvent simple et naturelle.

Si on veut bien y réfléchir, on trouvera dans la marche ordinaire des événements la justification de ma manière de voir, car les ministres, après avoir été généralement accueillis à leur début par des applaudissements frénétiques, n'en sont guère plus solides, et un beau jour, sans qu'on sache pourquoi, au bout de très peu de mois, la confiance a disparu. La leur a-t-on jamais donnée? Tous les individus qui d'après la liste du Journal offi ciel la retirent, ont-ils en réalité changé d'opinion? Non! telle n'est pas la vérité! Ils ont voté comme leur parti, un certain nombre d'entre eux sans doute ont leurs raisons : raisons d'intérêt public, raisons de passion politique ou d'intérêt personnel, mais ce sont là les hommes influents, ce n'est pas le grand nombre. Sans doute il est souvent impossible dans ce mélange de raisons diverses et d'entraînement, de faire un triage ; d'ailleurs personne ne s'y prête : ceux qui entraînent, comme ceux qui sont entraînés, cherchent à donner le change à l'opinion : les meneurs cachent l'intérêt personnel qu'ils peuvent avoir, les autres cherchent à cacher, — souvent à eux-mêmes, — leur absence d'initiative ; mais cette obscurité ne doit pas nous empêcher de voir que le grand nombre se laisse habituellement conduire.

Ce que je viens de dire de l'origine véritable des décisions parlementaires, origine mystérieuse et souvent fortuite, s'appliquait aux questions de pure politique, mais c'est encore bien plus vrai quand il s'agit d'affaires : affaires administratives, impôts à établir, attributions de personnel, etc., etc. Quel pourrait être sur des sujets si techniques le principe des décisions de chaque membre de l'assemblée, si ce n'était l'imitation d'un voisin ? La conviction personnelle ? C'est une naïveté de la croire possible. Il n'y a pas d'homme dont le travail le plus acharné puisse suffire à lui faire une conviction raisonnée sur le quart des questions soumises au vote d'une assemblée législative contemporaine. Si on veut bien se rappeler ce qui a été dit ci-dessus du peu de temps dont dispose un député pour examiner les projets de loi dans le silence du cabinet, on pourra dire *sans aucune exagération*, qu'il n'y a pas une seule loi considérable dont un dixième des députés aient fait l'étude dans tous ses détails. Je citerai les grandes lois militaires élaborées dans l'Assemblée Nationale, à une époque où elle travaillait avec une ardeur absolument inconnue aux assemblées qui l'ont suivie. Les projets de loi étaient confiés à une commission de 45 membres. Quand elle a préparé les grandes lois *des Cadres* et de *l'organisation générale de l'armée,* elle ne comptait pas plus de 10 à 15 membres présents aux séances; à la fin même, il n'y en avait pas plus de 6 ou 7. Aucun membre de l'assemblée, en dehors de la commission, n'a fait un travail analogue au sien. Nous trouvons donc, pour ces grandes lois, 12 personnes au maximum sur 750, 1 sur 60 environ. Et les 738 autres, me direz-vous ? Quelques-uns étudient un article ou deux pour y placer un discours, et les autres, dans l'impossibilité absolue où ils sont de discerner par eux-mêmes la voie qu'il convient de suivre, regardent leur voisin et font comme lui.

Vous répugnerait-il de croire que des hommes intelligents agissent ainsi sans trop savoir ce qu'ils font ? vous pouvez constater tous les jours comme l'habitude de voter au hasard est facilement acceptée. Entrez dans la salle au début d'une séance; vous y verrez voter quelques lois sans débats. Cet exercice traditionnel semble fait pour aguerrir le député à voter de confiance et les yeux fermés ; il se répète avec une parfaite régularité chaque fois que l'assemblée se réunit, comme dans ma jeunesse toutes les classes au collège commençaient par la prière. Ce sont

des « ouvertures de crédits » ou des autorisations données à des
communes de contracter des emprunts. Jamais plus de cinq ou
six députés dans l'assemblée ne savent de quoi il s'agit ; vraisemblablement toutes ces lois ne sont pas parfaites ; toutes cependant ont le même sort, l'usage est de les voter sans observation. Quand dans cette partie de la séance le règlement exige
le scrutin public, chacun met son bulletin blanc, — comme le
voisin. Il n'y a pas une autre raison, on ignore absolument l'objet du vote, il suffit que ce soit au commencement de la séance
et que le président lise d'une certaine manière, qu'on entende
vaguement de gros chiffres avec des centimes, ou quelque terme
financier. Dans la discusssion à laquelle nous nous livrons, l'u-
sage et l'exemple c'est tout un, nous pouvons donc bien dire
que dans toutes les lois votées au début des séances, et particulièrement dans celles dites « d'intérêt local, » les députés votent
pour se conformer à l'exemple, sans que leur opinion personnelle entre en jeu, sans que leur faculté de jugement soit appelée
à agir.

Je dois ajouter que les questions purement d'affaires, celles
où la politique n'est pas en jeu, tiennent une place de moins en
moins importante dans une assemblée à mesure qu'elle grandit
en pouvoir. Quand il n'existe pas une autorité effective et agissante en dehors d'une assemblée, quand celle-ci gouverne en
réalité, la politique finit par tout envahir : c'est une conséquence
inévitable. *Primum vivere,* dit un adage connu ; maintenir les
siens au pouvoir quand ils y sont, et quand ils n'y sont pas,
renverser ceux qui y sont, voilà les deux seules préoccupations
de la plupart des députés, elles remplissent leur existence. On
regarde alors avant d'examiner une proposition, qui la présente,
qui la combat, et cette considération décide du vote. Je conviens
que c'est la manière la plus expéditive de se faire une opinion ;
elle n'est pas, peut-être, plus mauvaise qu'une autre, parmi les
différentes méthodes pour voter au hasard.

Les réflexions précédentes m'étaient inspirées par les usages que nous avons vu régner dans les dernières assemblées. S'il est vrai que nous devions voir dans leurs décisions, un peu de réflexion et beaucoup de hasard, cette manière de voir pourrait-elle être justifiée par certains exemples pris dans le passé? Je me propose de l'examiner dans le chapitre prochain.

CHAPITRE IV.

**Influence de l'exemple dans les assemblées poli-
tiques. — Convention. — Assemblée Nationale de
1848.**

Reportons-nous dans l'Assemblée législative en 1792, au commencement de juillet. Quinze jours auparavant, le 20 juin, le
palais des Tuileries a été envahi par la populace ; Louis XVI et
la Reine ont failli être massacrés, et les auteurs de l'insurrection
sont restés impunis. L'autorité royale n'existe plus que de nom,
et va être abolie sans opposition dans un mois. Le parti porté
pour la République, prépondérant dans l'Assemblée, accable
déjà la royauté de ses invectives ; Vergniaud, un de ses orateurs,
vient de faire un discours étudié et menaçant ; enfin le sang a
coulé bien des fois dans la capitale et dans les provinces, les
haines de parti, déjà irréconciliables, vont devenir féroces.

Voilà l'état des esprits ! Le 7 juillet, la séance a commencé
avec une extrême violence ; on s'est d'abord traité de « lâches, »
à propos d'un incident sur le procès-verbal, puis un rapport a été
présenté par la commission militaire, tendant à « inculper griè-
vement » M. Servan, ex-ministre. On sait quelle pouvait être la
portée de ces mots ; enfin, après divers incidents, M. Brissot,
orateur considérable du parti hostile au Roi, a la parole sur « les
mesures générales à prendre, » et se dispose à attaquer le fantôme
de gouvernement qui reste encore. A ce moment, M. Lamourette,
ancien lazariste et supérieur du séminaire de Toul, converti
depuis aux idées nouvelles et devenu évêque constitutionnel de
Lyon, puis député, demande la parole avant M. Brissot « pour

une motion d'ordre. » Je transcris, d'un compte rendu du temps,
la suite de la séance :

« M. Lamourette s'est attaché à démontrer les avantages
« d'une union parfaite entre les membres du Corps législatif. Il
« a représenté qu'elle n'était impossible qu'entre le vice et la
« vertu. Les hommes de bien peuvent différer dans leurs opinions,
« mais ils veulent tous atteindre le même but, et s'y rencontrent
« toujours, quel que soit le chemin qu'ils prennent pour y ar-
« river. Deux partis se sont montrés jusqu'à ce jour dans la
« première assemblée législative de France ; l'un reproche à
« l'autre l'intention de rétablir le régime républicain, celui-ci
« reproche à son tour au premier de voter secrètement pour les
« deux chambres. Voilà la cause de la désunion, voilà les motifs
« de toutes les haines ! Foudroyons d'un même éclat et la Répu-
« blique et les deux chambres ; jurons-nous une fraternité éter-
« nelle ! Repoussons loin de nous et l'anarchie et la féodalité.
« Le moment où l'on saura que ce que nous voulons, nous le
« voulons tous, la France sera sauvée.

« Le sentiment qu'avait inspiré ce discours, prononcé avec une
« noble simplicité, retenait les esprits comme en suspens. On en
« a demandé l'impression, et elle a été décrétée à l'unanimité.
« Une voix s'est élevée : elle a demandé à M. Lamourette de faire
« une proposition quelconque. — En conséquence, a-t-il dit, des
« considérations que je viens de soumettre à l'Assemblée, je fais
« la motion expresse que M. le président, un jour et à une heure
« qui sera indiquée, dise : Que ceux qui rejettent également et la
« République et les deux chambres, se lèvent... — Aussitôt, par
« un mouvement spontané, tous se sont levés, et ont juré avec le
« plus vif enthousiasme le maintien de la Constitution. On en-
« tendait ces mots : Oui !... Oui !... Nous la jurons tous !... La patrie
« est sauvée ! — A ce serment qui montrait l'union des intentions,
« a succédé un mouvement désiré depuis longtemps par tous les
« bons citoyens. Cette ligne de démarcation que la révolution

« avait tracée entre les amis de la liberté et les défenseurs de
« l'ancien régime, a été effacée et l'est sans doute pour jamais.
« Nous avons vu les représentants du peuple se confondre au
« milieu de la salle, s'embrasser, et s'asseoir ensuite indifférem-
« ment dans l'une et dans l'autre partie, etc... »

« Ainsi, » dit M. Thiers après avoir raconté la scène précédente,
« ceux qui avaient attaqué et ceux qui avaient défendu, la Fayette,
« le veto, la liste civile, les *factieux* et les *traîtres,* sont dans les
« bras les uns des autres. Toutes les distinctions sont confon-
« dues, et l'on voit s'embrassant MM. Pastoret et Condorcet qui
« la veille s'étaient réciproquement maltraités dans les feuilles
« publiques. Il n'y a plus ni côté droit ni côté gauche, et tous les
« députés sont indistinctement assis les uns auprès des autres.
« Dumas est auprès de Basire, Jaucourt auprès de Merlin, et
« Ramond auprès de Chabot. »

Il est difficile de prendre mieux sur le fait l'entraînement irréfléchi. Est-il de ces hommes passionnés, un dixième, dont ce
pauvre évêque sentimental eût pu obtenir quelque chose, s'il
avait été seul vis-à-vis de chacun d'eux ? Que pouvait-il, à peine
quelques heures après ces serments de « fraternité éternelle, »
pour empêcher le retour des invectives et des dénonciations,
préludes des supplices qui devaient bientôt être le seul argument
des révolutionnaires ? De conséquence politique, le fameux
« baiser Lamourette » n'en eut aucune. Le lendemain même,
l'Assemblée ayant reçu une lettre du Roi dans laquelle le monarque montrait son caractère débonnaire, en s'en remettant à elle
pour les poursuites relatives aux événements du 20 juin, elle
passa dédaigneusement à l'ordre du jour, sans même y répondre.
Quant à Lamourette, il fut guillotiné le 10 janvier 1794.

La séance du baiser Lamourette est étrange ; les séances
dramatiques des 8 et 9 thermidor, où succomba Robespierre, ne
le sont pas moins, et ne montrent pas moins clairement les effets
d'une force étrangère à toute raison.

Deux mois avant sa chute, Robespierre avait été élu président de la Convention, par scrutin secret ; les suffrages furent unanimes en sa faveur ; il ne lui manqua, dit Prudhomme, qu'une seule voix. Le 8 thermidor, il prononça un discours rempli d'allusions menaçantes pour un grand nombre de ses collègues. « L'usage général de la Convention était d'ordonner, sur la motion d'un de ses membres, l'impression des discours qu'elle approuvait, toutefois en les renvoyant à l'examen de ses comités. La Convention ordonne l'impression sans passer par l'examen des comités ; c'est la victoire complète... Couthon prend la parole et réclame plus que l'impression, il veut affirmer insolemment la victoire, il exige l'envoi du discours dans toutes les communes de France ; c'était proclamer non seulement la déchéance, mais la dégradation des comités... L'Assemblée voyant que nul des puissants ne se lève, vote la motion de Couthon (1). » Ainsi, dans le commencement de cette séance, l'ascendant de Robespierre paraît encore grandir, malgré les menaces de mort qu'il a jetées à certains membres de l'Assemblée sans les vouloir nommer, et qui peuvent s'adresser à un grand nombre d'entre eux. La Convention a fait tout ce qu'il a voulu, on peut le croire le maître de la France. Cependant un montagnard, un ridicule personnage, paraît-il, Vadier, lui répond en le combattant. Cambon succède à Vadier et parle dans le même sens. Robespierre ne leur répond que par des paroles embarrassées, il recule, les récriminations augmentent. Un membre ose demander que l'Assemblée, se déjugeant, renvoie aux comités le discours dont l'impression a été ordonnée ; la Convention fait plus, elle rapporte le décret même d'impression. Robespierre perd du terrain, cependant personne n'a osé l'attaquer franchement ; Vadier même a soin de dire que les principes et le patriotisme de son adversaire lui sont bien connus.

____

(1) Ch. d'Héricault.

Au début de la séance du 9, le public qui se pressait dans les tribunes ne prévoyait assurément point comment elle se terminerait ; le plus grand nombre des députés eux-mêmes pouvaient-ils se douter de la manière dont ils allaient voter ? Les mieux instruits savaient seulement que du côté des Montagnards, désignés vaguement au bourreau par le discours de la veille, le désespoir inspirerait une tentative de résistance.

Après un début fort calme, le drame commence ; les députés de la Montagne qui se sentent menacés par Robespierre, au nombre d'une vingtaine peut-être, jettent le gant et l'attaquent avec fureur. Robespierre veut répondre ; le président appartenant à leur faction, l'empêche de parler. On connaît les incidents de cette lutte tumultueuse de trois heures, où Billaud, Tallien, Barère, les plus fougueux terroristes, peuvent seuls parler, et où Robespierre, s'épuisant en vains efforts pour faire dominer sa voix, haletant, chassé de la tribune, parcourt les bancs de la salle et va implorer successivement la Montagne et la Droite. Quelques membres demandent enfin son arrestation, l'Assemblée entière se lève comme un seul homme.

Ainsi, dans l'espace de vingt-quatre heures, la Convention a passé par tous les intermédiaires entre une servile adulation et la haine féroce. Où est la cause de ce revirement ? Peut-on supposer qu'une même réflexion, un même sentiment, bon ou mauvais, a exercé son action simultanément sur tous les individus de cette assemblée ? A-t-on appris le 8 ou le 9 thermidor quelque chose qu'on ignorât la veille ? Non ; Robespierre était bien connu ! A-t-on pu voir dans la séance du 8 thermidor que sa puissance était amoindrie ? Nullement ; la puissance du tribun résidait dans son ascendant sur le peuple de Paris et son autorité sur la force armée, or les événements du lendemain prouvèrent bien que la Convention n'était jusqu'alors maîtresse, ni du peuple, ni de la force armée. Au club des Jacobins, dans la nuit du 8 au 9, Robespierre fut acclamé avec enthousiasme, on lui promit la mort de tous ses ennemis ; et quant à la force, elle était plutôt entre les mains de Robespierre qu'entre les mains de ses adversaires. Le geôlier de la prison où la Convention parvient à le faire arriver à la dérobée, se jette à ses pieds et le délivre. Henriot, sa créature, dispose des troupes sur lesquelles on doit d'abord compter. Les premières sections de la garde nationale prennent les armes pour le défendre. Dans la soirée du 9 thermidor et jusque vers onze heures du soir, les chances paraissaient être pour lui ; aussi dans la journée, les conventionnels qui n'ignoraient ni la puissance effective de la Commune, ni l'ascendant sur elle de Robespierre, devaient-ils se croire bien plus en sûreté de son côté que de celui de ses adversaires. Y a-t-il eu un complot ourdi dans l'ombre dont il aurait été la victime, complot où se seraient conjurés tous les députés ? Pas davantage ; tous les témoignages s'accordent à dire que, dans la nuit du 8 au 9 seulement, eurent lieu de courts pourparlers entre les plus menacés des montagnards, et trois ou quatre membres de la droite dont ils sollicitèrent l'appui.

Il n'y a pas eu complot, plus qu'il n'y a eu raisonnement ou changement d'opinion. L'exemple d'un petit nombre d'hommes déclarant ouvertement la guerre au tribun, entraîne la masse des députés, ils envoient au supplice celui qui, la veille, aurait obtenu de leur assentiment le supplice de n'importe lequel d'entre eux. Dans la servilité des conventionnels jusqu'au 9 thermidor, vis-à-vis d'un homme odieux et méprisable, servilité qui a fait la Terreur, il faut voir pour une grande part la contagion de l'exemple ; mais on la voit surtout manifeste dans la détermination subite, prise par l'Assemblée entière au 9 thermidor, pour se débarrasser de son chef.

Feuilletons les comptes rendus des premières séances de la Constituante de 1848. Cette assemblée avait-elle cette particularité d'être formée d'individus ayant une même opinion ? Étaient-ce des hommes absolument différents de ceux qui ont formé, avant et après 1848, d'autres assemblées politiques? Il est impossible de l'admettre ; nous avons vu depuis, les membres de cette Constituante professer des opinions diverses, et se confondre dans les rangs de tous les partis, sans que ni la nature de leurs convictions, ni celle de leur caractère leur fît une place à part. J'en ai connu personnellement un certain nombre parmi les conservateurs, comme parmi les révolutionnaires, et il est évident *à priori* que dans une assemblée élue de 900 membres, on rencontre des hommes de toute opinion et de tout caractère. Eh bien, dans cette Assemblée, on a vu applaudir, non seulement par la majorité, mais par l'unanimité de ses membres, des discours et des doctrines que nous ne pouvons aujourd'hui relire sans une sorte de stupéfaction.

Le 18 mai 1848, un savant magistrat, jurisconsulte très connu et d'un libéralisme éprouvé, M. Isambert, demanda la suppression des clubs ; trois jours auparavant, la populace, sans cesse agitée par les déclamations furieuses des clubs, avait envahi l'Assemblée elle-même. Que la proposition de M. Isambert déplût aux exaltés dont l'idéal était le retour aux institutions de 1793, je le conçois, mais qu'elle fût traitée de monstruosité par des hommes qui avaient professé toute leur vie l'horreur de la Révolution, — et il n'en manquait pas dans l'Assemblée, — que cette motion si simple ne pût avoir même, par l'appui de cinq membres, l'honneur d'une discussion, il paraît bien difficile de le croire, et c'est cependant ce qui eut lieu. De violentes interruptions signalèrent la lecture seule de la proposition, très modérée d'ailleurs dans la forme, et le président ayant réclamé le silence pour demander si quelqu'un l'appuyait, des voix nombreuses crièrent : Non! Non! Le compte rendu constata, à la demande expresse d'un des députés, que personne n'avait voulu la défendre.

Où était ce jour-là le bon sens des représentants? Alléguera-t-on la crainte? Mais la liberté des opinions était entière ;

M. Isambert ne fut pas un seul instant menacé ou inquiété, et d'ailleurs il y avait parmi les conservateurs présents, des hommes de caractère, dont la mémoire ne comporte pas le reproche d'un pareil manque de courage. Dira-t-on que leurs opinions sur les clubs se trouvaient modifiées par les circonstances ? ce serait reculer seulement la difficulté, car il resterait à expliquer comment tant d'hommes qui avaient jusqu'au 24 février montré une horreur profonde des institutions de la Révolution, qui devaient montrer cette horreur tout le reste de leur existence, se trouvaient si amoureux des souvenirs de la Convention, à une époque où la crainte des émeutes faisait battre le rappel dans les rues tous les deux jours.

Le fait s'explique très simplement par l'état où se trouvait l'Assemblée. Elle venait d'être élue ; un seul parti y était encore formé, c'était celui de la gauche avancée qui venait de triompher en février. Non seulement il avait le verbe haut, mais il était le seul à parler. Quand M. Isambert lut sa proposition, elle fut naturellement traitée d'insanité par ce parti, et des interruptions nombreuses en témoignent. Comme aucun autre parti n'avait son existence propre, comme on n'avait pas encore formé ce qu'on appelle les groupes parlementaires, les opinions individuelles ne trouvant d'exemple que d'un côté, se portèrent, en apparence au moins, de ce côté, et parurent par leur silence se confondre avec celles de la gauche extrême.

Du reste, un grand nombre de discours de cette époque, discours d'une exagération insensée, et qui paraissent avoir été très bien accueillis par l'auditoire, montrent que l'exaltation des orateurs était autorisée par un certain état des esprits commun à tous les auditeurs.

Le 28 mai, M. de Lamartine disait, aux applaudissements prolongés de l'Assemblée : « On disait autrefois que la victoire « n'était que du côté des gros bataillons : cela était vrai sous « les gouvernements brutaux de la force... à dater de ce jour, la

« victoire n'est plus du côté des gros bataillons, la victoire est
« du côté de la justice, de la faiblesse (!), du côté du droit im-
« prescriptible des nations.... Oui, citoyens, nous avons plus d'un
« moyen (!) pour arriver à la reconstitution d'une nationalité polo-
« naise. La monarchie de Louis XV a perdu par une lâcheté
« la Pologne, la République la sauvera! » (Applaudissements
unanimes et prolongés longtemps ; la séance est suspendue, etc.)

Notez que ni le gouvernement, à commencer par M. de Lamartine, ni ses auditeurs pour la plupart, n'avaient l'intention de
rien faire pour cette malheureuse Pologne, et qu'en réalité ils
ne pouvaient rien faire.

Le 10 mai, l'Assemblée en séance nomme les cinq membres du
Gouvernement qu'elle a constitué : Arago, Garnier-Pagès, Ma-
rie, Lamartine et Ledru Rollin. M. Wolowski, sans perdre une
minute, les interpelle sur les affaires de Pologne. M. de Lamartine répond : « Le gouvernement, vous le voyez, n'est pas cons-
« titué encore ; il n'a pas eu le temps de parcourir, de l'œil et de
« la pensée, la carte du monde..... »

Lamartine avait du reste la palme pour ces sortes d'hyperbo-
les, que pendant trois mois, mais pas plus, l'auditoire couvrit de
ses applaudissements. Dans la séance du 12 juin, où, répondant à
l'accusation de faiblesse vis-à-vis des révolutionnaires, il prononça
ça cette phrase fameuse, « j'ai conspiré comme le paratonnerre
conspire avec la foudre... » Il ajouta : « Je méprise ces accusa-
« tions, que dis-je, je m'en félicite! C'est la récompense historique
« de tous les hommes qui, dans des circonstances plus grandes
« qu'eux-mêmes, ont eu le bonheur, et quelquefois le malheur, de
« rendre les plus immenses services à la société et à leur pays ;
« il manque quelque chose à la satisfaction de leur conscience...
« tant que le sceau de la calomnie, de l'ingratitude et de l'injus-
« tice n'est pas posé sur les humbles services qu'ils ont rendus. »
(Bravos et acclamations presque unanimes.)

C'est un magnifique langage, mais que la conscience soit satisfaite par la calomnie, l'ingratitude et l'injustice, c'est bien, tranchons le mot, de l'absurdité. Combien d'autres discours auraient fait hausser les épaules à un auditeur de bon sens, qui eût été seul à les écouter face à face avec l'orateur! Le 6 mai par exemple, Lamartine se faisait applaudir en disant : « Il n'y a plus de faction possible dans une République où il n'y a plus de division entre les citoyens politiques et les citoyens non politiques. » Or, à ce moment même, la France était partout en ébullition, la crainte suspendait toutes les transactions, et les émeutes se succédaient de mois en mois.

Assez de citations sur cette période. Lorsqu'à la distance où nous en sommes, nous lisons dans les comptes rendus officiels toutes ces phrases retentissantes, qu'on pourrait sans trop de sévérité qualifier de billevesées, il nous prend envie de dire : Comme celui-ci était exalté! Comme celui-là était insensé! Mais d'un autre côté, quand nous voyons ces discours applaudis par les hommes qui, dans le passé, représentaient nos opinions d'aujourd'hui ; quand nous nous rappelons avoir connu depuis, tel ou tel de ces exaltés, et l'avoir trouvé absolument fait comme nous, force est bien de nous dire : Quelle contagion pèse à certains moments sur les hommes, n'épargnant pour ainsi dire le bon sens de personne ! Cette contagion, c'est l'exemple, qui dans une Assemblée nombreuse prend une puissance extrême. De cet enthousiasme pour les institutions républicaines, en apparence universel après la révolution de 1848, il ne restera que fort peu de chose au bout de quelques mois. Les individus auront eu alors le temps de se reconnaître, ils auront vu en se regardant attentivement les uns les autres, que tout le monde n'était pas convaincu de l'excellence des nouvelles idées ; Lamartine deviendra dès lors de sublime, ridicule, sans avoir changé ; des groupes d'opposition se formeront, et cette unanimité bizarre fera place à des divisions profondes dans l'Assemblée, correspondant aux divisions non moins profondes d'un pays où tant de gouvernements divers se sont succédé.

CHAPITRE V.

Influence de l'exemple dans les assemblées politiques. — Une assemblée n'est pas un être intelligent, c'est un arrangement de fabrication humaine. Il est injuste de lui demander certaines qualités de l'âme humaine. L'entraînement lui fait toujours dépasser le but. — Une assemblée isolée de tout autre pouvoir doit amener le désordre; associée à d'autres pouvoirs, elle peut être un rouage utile du gouvernement.

Les chapitres précédents ont eu pour but de montrer l'influence de l'exemple dans les assemblées politiques. Je voudrais examiner dans celui-ci comment les décisions dues à cette influence agissent sur la société en général; mais au préalable, il est juste sans doute de nous demander quelle estime nous devons faire des décisions d'une assemblée.

Bien des gens considèrent les votes d'un Parlement, comme le langage d'un être intelligent en qui se résumeraient un grand nombre d'intelligences. Cette manière de voir est fort répandue en notre temps, et de là vient que, généralement, une assemblée a d'autant plus de poids sur l'opinion qu'elle est plus nombreuse. C'est à mon avis bien à tort, et je voudrais montrer par de très brèves considérations, d'abord que le grand nombre des membres d'une assemblée ne donne pas une valeur particulière à ses décisions, et ensuite que ces décisions ne doivent jamais être considérées comme les actes d'un être intelligent.

En ce qui regarde le nombre, je dirai, s'il m'est permis d'em-

ployer le langage mathématique, *ce n'est pas la somme qui décide,
c'est la différence,* car le premier dit oui, le second dit non, le troisième seul compte. Or, cette différence peut se réduire et se réduit en effet d'ordinaire à un assez petit nombre, même dans
les assemblées les plus nombreuses. Figurez-vous, sur un navire,
trente matelots aux barres d'un cabestan pour lever l'ancre. Ima-
ginez maintenant que le sous-officier avec son coup de sifflet
bref et impératif, est remplacé par un personnage qui tient aux
matelots ce discours : « Messieurs, le salut du navire dépend
« de vos efforts, je vous adjure de ne pas les épargner; mais
« toutes les opinions sont libres, poussez donc dans le sens que
« vous voudrez. » — Naturellement la proportion des efforts
dépensés en pure perte sera énorme, et, à vrai dire, le nombre des
matelots importera fort peu. Voilà l'image d'un Parlement devant un acte à effectuer : qu'il compte 100 membres ou 500, ses
décisions les plus importantes pourront être prises à la majorité
d'une ou de deux voix, et en ce cas elles seront dues aux sentiments d'une ou de deux personnes. Ceci saute aux yeux; mais
il est aussi certain, quoique moins évident, que parmi un grand
nombre d'hommes réunis, un très petit nombre seulement par
leurs opinions personnelles décident de celles des autres, nous
l'avons vu précédemment. Ainsi l'opposition des sentiments d'une
part, l'entraînement irréfléchi d'autre part, sont deux raisons
toujours agissantes, qui défendent d'estimer les facultés d'une assemblée selon le nombre plus ou moins grand de ses membres.

Ceci dit, est-il légitime de considérer une assemblée quelconque
comme un être intelligent ? Je crois que, sans prendre parti pour
ou contre aucune doctrine politique, on doit au nom de la logique
le nier absolument. On me pardonnera de chercher à justifier
mon dire.

Supposez deux hommes attachés l'un à l'autre, et qu'il vous
plaise d'appeler cette réunion un couple. Ces deux hommes sont
par hypothèse, très intelligents; pouvez-vous dire que ce couple

est un être intelligent? Non certainement : ces deux volontés seront éternellement distinctes; nulle convention réciproque, nulle puissance extérieure, nul arrangement matériel, ne peuvent donner naissance à un nouvel être raisonnable, qui serait formé des deux premiers et doué d'une volonté. Un danger subit se présente, l'un tire brusquement à droite, l'autre tire brusquement à gauche, le plus faible tombe par terre et tous les deux sont arrêtés. Est-ce le fait d'un être intelligent? Vous me direz : Ils n'ont qu'à s'entendre. Sans doute! mais d'abord, du moment que vous dites *ils* au pluriel, vous convenez qu'à ce moment il n'y a pas *une* mais *deux* volontés; puis, cette entente suppose une délibération; cette délibération même est-elle le fait d'un être intelligent, en un moment où n'importe quelle direction est évidemment préférable à l'immobilité? Enfin, êtes-vous sûr que de la délibération sorte l'accord? S'ils ont de bonnes raisons l'un et l'autre pour vouloir des choses différentes, ils parleront, ils n'agiront pas; s'ils veulent renoncer l'un et l'autre à leur propre inspiration pour se laisser, l'un et l'autre, diriger par le camarade, ils n'agiront pas davantage. Dans les deux cas, la décision fera défaut.

Au lieu de deux personnes, supposez-en dix, cent, plusieurs centaines si vous voulez, faites-en des comités, des commissions, des assemblées législatives, ni leur nombre ni leur nom ne changeront la nature de ces réunions : l'organisation qui leur donne l'existence sera une œuvre humaine, et ne pourra jamais que par une comparaison très éloignée, être mise en regard de l'organisation mystérieuse de l'âme humaine, ce chef-d'œuvre de la création divine. Nul règlement ne pourra y faire naître des qualités telles que la sagesse ou l'intelligence, qui sont le privilège des êtres libres, responsables de leurs actes. Quand, par une manière très habituelle de parler, vous dites : « L'assemblée est prudente, » vous avez recours à une expression figurée; pour parler rigoureusement il aurait fallu dire : « Si un homme avait pris la

« résolution qui est sortie des votes de l'assemblée, c'eût été un
« homme prudent. » Que, par une figure très usitée, vous évitiez
cette intolérable périphrase, rien de mieux ; je n'ai rien à dire
contre cet emploi du langage, si vous avez conscience de la valeur des termes que vous employez. Mais à force de nous servir
d'expressions semblables, ne nous trompons-nous pas nous-mêmes ? J'en suis, quant à moi, persuadé. Une foule de personnes
se laissent aller, sans y réflechir autrement, à croire qu'une assemblée composée d'hommes sages et intelligents est un être
noble, intelligent, capable du bien. On exige d'elle d'être raisonnable, on l'accable d'invectives si parfois ses actes sont absurdes ;
c'est en vérité imiter l'aberration du charretier qui s'emporte
contre son cheval. Une assemblée, quel que soit d'ailleurs le mérite et la bonne volonté de ses membres pris séparément, est un
être matériel, elle a beau être composée d'individus intelligents,
c'est un arrangement de main d'homme en tant qu'assemblée, et
non pas un être intelligent lui-même. Que faudrait-il pour que
les actes d'une assemblée fissent voir de la promptitude dans la
décision, de la persévérance dans l'action, en un mot les qualités
de l'homme énergique et sage ? Il faudrait que ses membres se
laissassent conduire par un homme qui eût précisément ces qualités, c'est-à-dire que le mécanisme parlementaire, fabrication
humaine, fût remplacé par une intelligence, création de Dieu.

On ne doit pas trouver dans ce qui précède une condamnation
des assemblées, une négation de leur utilité ; il faut y voir seulement la preuve qu'elles n'ont pas les qualités de l'être libre et
responsable. J'ai dit qu'une assemblée était un mécanisme, les
mécanismes ont leur utilité. Une machine industrielle permet
de tirer en certains cas le meilleur parti des forces humaines, de
même une assemblée savamment organisée, est un moyen dont
on ne peut contester le mérite, pour tirer parti des intelligences
humaines. Rien ne peut remplacer de grandes et libres discussions, pour jeter la lumière sur les sujets les plus divers. Seule-

ment, ne demandons pas aux assemblées un genre de services qu'elles ne peuvent rendre.

Nous avons vu que parmi les imperfections inhérentes aux assemblées, il fallait compter leur peu de résistance sous l'influence de l'exemple. Il nous reste à voir les effets de cette influence sur la société au milieu de laquelle fonctionnent ces assemblées.

Cette influence échappe, quant à sa direction, à toutes les prévisions. Parfois, c'est la sagesse qui mène le troupeau : un généreux esprit de sacrifice fait taire les passions et les convoitises. D'autres fois, c'est la passion d'un énergumène, l'opinion d'un habile parleur, plus ou moins dépourvu de bon sens, l'artifice d'un politicien retors ; mais quelle que soit la direction donnée, ce qui ne procède pas de la raison ne peut guère être raisonnable. Une personne entraînée ne s'arrête jamais où il faut, elle dépasse constamment le but, et c'est plus vrai encore pour une réunion d'hommes que pour un homme isolé ; aussi tous les gouvernements dont les décisions émanent de délibérations publiques, voulant corriger un défaut tombent dans l'excès contraire. Dans l'état normal, ou selon l'expression consacrée, par le jeu naturel des institutions parlementaires, quand le gouvernement mécontente le parlement, ce qui arrive infailliblement au bout d'un certain temps, celui-ci ne se borne pas à corriger le mal, il chasse du pouvoir tous ceux auxquels il avait précédemment donné sa confiance, les bons comme les mauvais, et acclame un autre parti, également composé de bons et de mauvais. Ceux qui ont écrit ou parlé sur la politique, et sur les avantages respectifs des diverses formes de gouvernement, n'ont pas, il me semble, mis en évidence cette propriété quasi physique des assemblées, indépendante du mérite des hommes qui en font partie. On peut préférer le gouvernement par les assemblées à tel ou tel autre gouvernement ; hélas ! il y a eu tant de gouvernements détestables sans être parlementaires ! Mais il ne faut pas oublier qu'un pareil gouvernement a, comme tout autre d'ailleurs, ses défauts propres. Il est toujours oscillant, à cause de l'entraînement irraisonné qui en est la règle et l'état normal. C'est, dans la supposition la plus favorable, un pendule tendant sans cesse à prendre la position d'équilibre, mais ne s'y tenant jamais. Un homme peut, s'il a certaines qualités de caractère, se rapprocher constamment d'un certain idéal de perfection, lentement, mais corrigeant chaque jour quelque défectuosité ; une assemblée ne le peut ; le lui demander, c'est lui demander l'impossible, c'est vouloir qu'elle soit composée d'hommes n'ayant pas ce défaut de l'humaine nature, de se laisser très facilement entraîner par l'exemple des autres.

Si les divers partis qui ont successivement la prééminence sont des partis capables de gouverner, si surtout il existe en dehors des assemblées, soit dans les institutions, soit dans les mœurs, un obstacle qui les empêche de se porter aux plus grands excès, le gouvernement pourra fonctionner régulièrement, c'est l'idéal d'un gouvernement parlementaire, et alors le peuple, à travers de fréquents changements de direction, marchera sans trop s'écarter d'une direction moyenne. Mais quand ce frein n'existe pas, quand le parti au pouvoir est le maître absolu, nul ne peut prévoir jusqu'où iront les excès. Si quelqu'un eût annoncé aux Français en 1789, les odieux décrets que rendrait quatre ou cinq ans plus tard une assemblée élue par eux, est-il un seul homme qui n'eût haussé les épaules, et en vérité avec toute apparence de raison ?

Nous avons grand tort quand en lisant le récit des violences ou des atrocités commises par des assemblées, nous nous figurons une collection d'hommes violents ou atroces. Dans une réunion de cinq cents personnes, il peut parfaitement se faire, et c'est même habituel en temps de crise, que dix personnes au plus soient les véritables auteurs des mesures votées par la réunion ; tout le reste ne fait que suivre ou résister sans succès.

Conclusion : La contagion de l'exemple, l'impossibilité d'y

soustraire le plus grand nombre des membres d'une assemblée doivent la conduire, s'il n'existe aucune force en dehors d'elle, aux désordres les plus imprévus. Ni la grandeur des délibérations, ni cette lumière répandue par de solennelles discussions, ne doivent faire oublier ce qui est l'imperfection native de tout pouvoir délibérant isolé.

Il serait naturel de se demander ici comment parer à ces dangers, car l'utilité des assemblées parlementaires est incontestable, et nous n'imaginons pas un état politique adapté à nos mœurs et à notre genre de civilisation, où elles puissent être supprimées. Tous les auteurs de constitutions ont proposé leurs moyens ; les seuls efficaces, à mon avis, sont dans l'existence d'autres pouvoirs politiques, aussi puissants et plus stables, mais on me pardonnera de laisser de côté ce sujet, et de ne pas entrer dans une discussion dont la place serait dans un traité de politique constitutionnelle.

Nous avons vu dans l'histoire, l'exemple de grands corps politiques se perpétuant comme le sénat romain pendant des siècles, et suivant les mêmes desseins avec une admirable persévérance. Nous sommes tentés d'en attribuer le mérite à l'assemblée des sénateurs, c'est-à-dire au fait de la réunion de certains hommes, délibérant en regard les uns des autres dans une même enceinte. C'est, à mon avis, se faire une très fausse idée d'un fait historique incontestable d'ailleurs. Les sénateurs étaient une aristocratie. Leur action sur la société romaine a tenu principalement à leur position sociale, en grande partie héréditaire, et non au fait qu'ils se réunissaient à certaines dates. Parmi eux certaines familles, en possession de fonctions diverses, sacerdotales ou autres, avaient probablement une influence que ni les autres familles nobles, ni à plus forte raison la masse du peuple, ne songeaient à leur contester. Les résolutions du sénat romain étaient donc celles d'une aristocratie dont les traditions se perpétuaient dans un certain ordre légal et traditionnel. L'assemblée des sénateurs donnait une forme officielle, une existence légale à ces desseins, mais ils préexistaient, et il faut bien se garder de croire que chez un peuple quelconque et à aucune époque, une assemblée constituée simplement par une réunion d'hommes intelligents, puisse jouer le rôle que le sénat a joué à Rome.

Une assemblée nombreuse prise isolément est par essence un pouvoir désordonné. L'entraînement y doit amener au bout de peu d'années la confusion. Mais dans un état politique ou d'autres forces assurent la stabilité, elle peut exercer une heureuse influence. Son contrôle est le plus efficace de tous, la discussion éclaire les questions les plus diverses ; enfin, et c'est un point important, non seulement un grand nombre de théoriciens et de savants politiques sont satisfaits d'avoir un « Parlement, » qui est pour eux une institution nécessaire, mais encore le vulgaire en est satisfait, parce qu'il lui attribue beaucoup plus de vertus qu'il n'en a et n'en peut avoir. Si ce préjugé, rendu plus fort en notre temps qu'en aucun autre, par l'esprit d'égalité et peut-être de jalousie, aide à maintenir la paix sociale, il est tout indiqué au législateur de s'en servir.

CHAPITRE VI.

De l'exemple dans les réunions de gens grossiers.
Leur extrême danger. Manifestations populaires
dans les solennités publiques; leur valeur est nulle
pour faire connaître les sentiments réels des individus. — Résumé de ce qui a été dit dans les chapitres précédents sur l'influence de l'exemple.

Les considérations des chapitres précédents s'appliquaient
aux assemblées législatives, les premières dont l'image se présente à nous, quand il est question d'assemblée. Dans les petites
assemblées qui se réunissent pour s'occuper d'intérêts locaux,
l'effet de l'exemple est moins bien caractérisé, elles sont peu
nombreuses, on n'y voit point cette solennité qui, dans un Parlement bien monté, grandit les moindres choses, et souvent les
moindres personnes. Je n'en parlerai point ; mais je voudrais
dire encore quelques mots au sujet d'une autre sorte de réunions,
des réunions populaires.

Il peut arriver que des gens sans instruction, se trouvent par
hasard rassemblés et sans chefs, et croient nécessaire d'agir.
Dans ces occasions, l'exaltation, et souvent la fureur, peuvent
naître en quelques instants, et se montrent quelquefois de la manière la plus terrible. Nous nous rappelons ce malheureux propriétaire, de la Charente, je crois, brûlé vif en 1870 par des
paysans rassemblés, qui étaient peut-être ses amis la veille.
Quand des gens du peuple sont réunis, leur peu de culture les

expose à admettre avec crédulité des idées souvent extravagantes, et leur rudesse explique qu'ils puissent être entraînés aux résolutions les plus brutales. On dit en pareil cas, et surtout quand un fait révoltant s'est passé dans une ville : « La populace » a fait ceci ou cela, et on croit nécessaire d'employer le mot « populace » pour dire que c'est un choix parmi les mauvais, que ce ne sont pas les premiers citoyens venus. Assurément les habitués des manifestations populaires ne sont point, parmi les ouvriers, les plus tranquilles pères de famille ; mais la plupart de ceux-ci, s'ils étaient perdus au milieu d'une foule, seraient très facilement entraînés. Les hommes assez maîtres d'eux-mêmes pour s'isoler au milieu d'une agitation bruyante, et écouter sagement la voix du devoir comme celle du bon sens, de tels hommes, dis-je, peuvent se trouver dans toutes les classes de la société, mais ils sont rares partout. Rien dans la campagne ne ressemble à ce qu'on appelle la populace dans les villes, mais si d'honnêtes et braves laboureurs étaient réunis dans un champ, et qu'ils crussent avoir à se défendre eux-mêmes d'un grand danger, réel ou imaginaire, ils pourraient parfaitement s'échauffer comme les ouvriers des villes par leur contact mutuel, et se laisser entraîner aux mêmes désordres et aux mêmes insanités. Il n'est point d'absurdité qui, dans un moment d'effervescence, ne pût être acceptée par eux ; il n'est point d'accusation si horrible et si invraisemblable contre moi, que je ne tremblerais de voir porter devant eux.

Grâce à Dieu, ces sortes de réunions sont rares. Toutes les législations y mettent mille entraves, et elles n'ont pas tort. Aussi, sauf dans les époques de grands troubles, on n'en a guère vu en France.

En dehors des réunions populaires délibérantes, on voit souvent des foules s'amasser, sans concert préalable des individus, sans convocation précise, par le seul fait de la curiosité, soit qu'elles attendent un spectacle intéressant ou de grands événements politiques, soit qu'une date déterminée ramène annuellement une fête publique. Tous les gouvernements ont cherché à profiter de ces occasions. Ils se sont proposé de faire servir à leurs intérêts cette faiblesse des hommes, et principalement des hommes peu cultivés, en présence des exemples qui frappent leur imagination, parce qu'ils frappent leurs sens. Les entrées solennelles des souverains dans leurs bonnes villes, les fêtes nationales dans les républiques, n'ont pas d'autre raison d'être. La foule acclame généralement les souverains ; il suffit d'un bien petit nombre d'hommes enthousiastes pour que leur enthousiasme se communique, ou plutôt pour que des symptômes d'enthousiasme se manifestent dans toute la masse. Le bénéfice pour le gouvernement est en ce cas très réel, car les hommes les plus faibles dans la foule, ceux dont la raison a pris le moins de part aux démonstrations d'allégresse, ne se rendent pas compte de leur faiblesse et sont persuadés qu'ils ont agi de leur propre initiative. Ils se rangent donc d'eux-mêmes, à la suite d'une solennité de ce genre, parmi les chauds partisans du gouvernement acclamé par eux. Le soir de la fête, le gouvernement a plus de fidèles que le matin. C'est pour lui un bénéfice incontestable ; malheureusement, tout n'est pas bénéfice, car le gouvernement qui a provoqué un grand concours de peuple afin de faire naître un enthousiasme, toujours fort superficiel, y est ordinairement le premier trompé. Il croit le lendemain encore à cet enthousiasme, quoique lui-même en ait fait naître les manifestations. Ainsi ferait un directeur de théâtre s'il croyait, après un chœur joyeux, que ses figurants nagent encore dans l'allégresse. Naturellement, quand les chefs de l'État se laissent ainsi tromper, et qu'ils accordent leur conduite avec leur erreur, ils font fausse route : ils devraient chercher à faire la part des sentiments réels d'affection, et celle de l'entraînement dû à l'excitation et à l'exemple. Mais s'ils s'en tiennent aux apparences et qu'ils ne fassent pas cette distinction, comme c'est l'ordinaire, s'ils croient trouver dans l'amour du peuple un fondement solide pour leur autorité, ils seront cruellement détrompés.

A l'entrée de Louis XVIII à Paris en 1814, on vit un enthousiasme qui tenait du délire, à en croire tous les témoignages contemporains. On s'explique facilement l'enthousiasme des familles qui, outragées, dépouillées, décimées depuis tant d'années, attendaient du nouveau régime une réparation éclatante. Mais, si nombreuses qu'aient été les victimes de la Grande Révolution, ceux des spectateurs qui en 1814, à l'entrée des Bourbons, n'avaient le droit de compter sur aucune faveur du nouveau régime, étaient infiniment plus nombreux. La population entière se mit à l'unisson des fidèles dont l'enthousiasme était ardent et motivé, mais ce fut seulement par un effet d'entraînement, dont l'analogue peut se trouver dans l'histoire de tous les temps. Les hommes politiques de l'époque y furent trompés, et il fallut les événements du 20 mars 1815 et la rentrée sans opposition de Napoléon aux Tuileries, pour leur faire tristement voir combien la dynastie restaurée avait peu de racines dans les classes de la nation où les individus se comptent par millions.

Faut-il, pour expliquer les faits, dire que la France a changé d'opinion, et chercher la cause de ce revirement dans l'étude des actes du Gouvernement pendant la première Restauration? Faut-il au contraire nier l'enthousiasme de 1814, et taxer d'exagération les témoins qui nous l'ont dépeint? Je n'entends point nier les conséquences possibles de tel ou tel fait historique, mais à mon sentiment, ce brusque changement dans les apparences peut être expliqué, sans recourir à l'examen des actes du Gouvernement. Il n'y a, depuis la Grande Révolution, aucune affection politique dans la masse des êtres humains qui habitent notre sol; par suite de cet état de neutralité, cette masse, sous l'influence de l'exemple, peut donner des marques d'enthousiasme en faveur des partis les plus opposés. Aveugles ceux qui y croient reconnaître une force!

On m'accusera peut-être de porter un jugement bien sévère et bien dédaigneux sur mes concitoyens; je ne crois pas mériter qu'on me fasse un reproche de mon langage; rien de ce que je dis ne leur est particulier; d'autres nations, placées dans la même condition que la nôtre, ne seraient pas moins indifférentes. En France, il y a cent ans, le sentiment d'affection pour le roi était, on peut le dire, universel et très profond, mais il ne tenait pas à un raisonnement, c'était un legs de vingt générations de Français qui avaient soutenu la monarchie, et n'avaient jamais séparé l'amour du roi de l'amour du pays. Il y a un abîme entre eux et nous; les nouveaux régimes qui se sont succédé ont dû s'appuyer, non plus sur une tradition que les événements avaient irrévocablement brisée, mais sur des raisonnements, sur les opinions des citoyens. Or, aucun homme n'a une opinion ferme et personnelle à un moment déterminé, sur un sujet dont il ne s'est pas occupé dans le reste de son existence. La multitude, chez un peuple quelconque, est composée principalement d'ouvriers, de pauvres gens, dont l'existence se consume dans la préoccupation de leur subsistance, et qui ne peuvent avoir aucune opinion personnelle sur les questions toujours fort douteuses de la politique. Par cela même, ils pourront montrer successivement, sous l'influence de l'exemple, un égal enthousiasme pour tous les partis; enthousiasme sans solidité et sans durée, mais qui n'en est pas moins sincère au moment où il se manifeste.

En résumant ce qui vient d'être dit dans les chapitres précédents sur l'instinct d'imitation, nous voyons que c'est une force aveugle, agissant sur les hommes de même condition, surtout s'ils peuvent se voir et s'entendre les uns les autres; nous voyons que ni l'intelligence ni la science ne préservent de cette contagion à laquelle le caractère seul permet de résister; que cette force aveugle exerce son pouvoir sur les actions privées des hommes, comme sur leurs actes dans la vie publique. Laissant de côté la conduite privée des individus, nous trouverons l'influence de l'exemple particulièrement sensible dans les grandes assemblées politiques. Là, grâce à cette influence, quelques individus, souvent parmi les moins sages, peuvent faire triompher des idées, parfois extravagantes, que la plupart de leurs collègues, isolés, laissés à eux-mêmes, n'accepteraient jamais. C'est donc, dans les pays où les assemblées politiques sont une partie importante du gouvernement, une force dont l'action peut être extrêmement dangereuse.

Dans les foules composées de gens grossiers, l'exemple montre sa puissance par les effets les plus violents. S'il s'agit de réunions délibérantes, elles se laissent effrayer par les discours les plus absurdes, elles se laissent conduire par les opinions les plus insensées. S'il s'agit de réunions sans but précis, résultant du fait même d'un grand concours de peuple, elles sont susceptibles de s'enflammer à quelques jours de distance pour les idées les plus opposées, et de paraître enthousiastes quand à peine dans la foule une infime minorité l'est réellement. Cet enthousiasme, qui est toujours attribué au peuple entier et qui n'a aucune solidité, est une cause d'illusions dont les gouvernements ont peine à se défendre.

A tout prendre, l'instinct d'imitation irraisonné est une faiblesse de la nature humaine ; nous ne devons pas nous étonner que cette imperfection, comme toutes celles de notre pauvre humanité, ne soit une cause de faiblesse ou de trouble pour les sociétés.

ÉPILOGUE.

**Morale : Un grand nombre de systèmes constitution-
nels ont été en vain essayés en France depuis un
siècle. N'ont-ils pas tous été rendus impuissants
par les principes faux qui y ont trouvé place et qui
ont cours de notre temps?**

Je borne ici mes réflexions; un seul mot encore, pour leur servir de morale.

La plupart de nos concitoyens, — on pourrait dire tous ceux
dont l'attention se porte sur l'état actuel de notre pays et sur
son avenir, — désirent autre chose que ce qui est.

Les uns, sous l'influence du même enthousiasme qui avait en-
flammé tous les esprits à la fin du siècle dernier, croient à une
nouvelle ère, à de nouveaux principes, à l'avènement prochain
d'une nouvelle humanité. L'insuccès des héros de l'époque ré-
volutionnaire ne les a pas détrompés; moins impitoyables, j'espère, que leurs farouches devanciers, ils veulent cependant faire
rentrer la France dans la voie ouverte en 1792 et 1793.

D'autres portent avec tristesse leurs regards sur les ruines
amoncelées par la Grande Révolution, et, tout en constatant
combien ces débris sont difficilement utilisables, se demandent
pourtant si notre pays peut retrouver la stabilité autrement
qu'en les relevant.

D'autres enfin, voyant que les institutions parlementaires essayées vainement en France à diverses reprises, ont donné cependant de longues années de prospérité à l'Angleterre, pensent que là est encore notre salut, et qu'il faut essayer, une fois de plus, d'acclimater chez nous ces institutions.

Toutes ces personnes, avec des vues si différentes, s'accordent pour réclamer une nouvelle constitution, ou au moins de nouvelles lois politiques.

Le grand nombre des lois de cette nature essayées depuis cinquante ans, et qui n'ont aucunement réussi à nous donner une tranquillité durable, ne doit-il pas nous inspirer de la défiance sur l'efficacité du remède? Notre défiance, bien légitime après avoir vu successivement tomber tous les partis, car tous ont eu leur tour, notre défiance, dis-je, doit nous porter à laisser de côté l'étude des constitutions et des lois organiques, et à reprendre le problème de plus loin. Avant de choisir le remède, il conviendrait d'étudier le mal, de voir comment il atteint la société. La prospérité ou la décadence de la société est un effet des causes agissant sur les individus. C'est l'étude de ces causes qui doit, à mon avis, nous donner les plus utiles enseignements.

Je me suis efforcé dans les pages qui précèdent d'en pénétrer quelques-unes, un bien petit nombre il est vrai, mais d'autres iront peut-être plus loin; d'ailleurs, des quelques conclusions théoriques auxquelles je suis arrivé, on pourrait, si elles se trouvent justes, tirer déjà bien des conclusions pratiques : ce n'est point ma tâche, elle appartient plutôt à ceux aux mains desquels sont, ou peuvent être, les rênes du gouvernement.

Si j'ai pu faire voir que certaines doctrines d'économie politique, véritablement officielles, enseignées partout comme au-dessus de toute contestation, sont absolument fausses ; que d'un autre côté les sentiments religieux, mis systématiquement par nos hommes politiques en dehors de leurs études, restent toujours la véritable sauvegarde de la société ; que les assemblées politiques, quels que soient les mérites de leurs membres, sont des êtres de création humaine, des mécanismes, très utiles sans doute, mais irresponsables par leur essence même, et incapables des qualités qu'on s'obstine à leur demander... de ces diverses propositions, les hommes d'État ne tireront-ils aucune conséquence?

Je le laisse à leur sagacité.

TABLE DES MATIÈRES.

TROISIÈME PARTIE.

LE SENTIMENT RELIGIEUX.

QUATRIÈME PARTIE.

L'INSTINCT D'IMITATION.

ÉPILOGUE.

FIN DE LA TABLE DES MATIÈRES.

www.ingramcontent.com/pod-product-compliance
Lightning Source LLC
LaVergne TN
LVHW021943030726
842523LV00001B/258